# 道教入世轉向與
# 儒學世俗神學化的關係

劉滌凡著

臺灣 學生書局 印行

# 自 序

　　對於道教由神學宗教朝倫理宗教性質轉化的研究，主要導源於筆者近年來專注的一個論題：「儒學世俗神學化的考查」，發現儒學在世俗化的過程中，加入有神的宗教色彩的現象。除了儒學本身具有宗教成分的內緣因素外（如敬天地、祭山川、祖先），還有其他何種外緣因素造成此種融合現象？經筆者考查結果，發現「三教合一」思想，以及佛、道和其他民間宗教（如明代林兆恩的三一教）因素的催化造成，而其中以道教的影響力和主導力最大。由於道教神仙思想在唐五代末至南宋時期，從出世朝介入俗世的轉向，吸納了儒學的倫理道德的質素，其自身發生儒學化傾向的同時，也對儒家社會教化有了推擴的效益。

　　故本論文研究首先著重於道教入世轉向的考查：魏晉葛洪立「積善成仙」之說，受何種外緣因素觸發？此觀念在發展的過程中，為何未形成全面的共識，反而有上層化的趨向？唐五代至宋初，神仙思想何以開始轉向入世的修煉？爾後南宋河北新道教：太一、大道、全真成立，才全面的轉向，此轉向也帶動南方道派：淨明、天心正法、南宗內丹派，及元以後，正一分出的玄教，全真別出的張三丰的隱仙派，集體儒學化的傾向，以上這些問題將在第二章獲得釐清。

　　這些道派不約而同地力主以儒學道德的修練作為入世功行的論

調，也由於此思想的催化，導出儒、道在世俗化的合流，一種入世的倫理宗教於焉形成。此種特質使道教在政治崩解的時代，開展出儒家「治平」外王的真行；在儒學衰弊，喪失社會教化的主導力的當口，承擔起穩定人心，及封建階層運作的秩序。為何道教入世轉向要吸納儒學道德？以上問題將在第三章進一步得到釐清。

再次考查的重點是：道教介入俗世的具體呈現——勸善書，以神意貫穿道德勸化的思想，借庶民對未知神祇的敬畏之心，強調神祇對人世施行賞善罰惡的必然性和公正性，此超自然鑑察人民道德是非的法網是無所不知，無所不在的，使人世的善有所勸，而惡有所懲，收到防惡止姦的效果，如此勸善書所宣揚的儒學道德觀念便帶有神祕的宗教色彩——即所謂的神道設教，在明清時期鸞堂乩降神訓文書中，更凸顯出此種特質，這是道教入世轉向後，長期地無形中對儒學世俗化推擴所造成的結果；以上現象將在第四、第五章詳加論述。

道教宣揚儒學倫理道德結果，在明清時代得到大部分儒者正面的肯定與支持，紛紛為道教的勸善書寫序、作箋注、或助印刊行、或自行編撰善書，而毫不忌諱地援用佛道因果報應的文章；這是第六章所要論述的主題。

最後在結論部分，對道教入世轉向作一個概括的回顧：儒、道兩教在世俗化的過程，基於勸善化俗的目標，漸趨於合流，而導出筆者所要研究的預設結果——道教對儒學世俗神學化有推擴之力，此推擴造成儒學世俗化染上有神色彩。

本論文揭示道教入世轉向，及其勸善書的文本中儒體神用的特質和社會教化功能，和普世的現實意義，讓讀者了解道教的宗教化

的道德對儒學世俗化的影響，從而建立起對道教認知的新視野！

　　此書能順利出版，要感謝：本校學術基金的贊助，臺灣學生書局的支持，以及其他工作同仁在封面設計、印刷、裝訂方面的協助！

劉滌凡謹識於高雄左營

2005 年 12 月

# 道教入世轉向與
# 儒學世俗神學化的關係

# 目　錄

自　序…………………………………………………………　I

第一章　緒　論………………………………………………　1

一、問題意識的形成…………………………………………　1

二、方法論的選擇……………………………………………　2

三、研究進路…………………………………………………　3

四、論文使用專有名詞說明…………………………………　3

第二章　道教入世轉向的考查………………………………　7

一、葛洪對道教入世轉向的自覺……………………………　8

二、魏晉以後道教上層化的發展……………………………　15

三、唐安史之亂後至北宋神仙思想的入世轉向……………　23

　　四、南宋河北新道教的入世轉向…………………………　28

　　五、南宋南方道教儒學化的傾向…………………………　48

　　六、元代以後道教的分合及其儒學化傾向………………　58

第三章　道教入世轉向吸納儒學道德功能的因素……　69

　　一、道教吸納儒學道德功能的內緣因素…………………　70

　　二、道教吸納儒學道德功能的外緣因素…………………　77

第四章　宋金時期道教的勸善書……………………　81

　　一、道教勸善書概說………………………………………　82

　　二、宋金時期道教勸善書形成的時代背景………………　85

　　三、宋金時期道教勸善書儒體神用的意涵………………　94

第五章　明清時期道教的勸善書……………………121

　　一、明清時期道教勸善書形成的時代背景………………121

　　二、明清時期道教鸞堂乩降勸善文書儒體神用的意涵……146

　　三、明清時期道徒編撰勸善書儒體神用的意涵…………202

第六章　民間宗教結社對儒學世俗神學化的推擴
　　　　暨儒者對道教正面的肯定與支持……………213

　　一、民間宗教結社對儒學世俗神學化的推擴……………214

　　二、儒者對道教正面的肯定與支持………………………218

結　論………………………………………………………241

徵引文獻……………………………………………… 247

後　記…………………………………………………… 263

# 第一章　緒　論

## 一、問題意識的形成

儒學自漢代以降，在道德世俗化的過程中，逐漸和佛、道兩教的因果報應及善惡罪福觀念融合，此種結合超驗色彩的面向，實悖離正統儒者堅持道德正命作為人生終極信仰的態度。究其改變的原因，除了有心於世道人心教化的儒者，基於勸善化俗的自力因素外，在他力因素方面，主要來自於道教入世的價值取向——由彼世昇霞成仙的重心，轉向此世道德修煉，及淑世度人的情懷。此入世轉向實濫觴於魏晉時期的葛洪，爾後至南宋河北新道教的成立，才達到普遍化的共識。

道教入世的具體呈現，是以依託神意方式編纂、刊印善書，對凡庶進行端正人心，導俗入善的社會教化，這是宗教倫理化的特徵。從道徒本身的目的來看，雖是作為修行入門的途徑，但是由於道教勸善書吸納儒學的倫理思想，無形中，便成為儒學世俗化的推手，而這種儒、道融合的勸善書可以佐王綱，篤人倫，翼教化，終獲得明清統治君主和儒者的認同與支持。

# 二、方法論的選擇

有關道教入世的轉向首先肇因於葛洪的自覺，而此自覺與時代環境有密切關係；至於河北新道教的成立，也不全然是政治環境的驟變可以圓解的，其中尚有六祖惠能新禪宗的入世轉向，及新道教創始者個人意識反應的影響。基於以上考量，筆者決定選擇布林頓（Crane Brinton）、史華茲（Benjamin Schwartz）兩人思想史的方法論，作為考查道教入世的轉向，及道徒為何要吸納儒學倫理道德思想的意識反應。因為思想史的中心課題就是人類對於他們本身所處「環境」的「意識反應」。

道教入世的轉向就是一種集體的意識反應，此集體的意識反應具體表映在依託神意的善書、或鸞書上。從道教勸善書本身來考查其中儒學倫理道德思想的內涵，則屬於系統組織研究法（system organization approach）裏功能輸入——反饋——輸出的範疇（input-feedback-output）；道教面對外在環境的變遷，為了維持內部系統的穩定性，必須長期保持對外界開放的狀態，也就是說，使系統的輸入能量（即儒學道德）和輸出物（勸善書）之間保持一定的常數，方可使系統穩定——即取得政治上的優勢和統治階層的認同，道脈香火便能永續經營，如同一個人的身體可以自動調節體溫的穩定是一樣的。道教為了生存，吸納儒學道德功能，經過能源轉換的過程（the through-put），使儒學道德摻入神學色彩，再輸出，無意中成為儒學社會教化的推手。

以上介紹的思想史，及系統組織研究法，是本論題所選擇的方法論。

# 三、研究進路

　　道教入世轉向既然對儒學世俗化有推擴之功，則必須先釐清其入世轉向的契機，故本論文首先考查道教入世轉向的時代背景；其次考查道教為何傳佈儒學道德思想的內外緣因素；再次考查南宋至明清道教勸善書的儒體神用意涵，借以導出儒學世俗化帶有超驗的鬼神罪福色彩的驅動力，主要是根源於道教入世轉向的預設；最後考查道教民間善堂刊印儒者的勸善書，以及儒者對道教的肯定與支持，兩者之間在勸善世俗化的過程中互滲與融合的現象，以強化筆者的推論；通過以上的考查，便得以完成本論文的預期成果。

# 四、論文使用專有名詞說明

　　為方便本論文敘述行氣的流暢，筆者將一些專有名詞的意涵在此作說明：

　　1.行文中有「儒教」、「儒家」、「儒學」，彼此間的區隔，在使用時機上，如遇三教並列時，則稱「儒教」；也許近代學者會持儒家不具有宗教的科儀教規等要件的看法，而部分儒者本人也不認為自己的思想是一門教派。但收入《廣弘明集》裏一些神滅不滅的論述文章中，有些學者，或佞佛的儒宦、王侯貴族在調和彼此的衝突時，皆以「三教」名稱之，足可看出，彼時人士視儒家為一教。另外在晉代葛洪的著作中吾人也看到其論述儒、道兩家優劣

時，是以儒教名之，❶則可看出在彼時道徒的觀念裏，其指稱儒家派別，是視為一教派。

其次，筆者行文概念指稱其派別時，則用「儒家」；若用「儒學」則著重於其學說思想的內涵。

2.「儒林菁英」、「正統儒者」、「儒者」——行文概念欲指稱其在學術界、或學派領袖、或政治界有名望之儒者如：宋代范仲淹、陳白沙、真德秀，明代的陽明、泰州學派、東林學派諸君，劉宗周等稱為「儒林菁英」。

行文概念欲指稱其信奉孔孟聖賢之道，堅守孔聖本位，化民成俗，不依傍鬼神報應的信仰，則稱「正統儒者」。

所謂儒者原應涵蓋文儒、經儒、俗儒、童子師、儒臣等。而本文使用此名稱乃指稱其信奉孔孟聖賢之道，且相信因果報應及鬼神信仰，並以此觀念作為勸善化俗的工具。此類學者通常其信仰是會通三教，在明清以後，有不少的理學家，及正統儒者也教接受這種觀念，因此用「儒者」名稱，在明代以前和以後，其指涉內涵有擴散的現象。

至於行文中提到「儒宦」、「儒門世家」，皆屬儒林菁英份子。其中或為「正統儒者」思想，或為會通佛道兩教的儒者。

3.統治階層——意指以君主為首的行政決策核心。

4.本文使用「儒學世俗化」的概念時，是指儒家道德教條在庶

---

❶ 葛洪：《抱朴子內篇》卷 7〈塞難〉云：「仲尼，儒者之聖也；老子，得道之聖也。儒教近而易見，故宗之者眾焉。……」（北京：中華書局，1988 年 7 月，頁 138）

民階層的教育過程，有時會以「道德教化」稱之。它和道教在魏晉以後主流派朝「上層化」發展的區隔，前者指涉對象，後者指涉本質。

　　5.本文使用「小傳統社會」、「庶民階層」皆同指涉下層社會的百姓。

　　交代完論文專有名詞使用說明後，以下便進入本論文第一個課題的探討。

# 第二章　道教入世轉向的考查

## 引　言

　　道教宗教倫理的入世轉向，對儒學世俗化有推擴之功，意即有儒學化的傾向。本章所要探討的課題是：促使葛洪自覺的因素是什麼？葛洪神仙道派納入儒家的道德可以積累成仙的觀念，以取得統治階層的信任，造成魏晉以後，天師、靈寶、上清等道派朝上層化發展，卻使此基說停滯在內丹派理論中，未能實踐於俗世。直到唐安史之亂以後，到五代之間，社會劇烈的動盪，戰禍連縣，在此特殊的氛圍下，逼出凡庶亟需超驗力量救贖的共同心願，如此人心的渴望，促使道教神仙思想由出世朝入世轉變；加上北宋亡國，華北一帶陷入金人異族之手，由於政治環境的再次驟變，傳統道教面臨生存的危機，自民間崛起新道派，不約而同地作全面入世轉向。同時期的南方內丹派，及淨明道等也有儒學化的趨向，從元代到明清，皆保有此特質；由以上所形成的問題，筆者將分成六小節論述之。

# 一、葛洪對道教入世轉向的自覺

從道教的發展史來看，不死神仙的修煉是道教出世的終極關懷。到了魏晉時代的葛洪（283－362 年），總結了戰國以來神仙方術的理論，提出以「積德累善」作為成仙的必要條件，這個入世轉向的自覺，使道教的修煉結合儒家封建的倫理綱常，符合統治階層的政治利益，而使道教香火可以緜延發展。吾人就要思考以下這個問題：什麼樣的歷史情境促成葛洪的自覺？

筆者認為最主要是受到當時統治階層對民間道教的疑懼，和鎮壓態度所導出的自覺。東漢是道教孕育的時期，一些關心世道危機者，依託神意造出道書，以挽救沉淪的人心，由於其中反映當權者的腐敗，以及民生疾苦災難，便深受廣大庶民階層的信仰和追從。一些道教菁英分子便領導信徒，以靜坐思過和符水治病的方便法門，傳播善道，擴大信眾的組織規模。在封建社會內部的矛盾和階級對立，以及貧富懸殊的日趨嚴重情況下，便為有心者利用，成為反抗統治階層的工具。在靈帝光和 7 年（184 年，是歲 2 月改元中平），由鉅鹿人（今河北平鄉）張角所組織的「太平道」，發動大規模的抗暴行動，史稱「黃巾賊之亂」。其徒眾勢力達數十萬人，「連結郡國，自青、徐、幽、冀、荊、揚、兗、豫八州之人，莫不畢應」❶造成京師震動，後雖派兵鎮壓，殺了張角及張梁。然而，

---

❶　見劉宋范曄撰、清王先謙集解：《後漢書‧皇甫嵩傳》卷 71，內云：張角自稱「大賢良師」，奉事黃老道，畜養弟子，跪拜首過，符水咒說以療病，病者頗愈，百姓信向之。角因遣弟子八人使四方，以善道教化天下，轉相誑惑。十餘年間，眾徒數十萬……。可見早期原始道教以神道設教吸

其部下韓忠、孫夏等人繼續流竄、起義。同時期在漢中地區的五斗
米道教主張修，也隨之響應，後雖失敗，而其徒眾和黃巾餘部繼續
流竄各地抗爭，先後至百萬。❷至東漢獻帝建安 20 年（215 年）三
月，張魯降曹操（155－220 年）止，前後封建社會動盪三十餘年，
後雖得以敉平內亂，漢王朝從此江河日下，趨於衰敗，海內虛困，
造成日後群雄割據的局面。因此，魏以後的統治階層，對於民間道
教的活動深感戒心，它已威脅到封建社會政治的運作。其草根性帶
有濃厚的批判思想：反強權、反剝削、反壓迫、反貧富不均、反貪
暴，主張均平無私。❸在統治階層看來是離經叛道的行為，必欲加
以嚴密監控，或武力鎮壓；另一方面，則以封建階級的政治優勢和
意志，暗示或默許神仙道教的合法性和生存性，促使民間道教分

---

收群眾力量作為反抗統治階層剝削的利器。（北京：中華書局，1991 年 9
月，2 刷，頁 1）

❷ 據《後漢書・朱雋傳》內云：「自黃巾賊後，後有黑山、黃龍、白波、左
校、郭大賢、于氏根、青牛角、張白騎、劉石、左髭、丈八、平漢、大
計、司隸、掾哉、雷公、浮雲、飛燕、白雀、楊鳳、于毒、五鹿、白繞、
畦固、苦哂之徒，並起山谷間，不可勝數。……大者二、三萬，小者六、
七千。」（同上引，頁 9）

❸ 原始道經：《太平經》卷 48〈三合相通訣第六十五〉釋「太平」二字：
「太者，大也。……平者，乃言其治太平均，凡事悉理，無復奸私也。」
（北京：中華書局，1992 年 3 月，頁 148）；卷 98〈包天塞地守氣不絕
訣第一百六十〉則言：平是「平平無冤者」（頁 451）；卷 119〈道祐三
人訣第二百十六〉又說：「天地施化得均，尊卑大小皆如一，乃無爭訟
者，故可為人君父母也」（頁 683）；則可知《太平經》對官吏的貪姦、
剝削、不公的一種批判，帶有神道色彩，素為統治者所猜忌，因為那正是
各朝代的開國君主最慣用的愚民技倆，如今為民間道教宣揚神意以收攬人
心，焉得不為統治階層所必欲除之的目標？

化，一部份向神仙道教靠攏，其殘餘部眾失去生存發展空間，散為各地的巫覡、命卜、看風水、解厄、除魅的術士，如此便不構成對統治階層政權穩定的威脅。

葛洪處在這個轉機的關鍵，是首先看清政治現實和道教未來發展趨勢的人物。他將原始民間道教符水治病的草根性提昇到不死神仙金丹修煉的層次，並將戰國以來神仙方術的思想加以理論化，著成《抱朴子內篇》以吸引更多士大夫貴族的加入和信奉，只要信徒縉紳化、上層化，就等於得到統治階層的支持。

葛洪為了撇清自己的神仙道派和民間道教的關係，也公開訴諸言論的批評，斥以前的張角、柳根、王歆、李申之徒，為「姦黨」、「逆亂」，以及當時的「李家道」，❹認為其術至淺，連首者不免於疫死，非真正的神仙不死之術，但以其法誑惑群愚，宜在禁絕之列（同上引）。如此自表立場，自然可化解統治階層的疑懼，使神仙道派登堂入室；再加上強調儒家的忠、孝、仁、恕、

---

❹ 　案：「李家道」為首者李阿和李寬，在吳大帝時（222－252 年）由蜀中傳入江南，能祝水治病，自公卿以下，莫不雲集其門，其信徒上千，布滿江表。【以上參見王明校譯：《抱朴子內篇·道意卷第九》（出版狀況見前），頁 174】。至於民間道教在兩晉時代也陸續在各地起義，如：西蜀地區天師道徒陳瑞在晉武帝成寧二年（206 年）作亂，史稱「鬼道惑眾」；李特、李雄也在晉惠帝永寧元年（301 年）起義，其基本徒眾是略陽、天水六郡逃亡入蜀的流民；至於在穆帝永和 12 年（356 年）起義的李弘，是李脫的弟子，而李脫又是李家道的傳人。以上這些民間道教作亂的時間，都在葛洪所活動的時代裡，葛洪了解自己的神仙道派如果不和這些在統治階層眼中所視為「鬼道」、「妖道」的民間道教劃清界限，是斷然無生機可言的。

信、義、和、順的倫常思想也是成仙的根本，❺以符合統治階層的利益，也提供了上階層貴冑世族修煉不死神仙方便法門，吸引更多士階層及縉紳官僚之士的認同。得到這些社會菁英的認同，也等於取得政治的發言權；取得政治的發言權，就等於獲得道派香火延續的保證。

葛洪的自覺除了直接受到當時政治環境的催化外，尚有佛教的發展、茁壯也帶給他間接的刺激。蓋漢代佛教初傳入中土時，雖依附黃老祠祀信仰中，然而其思想已獲得部分公卿貴冑的認同。

根據《後漢書·楚王英傳》云：

> （永平）8 年，詔令天下死罪皆入縑贖。英遣郎中令奉黃縑、白紈三十匹詣國相曰：「托在蕃輔，過惡累積，歡喜大恩，奉送縑帛，以贖愆罪。」國相以聞，詔報曰：「楚王誦黃老之微言，尚浮屠之仁祠，潔齋三月，與神為誓，何嫌何疑？當有悔吝，其還贖以助伊蒲塞、桑門之盛饌……」（卷 42，頁 6）

案：「伊蒲塞」即「優婆塞」，男居士的尊稱；「桑門」即「沙門」，指佛教僧侶。由上述的記載，可知在東漢明帝時，已透過行政權力佈告天下，以縑帛贖罪的政策，若非佛教佈施消業障，

---

❺ 見王明校釋：《抱朴子內篇·對俗》云：「為道者以救人危，使免禍；護人疾病，令不枉死，為上功也。欲求仙者，要當以忠孝和順仁信為本。若德性不修，而但務方術，皆不得長生也。」（卷 3，頁 53）〈微旨〉：「欲求長生者，必欲積善立功……」（卷 6，頁 126）。

供養三寶可獲福無量的思想，已得到統治者的信服和接納，又如何有此詔令呢？

再者，從佛教譯經的數據來看，在桓靈（147－187 年）之間，共譯出 53 部，73 卷；❻曹魏時期則譯出 42 部，68 卷；❼到了西晉之世（西晉武帝泰始元年－愍帝建興 4 年，265－316 年），已譯出 167 部，近 366 卷。❽譯經之人，從早期少數人，增加到近 30 人。❾葛洪生卒年也處在此時期，定目睹此盛況——《阿含部》、《般若部》，龍樹菩薩《四論》及《華嚴》、《法華》的譯出。彼時佛道二教力量均在萌芽、發展狀態，互相學習、吸收，爭勝之端尚未發起。葛洪的著作雖無片言隻語可以佐證筆者的推測，然而從其先創作《外篇》，以及稍後在《內篇》的〈對俗〉、〈微旨〉納入儒家

---

❻ 見梁·僧祐：《出三藏記集》（以下簡稱《祐錄》），卷 2〈新集經論錄第一〉，收入《大正新脩大藏經》（以下簡稱《大正藏》），（臺北：新文豐出版社，民國 74 年元月）55 冊，頁 5 下－6 下。

❼ 同上引，頁 6 下－7 中；依唐·智昇：《開元釋教錄》卷 1（以下簡稱《昇錄》）所載，只有 12 部，18 卷。（《大正藏》55 冊，頁 486 中）

❽ 見《祐錄》卷 2，頁 7 中－10 上；依《昇錄》卷 2，頁 493 上所載，則有333 部，590 卷。

❾ 漢有安世高、支婁迦讖、安玄（《祐錄》卷 13，頁 95 上－96 上）；在梁·慧皎《高僧傳》卷 1 內除了攝摩騰、竺法蘭二人立傳外，附見 6 人（《大正藏》50 冊，頁 323 下－324 下）；魏立傳有康僧會、朱士行、支謙 3 人（《祐錄》卷 13，頁 96 上－97 下），在《高僧傳》內尚有立傳 3人，附見 6 人（頁 324 下－326 中）；至於西晉著名的譯者有竺法護、竺法蘭、白法祖、聶承遠、聶道真、彊梁婁至、安法欽、法立、法炬、支法度等人。在《高僧傳》中尚有立傳 2 人，附見 1 人。（頁 326 下－327下）

的倫理道德為成仙必要修煉的動作，可以隱約感受到葛洪對當時政治的敏感度，欲搶先佛教一步，獲得道教在政治上的地位與發展生存優勢。佛教是外來的文化，本身已有完整的宗教倫理思想，對儒家思想只能做比附和印證，在這方面就輸給了道教。其中土化，以及佛法慧命後續的發展，主要是靠儒林菁英的支持。

　　葛洪雖然比佛教先自覺到吸納儒教道德，來取得統治階層行政力的支持，那只是基於彼時政治環境的考量；由於歷史時空的侷限，其理論並不成為日後道教發展的主流思想。筆者所持理由有三：

　　1.其著作內外篇共 70 卷，提到修道積德累功可以成仙的只有 2 卷。

　　2.論及儒、道兩教優劣時，葛洪有崇道抑儒的傾向。在卷 7〈塞難〉內言：

　　　　三皇以往，道治也；帝王以來，儒教也。談者或知高世之敦朴，而薄季俗之澆散，何獨重仲尼而輕老氏乎？是玩華藻於木末，而不識所生之有本也。……（頁138）

　　在〈明本〉一文中更明白指出：「道者，儒之本也；儒者，道之末也。」（頁184）

　　在〈袪惑〉篇中視儒典五經四部為「既往之糟粕」，仍以長生成仙之道為至貴（頁351）；則可知葛洪先前言不積道德，無以致長生，乃投統治階層之所好。

3.葛洪以後，道教的改革者雖然有強化其積德成仙的思想，❿但未由此而朝下階層世俗化進一步的推擴，反而欲使其神仙道派成為統治階層的國教，而有朝上層化發展的趨勢。這是歷史時空的外緣因素尚未發展到可以導出道教全面世俗化的成熟條件。因為魏晉以後到隋唐，是道教亟欲建構出一套完整科儀、戒律、制度以及理論的時機。在這方面，佛教佔了優勢，道教為了獲得多的政治資

---

❿ 陸修靜提出「三合成德」的概念：「夫道，三合成德，自不滿三，諸事不成。三者，謂道、德、仁。仁，一也；行功德，二也；德足成道，三也。三事合，乃得道也。若人但作功德而不曉道，亦不得道；若但曉道，而無功德，亦不得道；若但有道德，而無仁，則生理翳沒歸於無有。」【見《洞玄靈寶齋說光燭戒罰祝願儀》第 7，收入《正統道藏》（臺北縣：藝文印書館，民國 66 年元月）第 16 冊，頁 12719】。北魏·寇謙之則強調專以禮度為首，而加之以服食閉煉，以求成道。【見北齊·魏收：《魏書·釋老志 10 第 20》（臺北：鼎文書局·民國 68 年 2 月，再版）卷 114，頁 305】。寇氏並進一步將儒教的倫理道德納入道教戒律中（見《老君音誦誡經》第 4，《正統道藏》第 30 冊，頁 24224。而梁·陶弘景則以神仙的道德品行為考量其位階高低，功德愈多，仙階愈高。（見《真靈位業圖》，《正統道藏》第 5 冊，頁 3316－3331）。至於隋唐的杜光庭（850－933 年）在《墉城集仙錄序》內則提出和葛洪相似的理論，指出成仙方法除了白日升天，山林隱化，尸解神遊外，還有「積功未備，累德未彰，或至孝至忠，至貞至烈；或心不忘道，功未及人，寒棲獨鍊於己身，善行不加於幽顯者，太上以其有志，太極以其推誠，限盡而終，魂神受福者，得為善爽之鬼，地司不制，鬼錄不書，逍遙福鄉，逸樂遂志，年充數足，得為鬼仙。然後昇陰景之中，居王者之秩，積功累德，亦入仙階矣。」【收入清·董浩編：《全唐文》（上海：上海古籍出版社，1993 年 11 月，2 刷），卷 932，頁 4303 上。】；此書和〈道教靈驗記〉一樣，收集一些積善成仙的實事實例，進行道德勸化，也成為日後道教勸善書的借鑒。

源，必須吸收上階層社會菁英成為其教派的支持者。因此，葛洪以後，神仙道教的理論建構與改造，自然朝上層化發展，這是以下本文所要進入的課題。

# 二、魏晉以後道教上層化的發展

魏晉以後，道教朝上層化發展有三個特色：

## 1.改變民間道教的本質以迎合統治階層的利益

南朝劉宋時期的陸修靜（406－477 年）對靈寶派的改造，除了使該派齋規儀軌更加完善外，最主要是迎合統治階層的利益，借以獲得信任。如陸氏提出的「三合成德」理論，⓫正是為了君、臣、民各安其分，以便穩定政治及社會秩序的運作。陸氏並定戒規以約束信徒「不可得亂語，論及世務」，⓬不許妄言朝政得失，當然更不得參加反抗統治階層的活動。在《太上洞玄靈寶三元品戒功德輕重經·三元品戒罪目》中明列：「不忠於上」、「私畜刀杖兵器」、「合聚群眾」、「評論國事」、「輕凌官長有司」、「論議世間曲直」、「妄論國家盛衰」等條戒為不能赦免的大罪；⓭另外《太上洞玄靈寶智慧罪根上品大戒經》卷上第 5，更是把儒教許多道德倫理都納入戒律中：

---

⓫　參見前節註⓾。

⓬　見《太上洞玄靈寶授度儀表》，《正統道藏》第 16 冊，頁 12722。

⓭　《正統道藏》第 11 冊，頁 8811－8813。

與人君言，則惠於國；與人父言，則慈於子；與人師言，則
愛於眾；與人兄言，則悌於行；與人臣言，則忠於君；與人
子言，則孝於親；與人友言，則信於交；與人婦言，則貞於
夫；與人夫言，則和於室；與奴婢言，則慎於事。⓮

　　更清楚看出靈寶派放棄民間道教反映下層百姓的願望和苦難心
聲代言人身分，而朝適合封建階層需求方向的改造。此外從陸修靜
從事齋儀的制訂——即「九齋十二法」，⓯內容也可看出其統攝儒
家道德禮法和佛教「三業清淨」思想，擴展天師道齋儀到上清、靈
寶齋的內涵，足見陸氏也是從民間道教向上層轉化的道士。

　　陸修靜之後，道教改造的另一位重要人物是梁·陶弘景（456－
536 年），他是孫游岳的得意弟子，早年曾仕諸侯王侍讀，37 歲時
（永明 7 年）便因宦途不順，退居江蘇句曲山。由齊入梁，名聲漸
為朝野所重，有「山中宰相」之譽。⓰陶氏是上清派重要嫡傳弟
子，⓱得其符籙經法的真傳；在茅山修煉期間，為了弘揚上清經
法，撰寫了大量道書，其中以《真誥》最具影響力，該書記錄了真

---

⓮　收入《正統道藏》第 11 冊，頁 8820。
⓯　見陸修靜撰：《洞玄靈寶五感文》，《正統道藏》第 54 冊，頁 43858－
　　43859。
⓰　見唐·李延壽等撰：《南史》（臺北：鼎文書局，民國 68 年 3 月，再
　　版）卷 76〈陶弘景傳〉，頁 1899。
⓱　《雲笈七籤》卷 5〈真系〉提到：「今道門以經籙授受，所自來遠
　　矣。……其陸（修靜）君之教，楊、許之胄也。陸授孫（游岳）君，孫君
　　授陶君，陶君搜摭許令之遺經略盡矣。」（《正統道藏》第 36 冊，頁
　　29171。）此說明上清的傳承是楊、許、陸、孫到陶弘景。

人於某年某月某日，降於何處，向某人降授某某誥命，《上清經》即據此寫成，頗類似明清乩示的鸞書，以神意授經，增強其神聖性，借以招徠更多的信眾。由於陶氏之後的茅山歷代傳人，大都是有名的上清道士，因此，茅山成了上清派的代表，并以陶氏為開宗祖師。上清派同靈寶派一樣，在戒律上表現出忠君孝弟思想，來迎合統治階層的政治利益。在《太上大道玉清經》卷 1，第 8〈本起品第 1〉中依託元始天尊的口吻說：

> 第一戒者，不得違戾父母師長，反逆不孝；……第三戒者，不得反逆君主，謀害家國；此戒最重，何以故？是諸國王皆是應化推運，總統天下一切人民之所機要，一旦無主，不得其死。❶❽

將封建君主看成應化推運世主，這種轉變的確迥異於以往民間道教反剝削、反暴權、反貧富不均的思想。另一方面，上清和靈寶派在葛洪積德成仙的基礎上，進一步地提昇成道教的戒律，也可看出魏晉六朝道教改革者是順應統治階層的要求，借此獲得教派發展的生機。就因為道教朝上層化發展，才能吸收更多的政治菁英的加入。❶❾值得一提的是，道教也是自陶弘景之後，開始有統治者信道入教。《隋書·經籍志》提到梁武帝早年「好事，先受道法，及即

---

❶❽　收入《正統道藏》第 55 冊，頁 44639。

❶❾　據賈嵩：《華陽陶隱居內傳》卷中言：「齊梁間，侯王公卿從先生授業者數百人。」（《正統道藏》第 9 冊，頁 6776）可見陶弘景在上階層的影響力。

位，猶自上章，朝士受道者眾，三吳及邊海之際，信之逾甚。陳武
（帝）世居吳興，故亦奉焉。」⑳雖然梁武帝在即位後第三年，捨
道事佛，但也沒有禁止道教的活動。武帝之後的簡文帝、梁元帝也
是奉道的；繼起的陳代，帝王信道也不乏其人。足見道教在梁、陳
統治階層的影響力，此乃折射出其上層化的效力。

　　北魏王朝以少數民族入主北方中原，其開國君主了解鞏固自己
的政治地位須得到漢族士大夫的支持，也須利用漢族的宗教信仰來
為其政治服務，不僅儒家倫理道德是主要工具，而且也要利用佛、
道二教。自太祖道武帝以後的幾個嗣君：明元帝、太武帝都是一面
進行漢化，另一面信奉天師道、建造佛像的兩手政策。約和南朝陸
修靜同時的寇謙之（？－448 年），就在這種有利的政治氛圍下，對
天師道進行改造成合於統治階層利益的宗教。所不同於南朝的是，
寇氏以依託太上老君神意來強化他改造的權威性和合法性，其宣稱
在北魏明元帝神瑞 2 年（415 年），太上老君降臨嵩岳，告訴他：

> 今有上谷寇謙之，隱學嵩岳少室，精煉教法，捆知人鬼之
> 情，文身宜理，行合自然。……吾是以東游，臨觀子
> 身。……謙之！汝就繫天師正位，并教生民，佐國扶命。㉑

　　寇氏宣稱老君賜他《雲中音誦新科之誡》，要他「清整道教，

---

㉑　唐·魏微等撰：《隋書》（臺北：鼎文書局，民國 72 年 2 月，4 版）卷
　　35〈志第 30·經籍志 4〉，頁 1093。
㉑　見《老君音誦誡誷》第 3，《正統道藏》第 30 冊，頁 24223。

除去三張偽法」，且以「禮度為首」❷并依此神意造出《老君音誦
戒經》20 卷。其改革天師道的原則便是：凡合乎儒家倫理就保
留、增益；違背者就刪除。例如：「堅決反對利用天師道犯上作
亂」❷且以老君口吻說這些作惡者多「父不慈，子不孝，臣不忠，
運數應然，當疫毒臨之，惡人死盡。」（同前引）；在《太上戒
經》中也可看到同樣的戒律，如第一戒：「不得違戾父母師長，反
逆不孝」、第三戒：「不得叛逆君王，謀害家國」❷可見吸納儒家
倫常思想以符合封建階層的利益，是當時南北朝道教的共同趨勢。
也由於寇氏的改革，使天師道得到北魏統治階層的支持，而大大興
盛起來。

2.道經文化提昇到思辨、玄學化的層次

　　道教經過葛洪、陸修靜、寇謙之、陶弘景等人的改造，終於獲
得政治發言權，即取得統治階層的信任，取得信任就等於取得道教
香火傳延的證照。隨著隋唐政權大一統格局出現，南北朝道教也產
生融合的現象。又李唐開國尊崇同宗太上老君的信仰，更使道教發
展達到空前的興盛；加上佛道爭勝的催化，產生大量的道教學者的
菁英分子，他們紛紛著書立說，闡述道義，使道經理論趨於精緻
化、哲學化。如成玄英（生卒年不詳）的《老子注》、《莊子疏》；
司馬承禎（646－735 年）的《坐忘論》；李榮（生卒年不詳）的《老
子注》；王玄覽（526－697 年）的《玄珠錄》；吳筠（？－778 年）的

---

❷　見《魏書》卷 114〈釋老志 10 第 20〉，頁 3051。

❷　同註❷，頁 24224。

❷　見《太上經戒》第 2，《正統道藏》第 30 冊，頁 24240。

《玄綱論》等。以上諸人多半出身官宦或儒門世家，有很高的文化背景，他們的著作中，或援佛教的中觀、空觀、止觀思想；或援儒入老的特點；這個轉變使道教走向內在心性化的修煉，埋下日後宋代理學興起的契機。

3.道派傳承人多出身儒宦世家，有較高的文化水準。

葛洪是神仙長生思想和金丹理論的集大成，也是靈寶派和上清派的承先啟後者。其出身於江南士族世家，曩祖皆曾在朝為官，祖系在吳歷任海鹽、臨安、山陰縣宰，入為吏部侍郎、御史中丞、盧陵太守、吏部尚書、太子少傅、中書、大鴻臚、侍中、光祿勳、輔吳將軍等要職；父仕吳五官郎、中正，建城、南昌二縣、中書郎、廷尉平等職；洪為第三子，年 13，其父去世，家道中落，16 歲方始讀儒典、經史百家之書，本意成為儒者，由於性闇，志不專，加上世道大亂，意不成為純儒，轉而學道。（見《抱朴子內篇·自序》）

上清派的傳承人紫虛元君上真司命南岳魏夫人──魏華存，乃晉司徒劇陽文康公舒之女，幼而好老莊，長而棲心幽冥，後清虛真人降授《內景經》及《上清經》；魏夫人再降授楊羲；楊羲又傳許謐、許翽兄弟；㉕此三人皆世系為江南望族。有較高的文化修養，和官僚階層互動關係良好。

劉宋時期的陸修靜（407－477 年）是三國吳丞相陸凱的後裔，代為著姓。㉖

㉕　見宋·李昉等撰：《太平御覽》（上海：上海古籍出版社，1994 年 8月），第 7 冊，卷 678〈南岳魏夫人內傳〉，頁 10－13。

㉖　吳筠：〈簡寂先生陸君碑〉，收入清·董浩編：《全唐文》（上海：上海古籍出版社，1993 年 11 月，2 刷）卷 926，頁 4282 下－4283 上。

　　梁代著名的茅山道派創始者，陶弘景，其世系出身於江東名門陶氏家族，七世祖陶濬，孫吳時官至鎮南將軍、荊州刺史、封句容侯，入晉後，拜議郎、散騎常侍尚書；濬兄陶璜及其子嗣在吳、晉兩朝世為交州刺史；濬弟陶抗及其子嗣一族，在晉代也是累世冠纓。至於陶弘景祖父陶隆，在劉宋封晉安侯；父陶貞寶亦官至江夏孝昌令；❷而陶弘景本人在齊、梁朝曾任諸王侍讀，本欲求宰縣而不遂，於永明 10 年（492 年）上表辭祿，退隱江蘇句曲山，漸成名動朝野的道士。

　　唐代茅山派的主要傳承人王遠知（509－635 年）、王軌（579－667 年）等人亦出身世系官宦之家。❷和此派相似的樓觀派，自歧暉以後，有巨國珍（574－634 年）、田仕文（568－634 年）、尹文操（？－688 年）、李玄崱（生卒年不詳）、顏无待、傳承說等人，家世背景或為儒林士族之後，或為官宦之家。

　　由於傳承者大多為上階層菁英分子，其佈道對象及信眾亦多來自此間世冑高門。近人陳寅恪先生在〈天師道與濱海地域之關係〉一文中，曾對此有詳細考證，如琅邪王氏：王羲之、王廙、王凝之為五斗米道世家；高平郗氏：郗鑒、子郗愔，及弟曇均奉天師道；吳郡杜氏：杜子恭，子杜子泰、玄孫杜京產，及杜子栖為南朝天師道著名世家；會稽孔氏：孔道隆、孔靈產、孔稚珪三世，以及山陰孔愉一門、鄞縣孔祐、孔道徽，剡縣孔默、子熙先、休先，孔胤秀兄弟等是否為一族，不能詳考，然亦皆奉道之家；義興周氏：周勰

---

❷　以上參見《南史》卷 76〈陶弘景傳〉，頁 1897－1901。

❷　以上諸人新舊《唐書》皆有傳。

敬事孫泰；陳郡殷氏：殷仲堪，娶妻琅邪王臨之女，本天師道世家；丹陽葛氏：葛玄、葛洪；丹陽許氏：許肇（或一名敬）亦為南朝著名天師道世家；丹陽陶氏：即陶弘景一族；吳興沈氏：沈警、沈穆夫、沈林子、沈約一族，累世奉天師道。㉙以上世家皆居江浙濱海一帶，人文薈萃、魚米之鄉，又是南朝君王定都首善之區，自然形成天師道擴散的溫床。

　　道教在朝上階層化發展過程中，逐漸取得國教的尊崇地位，民間道教自然退居下位，遠離政治核心之外，淪為巫覡之流。

　　自唐肅宗即位（756 年）到趙匡胤取代後周（960 年），結束五代十國二百餘年紛爭的局面，李唐王朝從衰弱、頹敗、滅亡，到列國藩鎮四分的局面，這樣一個社會動盪的形勢也沒有使道教朝下層轉化，究其原因有二：

　　1.政治局勢分裂非淪入異族之手。中晚唐十三位統治君主仍是崇道的政策；㉚加上宣揚長生不死的觀念和神靈福祐的主張，在戰火紛陳，朝不保夕的年代，仍對新興的統治者有吸引力。

　　2.道教在五代十國仍獲君主崇仰，但鑒於前朝帝王服食丹藥致死的事件發生，使外丹派受到挫折，逐漸轉向內視、調息、行氣、導引、守一的內丹修煉。此轉向，使魏晉時期遭埋沒的魏伯陽《參同契》內丹修煉的理論基礎再度發揚起來，成為宋代道教漸次興起的思想。

---

㉙　陳寅恪：〈天師道與濱海地域關係〉，收入氏著：《陳寅恪先生論文集》（臺北：九思出版社，民國 66 年 6 月，2 版），頁 379－403。

㉚　中晚唐因亟求長生服食丹砂而死的君主有：憲宗、穆宗、武宗、宣宗等。五代有南唐烈祖李昪。

　　道教雖然沒有形成集體意識朝下層轉化，然而從安史之亂至五代紛亂、動盪的社會，這種特殊的氛圍，造成魏晉以來道教神仙思想的轉變：由出世朝入世轉向。並不是說道教放棄成仙、成真的目的，而是以介入塵世的苦難，和拯濟群倫等更多俗世的修煉來作為成仙的條件，這個轉變的成熟期是在南宋初河北新道派的形成才看到，然而，其契機卻是在唐末五代至宋初時期。順此思路便導入以下所要探討的概念。

# 三、唐安史之亂後至北宋<br>神仙思想的入世轉向

　　傳統道教中本就有民間原始信仰成分，其符籙祈禳也就是為庶民去祟除魅，治病消災的巫術，這些巫術本身就帶有入世實用的成分；加上葛洪立積善成仙說，雖尚未成為彼時道教的主流思想，但多少也影響到一些修行者，向世人進行道德教化，記錄在五代·沈汾《續仙傳》，唐·袁郊：《甘澤謠》，唐·段成式：《劍俠傳》，宋·吳淑：《江淮異人錄》等書中的異人術士，以所習方術、劍術作利人濟物的故事，這些故事雖然穿插些神話色彩，但是已蘊涵神仙思想的入世性格。

　　唐代安史之亂至五代、北宋初年，是中國歷史上一段較長的動亂時期。儒家以修齊治平為己任，但在政治崩解的時代，儒學教化失去社會主導力，或舉功名不第，或做官無望，且無助於世，不少知識分子隱遁江湖，入山修道，《宋史·隱逸傳上》所謂：「五季之亂，避世宜多。」（卷457，頁13417）就反映出彼時儒林菁英的價

值取向。此輩內儒外道者，或志不在成仙，心繫於世道安危，在入道後，會在道教思想摻入更多儒家入世的性格，使傳統神仙出世思想朝入世轉向。大抵上，此轉向時機在五代末至宋初時期形成。從歷史文獻來看，此時期的道士不再誘導君王求長生之道，而是建議他們用心於安定世道人心的內容。如道士陳摶（？－989 年）受到兩位皇帝的徵召，尋問神仙之事，一次在後周世宗：

> 周世宗召至闕下，……因問以神仙黃白修養之事，飛升之道。摶曰：「陛下為天下君，當以蒼生為念，豈宜留意於為金乎？世宗弗之責，放還山，令長吏歲時存問。」❸

陳摶少時亦好讀經史百家之書，在五代後唐明宗長興（930－933 年）中，舉進士不第，遂以山水為樂，栖隱武當山九室岩。（《宋史》卷 457〈陳摶傳〉頁 13420－13422）雖身在山林，而心存廟堂之上，隱居不仕，使自己進退有守，退以遠禍避害，進則等待明主知賞，以參與世道人心的改造。因此，一有帝王徵召，陳摶皆不矜名節以朝覲，於此便可窺其用心。

宋太宗即位後，有兩次召見，一次在太平興國初年，一次在太平興國 9 年（984 年），在第二次召見時，陳摶的回答更足資佐證神仙隱逸派入世轉變：

---

❸ 宋·楊億口述、黃鑑筆錄、宋庠整理、張師正撰：《楊文公談苑》（上海：上海古籍出版社，1993 年 8 月）第 130 條〈陳摶〉頁 100。

搏山野之人，於時無用，亦不知神仙黃白之事，吐納養生之
理，非有方術可傳。假令白日沖天，亦何益於世？今聖上龍
顏秀異，有天人之表，博達古今，深究治亂，真有道仁聖之
主也。正君臣協心同德，興化致治之秋，勤行修煉，無出於
此。（同前引，頁 13420）

其他道士也有類似的言行，如王昭素回答宋太宗治世養生之
術：「治世莫若安民，養生無非寡欲，此外無他。」❸❷真宗時，陳
搏弟子种放進言干祿，為楊大年所譏，真宗召楊大年釋之，事載於
《湘山野錄》：

上曰：「卿安知無一言禆朕乎？」出一皇囊，內有十軸，乃
放所奏之書，其書曰十議，所謂議道、議德、議仁、議義、
議兵、議刑、議政、議賦、議安、議危。❸❸

從其所議名目來看，已涵蓋內政、軍事、外交經濟、教化等範
圍，儒家外王入世的色彩非常濃厚了。此外，和陳搏同時代的呂嵒
（洞賓，798－？）也是出身儒門，為唐憲宗時，侍郎呂渭之後。曾
兩舉進士不第，遂遊心山水江湖，遊廬山遇火龍真人傳天遁劍法，
號純陽子，混俗貨墨於人間。後遊長安酒肆，遇鍾離權以詩點化，

---

❸❷　宋・釋文瑩：《玉壺清話》卷 3，頁 4，收入《筆記小說大觀》（臺北：
　　新興書局，民國 68 年 9 月）第 29 編，第 3 冊，頁 367。
❸❸　宋・釋文瑩：《湘山野錄》卷上，頁 2 下，收入《筆記小說大觀》（臺
　　北：新興書局，民國 65 年 6 月）第 12 編，第 1 冊，頁 38。

隨之往終南鶴嶺修煉，授以祕術，及靈寶祕法。鍾離權將上升天界歸仙位，告之：「世間遊行，當施利濟之道。」並期以十年行滿功德，復相會語。期至，果來洞庭岳陽樓踐履前約，告之呂洞賓，名字已注錄玉清籍，當接引升天。事詳載於劉體恕彙輯的《呂祖全書》。❸然而，北宋末，南宋初之際，民間多流傳呂洞賓顯化救世的故事，也就是說，呂洞賓被傳說成一位歷世現化的地仙，並非由於他功德未圓滿，而是他自願放棄成上仙的榮顯，繼續遊行人間，拯度救助群萌。後雖證位天仙，猶出入人間，於明清朝，仍飛鸞顯化，度人無量，被信眾視為釋家之觀音。《呂祖志》卷1〈真人本傳〉中所載，便異於劉體恕的說法：「嵒之志異於先生，必須度盡天下眾生方上升未晚也。」❸這一傳說大約在北宋末形成，究其原因，乃宋王朝外患交逼，內憂不斷，社會動盪，庶民寄希望於救世神仙，提供了好道者口實，於是踵事增華，附益傳說，此可看出呂洞賓在南宋時，已成了家戶皆曉的神仙傳奇人物。洪邁的《夷堅志》一書，即收錄有關呂洞賓神靈顯化的傳說近 30 條，在宋元兩代屢受帝王封號，❸至明清朝香火不絕。

〈呂祖本傳〉引其言曰：

---

❸ 元·劉體恕彙輯：《呂祖全書》卷1〈呂祖本傳〉，收入胡道靜編：《藏外道書》（成都：巴蜀書社，1992 年 8 月，2 版），第 7 冊，頁 62－68。

❸ 《呂祖志》卷1，第9〈真人本傳〉，《正統道藏》第60 冊，頁 48646。

❸ 宋徽宗政和中，封呂洞賓為妙通真人；元世祖封號純陽演正警化真君；元武宗加封純陽演正警化孚佑帝君。（同註❸，頁 68）。

世人競欲見吾，而不能行吾言，雖日夕與吾同處，何益哉？
人若能忠於國，孝友於家，信於交友；仁於待下，不慢自
心，不欺暗室，以方便濟物，以陰騭格天，人愛之，鬼神敬
之，即此一念，已與吾同，雖不見吾，猶見吾也。㉟

　　觀其勸世金言頗具儒家教化色彩，可見至宋代時，傳統道教的
神仙思想對於俗世的態度逐漸在轉變中，不但不以俗物為牽累，反
而更介入世間的苦難，就這一點的轉變，使兩宋道教向儒家靠攏。
然而這個儒學化的傾向在北宋時期也尚未形成普遍化的共識，除了
缺乏喪失政治環境的優勢的因素外，尚有統治階層重視符籙道法的
關係。蓋北宋屢受北方西夏、金、遼等外族的武力威脅。因此，統
治君主特重道教的符籙、祈禳、建醮以求靖國息災，故北宋大興符
籙道法，如天心、神霄等道派的道士便以符籙、符水濟世度人，做
為修煉功行，位證仙階的資糧。
　　符籙道派在北方的優勢，隨著金人南侵而喪失，由於異族的壓
迫，戰火帶來深切的苦難，以及對宗教嚴重的破壞，為了適應社會
人心的需要，促使新的道派：太一教、大道教、全真教的成立，此
新的道派表現出共同的作風：即全面入世的轉向，如此便導入下一
節所要探討的課題。

---

㉟　同前註。

# 四、南宋河北新道教的入世轉向

從宗教性格而言，中土民間道教比佛教更早入世，但自東漢以來，不斷吸收儒家道德教義，因此，道教在上階層中甚為流行，這是官方的道教。真正對中國的庶民階層的社會倫理有影響的是兩宋崛起民間的新道教，造成新道教崛起的因素是什麼？以及其入世轉向的意涵，是本節所要關注的課題。

## ㈠南宋河北新道教入世轉向的因素考查

河北新道教的全面入世轉向有政治因素和宗教因素兩種：

### 1.政治因素

公元 1127 年，北宋亡於金人之手，黃河下游以北的地域遂淪入異族的控制；宋高宗南遷，成了南北對峙的局面。這種政治環境的轉變，迥異於南北朝的格局。由於北方漢民族起義對抗金政權的高壓統治，彼此之間的衝突更形尖銳。加上金和遼、西夏之間的爭戰，以及在金熙宗執政時期，大舉南侵，軍需耗費甚鉅，征斂自然繁急。由戰亂所帶來的饑饉、田園荒蕪、流離失所，家破人亡、妻離子散的重重苦難與心靈創傷。長期以來，儒家道德思想所主導的封建社會秩序的力量，隨著國土淪陷而崩解，在此失去精神力的真空狀態下，社會人心亟需一種新的慰藉力量，就在這種社會共同心理的氛圍下，促使河北民間新道派的成立，朝入世苦行、救危濟難、篤人倫、翼世教的下階層世俗化的轉向。卿希泰便指出此點。

在北方金國，由於舊道教在戰亂中遭到嚴重破壞，適應社會的宗教需要，新道派於金初從民間湧現，形成太一教、大道

教、全真教三大派，三派新道教具有頗不同於舊道教的特
色，表現出茁壯的生命力。……㊳

　　在喪失政治的庇護的優勢後的新道教要如何生存？這是普遍共
同的難題。其不同於舊道教上層化的神仙思想的特色是什麼呢？卿
氏也未進一步說明。筆者認為是入世苦行的精神。只有入世苦行，
才能在失去一切政經資源的環境中生存下去，而這精神是取徑於禪
宗的做法。

### 2. 宗教因素

　　促教河北新道派普遍作入世的轉向的另一個宗教因素就是受唐
以後禪宗入世苦行轉向的影響，這個因素也可以說明道教從葛洪自
覺立積德成仙觀念後，為何沒有進一步作全面苦行的入世轉向的原
由。也就是說，自魏晉以後，至唐代，佛道一直處在爭勝的局面，
爭排位先後，爭學理優劣，爭取統治階層及文化菁英分子的支持與
認同，這種心態和格局，只有使道教更朝上層貴族化發展。相對
地，就中土而言，佛教是外來的宗教，只有融入本土文化，才能在
中土生根茁壯。自魏晉到隋唐七、八百年間，佛教的出世精神在中
國文化裡仍有主導地位，並且逐漸擁有大量的俗家信眾，靠他們的
捐貲而有莊田，以及享有經濟上免賦稅，免徭役的優遇，造成國庫
財支收入短絀。唐以前，有二次廢佛的政治措施皆肇因於此；唐以

---

㊳　卿希泰主編：《中國道教史·第三卷》（四川：四川人民出版社，1993
　　年 10 月），第 8 章〈道教在金與南宋的發展、改革及道派分化〉，頁
　　1。

後，有較理性不依傍鬼神的正統儒者從國家稅收角度主張裁抑佛、道兩教，如初唐的狄仁傑（607－700 年）、李嶠（644－713 年）、辛替否（生卒年不詳）、常袞（729－783 年）；中唐有韓愈（768－824 年），這些言論可能刺激佛教菁英分子的反思。余英時認為唐代佛教的變化，從社會史的觀點看，最重要的一點是從出世轉向入世，慧能（638－713 年）所創立的新禪宗就處在這轉變的關鍵上。❸❾但是六祖慧能的新禪宗只是在教義上回向人間，即所謂的「佛法在世間，不離世間覺，離世求菩提，恰如覓兔角」❹❾至於六祖是否已感應到未來社會的變遷會帶給佛教生存上沉重的打擊？以及在社會經濟倫理上持有什麼見解？這些問題尚無文獻資料可佐證。但是，在慧能去世後一百年內，南嶽禪宗一派終於在佛教經濟倫理方面有了突破性的發展，這就是百丈懷海大師（749－814 年）的「百丈清規」和他所建立的叢林制度，❹❶印度原始佛教是以乞討為生，不從事農業生產的，傳入中土後，佛教的經濟主要來源主要是靠信徒的佈施。但是安史之亂後，貴族的護持不如往昔之盛，僧侶便不得不設法自食其力，百丈懷海的清規，及叢林制度便是在此情況下發展出來，即今所謂的農禪制度：「上下均力」、❹❷「一日不作，一日

---

❸❾ 參見余英時：〈中國近世宗教倫理與商人精神〉，收入氏著：《中國思想傳統的現代詮釋》（臺北：聯經事業出版公司，民國 79 年 4 月，4 刷），頁 271。

❹❾ 聖印法師：《六祖壇經講話》（臺中：慈明文物供應社，民國 73 年 7 月），〈般若品第二〉，頁 79。

❹❶ 同註❸❾，頁 275。

❹❷ 宋·贊寧等撰：《宋高僧傳》卷 10〈懷海傳〉，收入《大正藏》第 50 冊，頁 770 下。

不食」的入世苦行的精神。❹韓愈力闢佛老也是在這個時期，百丈
懷海似早有預知準備，就在他死後 41 年，唐武宗會昌 5 年（845
年）敕頒廢佛的措施，史稱「會昌法難」，唐代佛教從此走向由盛
由衰的下坡路，諸宗派：如天台、華嚴、法相、律宗等一蹶不振，
只有禪宗一支獨秀存活下來。這個史例帶給了河北新興道派的啟
示：處在異族統治，且對宗教採取嚴格的監控的劣勢環境下，實無
異於佛教所面臨的法難，唯有效法其入世苦行，自食其力的精神，
才能存續道脈，這大概是當時那些新興道派的開山祖師不約而同的
想法吧！元·袁桷（1266－1327 年）在一篇〈野月觀記〉文章中論及
全真教時，透顯出受禪宗「入世苦行」的影響：

> 北祖全真，其學首以耐勞苦、力耕作，故凡居處飲食，非其
> 所自為不敢享。蓬垢疏糲，絕憂患美慕，人所不堪者能安
> 之。❹

　　全真教的入世苦行可說是禪宗的翻版，雖然沒有直接的文獻可
佐證王重陽創教之初是否參考過百丈的清規，但是據金·元好問
（1190－1257 年）的〈紫微觀記〉記載全真教創立的情形提到：

---

❹　案：「一日不作，一日不食」非出自百丈懷海之口的名言，乃稍後禪宗中
人對他的行為的描寫：余英時對比辯之甚明，可詳參〈中國近世宗教倫理
與商人精神〉，同註❸，頁 276－277。

❹　元·袁桷：《清容居士集》（臺北：新文豐出版公司，民國 73 年 6
月），卷 19〈野月觀記〉，頁 339。

> 貞元、正隆（1153－1160）以來，又有全真家之教，咸陽人王
> 中孚倡之，譚、馬、丘、劉諸人和之。本於淵靜之說，而無
> 黃冠襀襘之妄，參以禪定之習，而無頭陀縛律之苦。耕田鑿
> 井，從身以自養，推有餘以及之人，……㊺

　　元氏所言的全真教的確吸收了禪宗的宗教倫理。此外，生在金
元之際的王磐（1202－1293 年）在〈誠明真人道行碑〉內言：「全真
之教，以識心見性為宗，損己利物為行，不參實學，不立文字。」
㊻王磐時代又和全真教流行同時，他所見的全真教的確仿效百丈禪
師的清規和叢林制度，不然他也不會用禪宗的語言來描寫該教的教
旨。㊼不僅全真教如此，其他各派也表現出共同入世苦行的傾向。
　　河北新道教的入世轉向苦行雖然仿自禪宗，但是仍然有其獨特
的內在精神，這也許是宋代一種普遍的時代精神，也同樣表現在新
儒家身上。從傳統道教本身來看，河北新道派的確是一個嶄新的發
展。
　　此外，在前節，筆者所論述的唐五代以來，神仙道派的入世的
轉變，多少也會影響到河北新道教所建立宗教倫理的取向，此取向

---

㊺　金·元好問：《遺山先生文集》，卷 35〈紫微觀記〉，頁 12；收入王德
　　毅編：《叢書集成三編》（臺北：新文豐出版公司，民國 78 年 3 月）第
　　38 冊，頁 500。案：全真派立教，實為金世宗大定 7 年（1167），詳後
　　述。

㊻　元·王磐：〈誠明真人道行碑〉，收入李道謙輯的《甘水仙源錄》卷 5 第
　　2，《正統道藏》第 33 冊，頁 26335。

㊼　以上河北新道教入世苦行受禪宗影響，余英時先生辨之甚詳，可參考之；
　　同註㊴，頁 280－292。

對儒家社會教化有推波助瀾的效益。

## ㈡南宋河北新道教入世轉向的意涵

### 1. 太一教入世轉向的意涵

在金朝三大新道派中，太一教是最先創立的。據《元史》卷202〈釋老傳〉言：「太一教者，始金（熙宗）天眷中（1138 年）道士蕭抱珍。」❹太一教的形成，正值宋金激烈的戰事紛陳之際，教祖蕭抱珍（？－1166 年）利用中原地區對太一神信仰的傳統，❹於金衛州邊界創立此教以吸引群眾，收拾人心。以其「傳太一三元法籙之術，故名其教為太一。」❺所謂「三元法籙」即指漢五斗米道所奉天、地、水三官，分別為賜福、赦罪、解厄的主司神。該道派皆令教民、信眾請禱於三官，將悔過謝罪之文，分別著於山上，埋之地下，沈入水中，稱「三官手書」。此信仰為後世道教所重，發展為「三元齋」。蕭抱珍以太一三元法籙為人祈禳呵禁，治病驅邪，適應當時的民間百姓生活需要。王惲（1227－1304 年）在〈太一二代度師先考韓君墓碣銘并序〉指出「太一始祖真人以神道設教，遠邇

---

❹　明・宋濂等撰：《元史》（臺北：鼎文書局，民國 68 年 3 月），卷 202〈釋老傳〉，頁 4530。

❹　「太一」是秦漢以來，民間傳統信仰的神祇，統御五方五帝，居北極宮，位於天之中央，下臨中原。由於北宋王朝歷代崇祀此神，便成為中原人們心目中，主宰天下康阜的至上天神。見宋・沈括：《夢溪筆談》（北京：中華書局，1985 年）卷 3，頁 19。

❺　同註❹。

嚮風，受籙為門徒者，歲無慮千數。」❺可想見其教在民間的發展規模和影響力。

太一教身為河北新興的道派，不可能只有單純的「遠法漢儀」，以傳統的三元法籙拯濟群倫，定有其獨特的內在精神，而此精神對儒學世俗神學化的建構也有推擴之效。首先從太一教掌嗣者，一律改姓蕭（如二祖蕭道熙，俗性韓；三祖蕭志沖，俗姓王），以示師徒之間，盡父子之禮，此作法表現出受儒家尊師倫理的影響。王惲在〈太一三代度師先考王君墓表〉云：「師弟子之間，傳度授受，實有父子之義焉。」❺此確非過譽之言。蕭抱珍卒後，蕭道熙「縗絰哀感，如喪考妣」❺此外，從其立教教義也透顯出入世轉向的獨特面相。王惲記太一教法：「道家者流，雖崇尚玄默，而太一教法專以篤人倫，翊世教為本。」❺所謂「篤人倫，翊世教」其具體的意涵也從二祖蕭道熙一生行事可窺端倪：

> 生平好賑施，養老卹孤近百人，人以鏹五千月給為率，死乃已。貧者喪不能舉，衣被棺槨，為俱具之。❺

---

❺ 見元·王惲：《秋澗集》（臺北：臺灣商務印書館，民國 75 年 3 月，影印文淵閣《四庫全書》本·1200 冊）卷 61〈太一三代度師先考王君墓表〉，頁 9。

❺ 同前註，頁 11－12。

❺ 同註❺，卷 47〈太一二代度師贈嗣教重明真人蕭公行狀〉，頁 8。

❺ 同註❺，頁 11。

❺ 同註❺，頁 11。

　　雖說道徒以積累功德作為成仙的條件，但是無形中作了儒家「外王」世俗化的推手，則太一教入世轉向的儒家性格可說不言而喻了。

2.大道教入世轉向的意涵

　　在太一教剛成立不久，黃河流域出現另一新道派──大道教，其開山祖師劉德仁（1122－1180 年）❺❻生於宋徽宗宣和 4 年（1122 年），靖難之變時，值 5 歲，身逢國亡家破，隨母遷居河北塩山縣太平鄉。20 歲以前，劉德仁目睹戰亂帶給人民深切的痛苦，人心亟需一種能穩定世間法和療慰生死無常的信仰，在金熙宗皇統 2 年（1142 年）時，劉德仁以仙聖乘青牛抵其家，授以《道德經》的神祕色彩，正式創立大道教。❺❼《元史》卷 202〈釋老傳〉概括其特色云：「其教以苦節危行為要，而不妄取於人，不苟侈於己。」（頁 4529）處特殊社會環境下，已喪失從前政經優勢的支持，只有效禪宗苦行才能生存下去；「不妄取於人，不苟侈於己」亦是儒家廉儉之德。元·吳澄（1249－1331 年）在〈天寶宮碑〉中記宮中道士語，更具體說出真大道獨特的精神：

　　　　吾教之興，自金人得中土時，有劉祖師避俗出家，絕去嗜
　　　　慾，屏棄酒肉，勤力耕種，自給衣食，耐艱難辛苦，朴儉慈

---

❺❻　《元史》卷202〈釋老傳〉頁4529，提到：「真大道教者，始自金季，道
　　　士劉德仁之所立也。」

❺❼　見明·宋濂：《宋文憲公全集》（臺北：臺灣中華書局，影印《四部備
　　　要》本，民國59年11月，臺二版），卷26〈書劉真人事〉，頁12。

閔，志在利物，戒行嚴潔，一時翕然宗之。……❺❽

大道教以苦行自修，以無為保正性命（即消極不反抗主義），以慈心利物，濟生度死，已異於傳統道派。趙清琳撰〈大道延祥觀碑〉內載劉真人的基本教義，更能佐證此點：

> 其教以無為清靜為宗，真常慈儉為寶。其戒則不色、不慾、不殺、不飲酒、不茹葷，以仁為心，恤困苦，去紛爭，無私邪，守本分，不務化緣，日用衣食，自力耕桑，贍足之。有疾者，符藥針艾之事悉無所用，惟默禱虛空以至獲愈，復能為人除邪治病。平日恬淡無他技。彼言飛昇化鍊之術，長生久視之事，則曰吾不得而知，惟以一瓣香朝夕懇禮天地，故遠近之民願為弟子，隨方立觀者不少焉。❺❾

大道教「不務化緣」，乃處異族統治之地，不降其志，不辱其身，可說是儒家氣骨節操的表現；為庶民療疾，以默禱虛空為主，不假符籙，則擺脫宋以前神祕血祀色彩；不言飛昇化鍊，長生久視之術，則作風平實，切合當時民生凋弊的環境，自然籠絡不少信眾；至於其戒律，則已混入儒佛精神，不專屬道教的傳統了。

其原始教義另有九條保存在宋濂〈書劉真人事〉一文中：

---

❺❽　元·吳澄：《吳文正集》（臺北：臺灣商務印書館，民國 75 年 3 月，影印《文淵閣四庫全書》本·1197 冊），卷 50〈天寶宮碑〉，頁 19。

❺❾　轉引自陳垣：《南宋初河北新道教考》（臺北：新文豐出版公司，民國 66 年 7 月），頁 70。

一曰視物猶己，勿萌戕害兇嗔之心。二曰忠於君，孝於親，
誠於人，辭無綺語，口無惡聲。三曰除邪淫，守清靜。四曰
遠勢力，安貧賤，力耕而食，量入為出。五曰毋事博奕，毋
習盜竊。六曰毋飲酒茹葷，衣食取足，毋為驕盈。七曰虛心
而弱志，和光而同塵。八曰毋恃強梁，謙尊而光。九曰知足
不辱，知止不殆。❻⓿

　　除了 7、8、9 三條取自《老子》教義；第 3、6 條則是混三教
戒律；其餘皆是儒家入世的教條，其教宣揚忠孝勤儉，頗能穩定社
會秩序的需求；教人「忍辱知足，謙卑自守」，十分有利於消弭人
民反抗情緒，調和民族階級衝突；強調「自力耕食」、「安貧
賤」、「量入為出」，則有利於恢復遭戰火破壞的土地生產力。以
上教義在在吻合統治階層的利益，故金廷對其教合法性予以承認，
並在金世宗大定 7 年（1167 年）頒賜劉德仁為「東岳真人」。
　　其入世轉向的教義，正好負起儒學衰弊的亂世，喪失穩定人心
的功能。虞集（1272－1348 年）在〈真大道教第八代崇玄廣化真人岳
公之碑〉就提到此點：

　　……昔者金有中原，豪傑奇偉之士，往往不肯嬰世，故蹈亂
　　離，輒草衣木食，或佯狂獨往，各立名號，以自放於山澤之
　　間。當是時，師友道喪，聖賢之學，湮泯漸盡。惟是為道家
　　者多能自異於流俗，而又以去惡復善之說以勸諸人，一時州

---

❻⓿　同註❺❼，頁 12。

里田野各以其所近而從之。受其教戒者，風靡水流，散於郡縣，皆能力耕作，治廬舍，聯絡表樹，以相保守，久而未之變也。**⑥**

虞集寫此碑時，距離大道創教以來，已經歷一百多年；更重要的是虞集雖然是為大道教第八代祖立碑，然而他所描寫的並不侷限於此教，而是概括所有新興的道派。足見這些在北方淪於異族的道派的影響力。既是入世苦行，又以儒家倫理為入世轉向修行的戒條，自然不會引起當朝的疑懼，故能傳之數百年，至元末明初方絕傳。

### 3. 全真教入世轉向的意涵

金初興起三大新道派中，以全真教出現最晚，勢力最大，影響也最深遠；其掌教者文化素養極高，和太一教、大道教第2代以後祖師多出身農民大大不同。

全真教創教者王嚞（1113－1169年）號重陽子。47歲以前的王重陽曾熱衷於仕進，然而生不逢時，仕途偃蹇，雖棄文習武，中武舉，只做過小吏，鬱鬱不得志，已埋下日後尋求宗教的心靈歸宿的

---

**⑥** 元·虞集：《道園學古錄》（臺北：臺灣中華書局，影印《四部備要》本，民國60年2月，臺二版），卷50〈真大道教第八代崇玄廣化真人岳公之碑〉，頁1。案：真大道教即大道教，此教繼嗣到第四祖毛希琮（1186－1223年）之後，分為天寶宮與玉虛觀兩派，分別以酈希成和李希安為五祖，二派活躍於燕京一帶；天寶派的酈希成為了強調自己這一支是正統法嗣，在元憲宗時更名為「真大道」；此一派傳至六祖杜福春、李德和時，方合併。以上參見吳澄：〈天寶宮碑〉（同註❸）。

契機。據金源璹〈全真教祖碑〉及劉祖謙〈重陽仙迹記〉所載：王重陽在金海陵王亮弒熙宗自立為帝的正隆 4 年（1159 年），於甘河鎮忽遇至人，以為可教，密付口訣及飲以神水，自是盡斷諸緣，入終南山修煉，直到金世宗大定 7 年（1167 年，南宋孝宗乾道 3 年）出山，赴山東傳教。㉒七大弟子，中首先收馬鈺（1123－1183 年），於馬家後宅結庵而居，區其居：「全真」是為全真立教之始。㉓馬鈺之後，譚處端（1123－1185 年）、丘處機（1148－1227 年）、王處一（1142－1217 年）、劉處玄（1147－1203 年）、郝大通（1140－1212 年）、孫不二（1119－1182 年）六人相繼入全真門下，號全真七子。

全真教在宗教倫理上吸收了百丈懷海「一日不作，一日不食」的叢林清規，初期以上街乞化，雲遊四方的苦行，及耐勞苦，耕田鑿井，自食其力的方式生活。

從王重陽卒後，到金世宗大定 27 年（1187 年），近 20 年間，全真道士活動於山野市井，潛修默煉，旨在離塵去欲，識心見性，以清節苦行，詩詞歌賦宣傳教義，誘化士人，在民間逐漸擴大它的影響力。這個階段，全真教不主動營建屬於本派的宮觀。由於全真七子在各地苦行修煉，以異迹驚人，漸獲地方官吏的敬重。在劉處玄和丘處機掌教期間，受到金廷的賞賜和禮遇，使教團蓬勃發展，

---

㉒ 金源璹：〈全真教祖碑〉，收入李道謙輯：《甘水仙源錄》卷 1 第 2，《正統道藏》第 33 冊，頁 2682；劉祖謙撰：〈終南山重陽祖師仙迹記〉，收入《甘水仙源錄》卷 1 第 10，在《正統道藏》第 33 冊，頁 26286－26287。

㉓ 王利用：〈全真第二代丹陽抱一無為真人馬宗師道行碑〉，收入《甘水仙源錄》卷 1 第 20，《正統道藏》第 3 冊，頁 26291。

勢力席捲華北一帶，令繼位者金章宗深感憂慮，忌其利用宗教信仰
鼓動人民起義反抗，曾在明昌元年（1190 年）下令禁罷全真及其他
民間宗教，但以其教義有緩合社會階層的衝突，在朝重臣要員為全
真教信徒者，出面奏請下收回禁令，因此全真教「已絕而復存，稍
微而更熾」❻此後金統治者對該教未再禁止，全真教得以穩定發
展。

　　金章宗朝，蒙古已統一漠北，開始向四境擴張，大舉侵金；金
宣宗貞祐 2 年（1214 年）時，蒙古兵臨中都，金廷倉皇遷都於開
封，北方人民，上至王公貴人，下至文人、庶民、皂隸，更是飽嘗
戰火荼毒之苦，丘處機西遊途中有詩記述當時北境淒慘的景況：
「無限蒼生臨白刃，幾多茅屋變青灰」、「十年兵火萬民愁，千萬
中無一二留」❻自貞祐南遷至滅亡，北方人民陷入生死無常的苦難
中，社會籠罩在日暮途窮的陰影裏，人人看不到未來的願景，此氛
圍孕育著宗教的需求，全真教和其他一樣道派迅速成長，把更多的
苦難心靈吸收到全真教團來。其中最值得注意的是，山東登州、寧
海人民起義反金，金廷敦請丘處機出面召安，丘欣然應命，「所至
皆投戈拜命，二州遂定。」❻顯示了全真教在社會人心的影響力。
此舉引起南宋、金和蒙古三方面的側目，在蒙古尚未統一中原時，
成吉斯汗即遣使召見丘處機，允諾他掌管天下道教，以收拾中原人

❻　同註❹。

❻　李志常：《長春真人西遊記》卷上第 8，《正統道藏》第 57 冊，頁
　　46198。

❻　陳時可：〈長春真人本行碑〉，《甘水仙源錄》卷 2 第 6，《正統道藏》
　　第 33 冊，頁 26299。

心。❻❼在新道派中，唯獨全真教享有此殊榮，吾人就必須進一步詳考其修行及基本教義有何獨特的地方能夠吸引群眾的向心力。

根據劉祖謙所撰的〈終南山重陽祖師仙跡記〉提到王重陽接引人初機，是勸人誦《孝經》、《道德經》；並認為「天下無二道，聖人無兩心」三教旨趣都在教人「積行立功，導迪人心，使人遷善遠罪」❻❽在《金關玉鎖訣》中則明白宣示：「三教者如鼎三足，身同歸一，無二無三」❻❾則其一統三教，而高張教幟的用意非常明顯。其後嗣弟子，一直到明代，也都奉行這個理念：即以儒家的道德，教化庶民；以道家的無為，實踐佛家的慈悲救世的大願；故全真道士以「自食其力，垂慈接物，以期善俗」作為入世苦行的方向。❼❶這種入世功行，王惲在〈提點彰德路道教事寂然子霍君道行碣銘〉言：「全真家禁睡眠，謂之消陰魔；服勤苦，而曰打塵勞。」❼❶這種「打塵勞」的教規，在重陽創教時便已設立，❼❷即王磐所謂「損己利物為行」的事業。❼❸郝大通弟子王志謹（1178－1263年）在《盤山語錄》記載丘處機對此概念的闡釋：

---

❻❼　同註❹❽，頁 4524－4525。

❻❽　同註❻❷。

❻❾　王喆：《重陽真人金關玉鎖訣》第 12，《正統道藏》第 43 冊，頁34562。

❼❶　同註❺❶，卷 58〈奉大元聖州新建永昌觀碑銘并序〉，頁 17。

❼❶　同註❺❶，卷 61〈提點彰德路道教事寂然子霍君道行碣銘并序〉，頁 15。

❼❷　金·尹志平撰，段志堅編：《清和真人北遊語錄》卷 2 第 9，《正統道藏》第 55 冊，頁 44458。

❼❸　同註❹❻。

> 長春真人云：「心地下功，全拋世事；教門用力，大起塵
> 勞。苦無心地功夫，又不教門用力，請自思之，是何人
> 也。……昔在山東十有餘年，終日杜門，以靜為心，無人觸
> 著，不遇境，不遇物，此心如何見得成壞？便是空過時光。
> 夫天不利物則四時不行，地不利物則萬物不生，人不能自利
> 利他，有何功行？」❼❹

　　這段語錄說明「塵勞」便是去做入世利他的功行。《北遊語
錄》又說丘處機教弟子「積功行，存無為而行有為」❼❺其意上承祖
師王重陽《立教十五論》的「離凡世」，所謂「離凡世」者不是
「身離」，而是「心離」，得道之人是「身在塵世，心遊聖境」❼❻
王重陽在《金關玉鎖訣》中將這種修煉法歸於內丹派的大乘法，以
清淨無為，和明心見性作為修煉之要，除此之外，還要「孝養師長
父母，六度萬行，方便救一切眾生，斷除十惡，不殺生，不食酒
肉，不邪非偷盜，出意同天心，名曰天仙。」❼❼更可看出全真教的
入世功行，是以道涵攝儒教仁化天下，和佛教普度眾生的思想。自
葛洪以來，積德成仙理論，至全真教才徹底實踐在日用常行。這種
入世轉向的精神在太一和大道兩教也看得到，但是全真教道士實踐
到令人動心佩服的地步。例如郝大通弟子范圓曦（1178－1249 年）出

---

❼❹　王志謹：《盤山棲雲王真人語錄》第 28－29，《正統道藏》第 39 冊，頁
　　31598。
❼❺　同註❼❷，卷 3 第 15，頁 44473。
❼❻　王重陽：《立教十五論》第 6，《正統道藏》第 53 冊，頁 43159。
❼❼　同註❻❾，頁 34562。

身儒門，19 歲師事郝氏，出家學道，貞祐初，所居山東密州城為
賊所破，范氏盡出觀中所有以啖賊，民賴以安，事聞於上，金宣宗
賜號為「普照大師」❼❽在戰亂中，不計個人生死，輕財如糞土，不
沾名利，以救危濟難表現出強烈的入世「真行」的色彩。❼❾這種有
為的精神在長春真人身上透顯的更徹底，據《元史・釋老志》本傳
所載：

> 太祖（成吉斯汗）時方西征，日事攻戰，處機每言：「欲一天
> 下者，必在乎不嗜殺人。」及問為治之方，則對以「敬天愛
> 民為本」。……又其時國兵踐蹂中原，河南北尤甚，民罹俘
> 戮，無所逃命。處機還燕，使其徒持牒招求於戰伐之餘，由
> 是為人奴者，得復為良，與濱死而得更生者，毋慮二三萬
> 人，中州人至今稱道之。（卷 202，頁 4525）

　　彼時兵革滿河朔，宋、金、蒙古各遣使來召長春真人，人皆謂
其當南行，真人乃以七十餘高齡北邁，面見太祖，勸以止殺。其作
風似古墨翟之徒，今之慈濟人，何處有苦難，聞聲即到。陳銘珪
云：

---

❼❽　《甘水仙源錄》卷 4 第 16－19，〈普照真人范公墓誌〉，《正統道藏》
　　第 33 冊，頁 26329－26330。
❼❾　馬鈺弟子晉真人在其《語錄》第 3。中對「真行」下定義說：「若要真行
　　者，須要修仁蘊德，清貧拔苦，見人患難，常懷拯救之心；感化善人入道
　　修行。所為之事，先人後己，與萬物無私，乃真行也。」（《正統道藏》
　　第 39 冊，頁 31552）。

丘長春當殺運方熾之時，以七十餘歲之老翁，行萬數千里之
絕域，斷斷然以止殺勸其主，使之回車，此則幾於禹稷之己
溺己飢，而同符於孔席不暇暖，墨突不得黔之義。⑧

長春真人以力行慈悲救世的身教來開示他的弟子，在商挺的
〈大都清逸觀碑〉內載丘長春於元太祖 15 年（1220 年），奉召北
上，及南歸時（1223 年），夜宿蓋里泊，向隨行 18 弟子伺機宣教：

長春每語眾：「今大兵之後，人民塗炭，居無室，行無食者
皆是，立觀度人，時不可失，此修行之先務，人人當銘諸
心。」⑧

全真教傳到丘長春則臻至全盛，乃在這一股汲汲介入俗世的苦
難的精神，師與弟子之間，皆勉力行之。
王鶚撰的〈真常李真人道行碑〉內記丘長春高徒李志常（1193
－1256 年）的事迹：

……貞祐喪亂，土寇蜂起。山有窟室，可容數百人，寇至則
避其中。眾以公（指李志常）後，拒而不納。俄而，為寇所

---

⑧　此資料轉引自錢賓四：〈金元統治下之新道教〉，收入氏著：《中國學術
　　思想史論叢（六）》（臺北：東大圖書公司，民國 74 年 5 月，再版），
　　頁 208。
⑧　元·商挺：〈大都清逸觀碑〉，收入《甘水仙源錄》卷 10 第 16，《正統
　　道藏》第 33 冊，頁 26411。

獲，問窟何在，捶楚慘毒，絕而復甦，竟不以告。寇退，窟
人者出，環泣而謝之，……爭為給養，至於康調，迄今父老
猶能道之。⑧

　　凡庶共性是貪生懼死，既貪生，則罔顧他人生死，李志常的行
徑可說是忍人所不能忍的宗教情懷。另一位弟子李志遠（1169－
1254 年）不只於救死圖危，更積極化導亂世中貪狼嗜殺成性的匪
寇，王惲在〈胙城縣靈虛觀碑〉記述他的事迹：

　　貞祐初，金駕南遷，竟河為界，建帥府，宿重兵，繫浮梁，
　　阨為汴京北門。歲壬辰（1232 年），金人撤守，天兵（即蒙古
　　軍）徇取之。明年，京城大饑，人相食，出逃死北渡者，日
　　不下千數。既抵河津，人利其財賄，率不時濟，殍死風雪
　　間，及已濟而沉溺者，亦無慮千百數。時全真教大行，所在
　　翕然從風，雖虎苛狼戾，性於嗜殺之徒，率授法號，名會首
　　者皆是也。師（即李志遠）時在衛，目其事，愀然嘆曰：「人
　　發殺機一至於此邪？吾挐舟而來，正為此耳，茲焉不化，安
　　往而施其道哉？」遂稅駕河上，起觀，距城之北墉曰：「將
　　以此道場為設教張本之自。」於是仁風一扇，比屋回心，貪
　　殘狼戾化而柔良，津人跂俗悔禍，徼福於門者，肩相摩而踵
　　相接矣！凶焰燎原，撲殺心於已熾；慈航登岸夷天險為坦

---

⑧　元·王鶚：〈真常李真人道行碑〉，收入《甘水仙源錄》卷 3 第 12，
　　《正統道藏》第 33 冊，頁 26315。

途。由是而觀，非好生大德洽於人心者，其能若是哉？❽

　　全真教既以三教合一為立教教義，想必李志遠是以佛家因果禍
福之說，加上實質救死濟危的效果，自然達到一時翕然風化效果。
也就是說，在金元兵荒馬亂，流離失所之際，全真道士在凡庶心中
樹立起人間活菩薩的形象，入教者也多感動於此而追隨之。因入教
而奉行全真派三教混一的教規戒律，信眾在宗教信仰的認知下，遵
守道德，也等於間接延續儒學世俗化的影響力；反過來說，儒學在
世俗化的過程，由於有宗教力的推擴，便摻入佛、道的色彩。從管
理學的「反饋」（feed back）原理來看，產品（觀念）從輸入到輸出
的過程，必然會產生質變。
　　至於全真教對儒學世俗化的推擴，見於其內丹修煉的理論，在
《金關玉鎖訣》中分小、中、大乘三法。小乘法煉筋骨氣血；中乘
法煉養真氣延壽，乃地仙之道；大乘法，煉氣化血，乃天仙之道；
煉大乘法尚須奉行儒家忠孝倫常，和遵守佛教五戒，斷除十惡。在
回答「五行之法」的修煉要訣時，王重陽仍重述此概念：

　　　問曰：「如何是五行之法訣？」曰：「第一，先須持戒，清
　　　靜忍辱，慈悲實善，斷除十惡，行方便救度一切眾生，忠君
　　　王，孝敬父母師，資此是修行之法。……」❽

───────────

❽　同註❺，卷53〈胙城縣靈虛觀碑〉，頁9。
❽　同註❻，《金關玉鎖訣》第1，頁34556。

　　葛洪積善成仙之說，至河北全真教，方得到徹底的實踐。以上
是針對出家修道之徒而設。

　　至於對在家信眾，則著重儒家的綱常倫理。《重陽全真集》卷
3〈未欲脫家〉云：「與六親和睦，朋友圓方，宗祖靈祠祭饗頻，
常行孝以存思量。」❽在七真弟子的詩文作品中，也貫徹其師採納
儒家的倫理思想來勸化眾人。如：

　　譚處端的《水雲集》卷上〈贈韓家郎君在家修行〉七律詩：
「崇真起善立玄堂，謹奉朝昏兩炷香，內侍孀親行孝道，外持真正
合三光；常行矜憫提貧困，每施慈悲挈下殃，他日聰明如省悟，也
應歸去到仙鄉。」❿同卷〈遊懷川〉七絕，乃勸地方官吏：「為官
清政同修道，忠孝仁慈勝出家，行盡這般功德路，定將歸去步雲
霞。」❽

　　劉處玄《仙樂集》卷 3〈上敬奉三教道眾并述懷〉四言詩也有
同樣的見解：「行政清通，為官忠孝，節欲身安，他年蓬島。」❽
給予官僚階層一個不必出家修道，只要在家盡忠孝，仁恤黎民，必
升仙位的願景。同書卷 2 第 4〈五言絕句頌〉其一：「順尊至孝
全，意靜勝參禪，四相真忘盡，頓明佛是仙。」❽將儒家倫理道德

---

❽　王喆：《重陽全真集》卷 3 第 16〈未欲脫家〉，《正統道藏》第 43 冊，
　　頁 34428。

❿　譚處端：《水雲集》卷上第 2，《正統道藏》第 43 冊，頁 34627。

❽　同前註，頁 34633。

❽　劉處玄：《仙樂集》卷 3 第 11〈上敬奉三教道眾并述懷〉，《正統道
　　藏》第 42 冊，頁 34014。

❽　同前註，卷 3 第 4〈五言絕句頌〉，頁 34001。

視為最高的內丹心法的修煉，足資證明全真教派同其他新道派一樣，對儒學世俗化有推擴的效益。

全真教入蒙元王朝後，發展到鼎盛狀態，在其他二支新道教斷絕法嗣後，一直嗣統源遠流長，持續到明代，仍依循重陽祖風，高倡三教同源，力行善道，實踐真行。

# 五、南宋南方道教儒學化的傾向

南宋王朝轄治下，原本受到統治者認同的有龍虎山正一天師派、茅山上清派、閤皂靈寶派的三山符籙派。自稱獨得異傳，先後另立宗派的有神霄、清微、天心正法、東華、淨明等，以及未必有教團組織，只從法的傳續劃分，這類符法保留在《道藏》47 冊《道法會元》中的有地祇法、蘇濟道派、溫州正派、李蓬頭派、遇曜卿派、玄靈續派，如此等類，千流萬徑，源析支分，數之不盡。它們雖然無法像河北新道派作全面入世苦行的轉向，但也受到連年戰禍，人民深重苦難的影響，無法置身「世」外，空言修煉。加上北宋以來，神仙思想入世轉向的啟迪，其中某些道派便將儒家倫理道德思想，和禪宗明心見性的心法，納入內丹的修煉，無意中，形成和北方全真教唱導「三教合一」的風氣同軌。❾⓿有此特色的道派

---

❾⓿　從中國宗教歷史發展來看，當統治階層失去政治秩序主導力時，以及從分裂到統一的初期政治格局，是最易形成三教合一論的環境。前者是三教皆失去生存發展的優勢，基於救世濟民的共同目標，會化解彼此的芥蒂，解決當前的現實迫切的問題；後者是新建立王朝的君主，需借助宗教的力量來穩定政治社會秩序，其施政不會偏於某一教。就以南宋而言，孝宗

如：淨明道、天心正法、內丹派等，試分述如下：

## 1. 淨明道儒學化的傾向

淨明道儒學化可謂由來已久，甚至比葛洪積德成仙觀念更早納儒於道。其前身是「許真君派」，該派崇奉許遜（239－374 年）為教祖。許遜少時以孝友德義聞名鄉里，博通經史，尤嗜好神仙修煉之術，師事吳猛，悉得其祕。年 42（時武帝太康 2 年），起為四川旌陽縣令，初視事時，誡胥吏去貪鄙，除煩細；囚繫以道開諭，聽訟必先教以忠孝慈仁，忍慎勤儉；為民去貪除暴；歲飢，民無以輸租，乃以道家點金術，點瓦礫成金，藏之縣圃，令未輸者服力役於後圃，民掘地獲金得以輸納賦稅。又以符籙為民除疫，四境流民聞風而至，日以千計。蜀民為之歌誦曰：「人無盜竊，吏無姦欺，我君活人，病無能為。」真君知晉室將亂，棄官東歸，從者數百千而不返，於其宅東之隙地結茅以居，多改氏族，以從真君之姓，號「許家營」。

晉亡後，真君雲遊四海，為民斬妖除魔。後歸隱於江西新建縣逍遙山，日與弟子講真詮數十年。著八寶垂訓弟子曰：「忠、孝、廉、謹、寬、裕、容、忍。忠則不欺，孝則不悖，廉則罔貪，謹而勿失，修身如此，可以成德。寬則得眾，裕然有餘，容而翕受，忍則安舒，接人以禮，怨咎滌除⋯⋯」真君所居之處，環百里，盜賊

---

（1163－1189 年）嗣高宗之帝位，在崇信道教的同時，也不排斥儒佛二教，並且發表〈原道論〉一篇，極力主張「三教合一」【收入：《古今圖書集成》（臺北：鼎文書局，民國 66 年 4 月）第 49 冊，卷 57〈神異典・二氏部〉，頁 23】，便可證明筆者的推論，故南宋南方道教儒學化的趨向是政治特殊氛圍催化而出的。

不入，閭里晏安，年穀屢登，人無災害，其福被生靈，人莫知其所以然。孝武帝寧康 2 年（374 年），壽 136 歲，有二仙人自天降，緣真君多劫以來，救災拔難，除害蕩妖，功濟生靈，誥賜真君，功德圓滿，位列仙籍云云。**❾❶**

　　許遜在飛昇成仙後，弟子信眾便以其居處所在地（江西南昌西山一帶）為活動中心，尊奉其為教祖。在唐代高宗永淳元年（682年），天師胡惠超重建其祠觀，宣揚「淨明」之道，宋真宗賜額「玉隆」；徽宗政和 2 年（1112 年），敕封為「神功妙濟真君」**❾❷**然彼時尚未形成一個有教團的道派。直到宋室南遷，有周真公宣稱建炎元年（1127 年）許遜等六真降神於渝水，出示「靈寶淨明祕法」，化民以忠孝廉謹之教，並於建炎 3 年（1129 年），在江西南昌玉隆萬壽宮建立「翼真壇」**❾❸**祈禱許遜降神，一個新的淨明道派於焉成立。

　　周真公淨明道的教旨和傳統符籙不一樣的地方是，它是吸收禪宗心性論，和儒家倫理孝悌實踐，作為內丹修煉之基礎。在《太上靈寶淨明法序》中即對「淨明」道法宗旨的說明：

　　　　淨明者，无幽不燭，纖塵不污。愚智皆仰之，為開度之門，

---

**❾❶**　南宋・白玉蟾：《修真十書玉隆集》卷 33 第 1－16〈旌陽許真君傳〉，《正統道藏》第 7 冊，頁 5634－5639。

**❾❷**　同前註，卷 34 第 1〈續真君傳〉，《正統道藏》第 7 冊，頁 5643。

**❾❸**　見宋・何守證：〈靈寶淨明新修九老神印伏魔祕法序〉第 1，《正統道藏》第 17 冊，頁 13660。

昇真之路。以孝悌為之準式，修煉為之方術，行持之祕要。❾

　　由此可見，淨明道是上承許遜的本色，積極以進行倫理實踐為修真成仙之祕要。《高上月宮太陰元君孝道仙王靈寶淨明黃素書》開首〈序例第 1〉便說：進行淨明修煉的「黃素之士」必須以「忠孝為本」，以許真君所降授的「忠孝廉慎」為實踐之要。❾周真公教訓弟子方文說：「能事父母，天尊降臨。」❾認為盡孝道便可通真，獲得靈驗的感通力。

　　周真公之後，淨明道不見傳人，迨至一百餘年後，劉玉真（1257－1308 年；元憲宗 7 年－元武宗至大元年）出現，才對淨明道重建與革新。❾彼時期淨明道所造的一些經書也秉承傳統淨明道的基本教義精神，如《首入淨明四規明鑒經》云：

　　　　道者性所有，固非外而鑠；孝弟道本，固非強而為。得孝弟
　　　　而推之忠，故積而成行。（《正統道藏》41 冊，頁 32871－32872）

----

❾　〈太上靈寶淨明法〉序第 1，《正統道藏》第 17 冊，頁 13629。

❾　《高上月宮太陰元君孝道仙王靈寶淨明黃素書·序例第 1》，《正統道藏》第 17 冊，頁 13588。

❾　《靈寶淨明院教師周真公起請畫一》第 1，《正統道藏》第 17 冊，頁 13584。

❾　根據〈玉真劉先生傳〉所載，劉玉真於元世祖至元 29 年（1292 年）秋－元成宗大德元年（1297 年）期間，在江西南昌西山一帶，積極進行重建淨明道的工作。該文收入黃元吉編：《淨明忠孝全書》卷 1 第 18－24；《正統道藏》第 41 冊，頁 32893－32896。

又云：

學道以致仙，仙非難也，忠孝者先之；不忠不孝而求乎道，
而冀乎仙，未之有也。（同前引）

又云：

忠孝之道，非必長生，而長生之性存；死而不昧，列於仙
班，謂之長生。……後世失道之人，不忠不孝以亂其國家，
國家敗，乃無所容其身，乃入山以學道，是猶舍廈屋而入炎
火。（同前引）

在《玉真劉先生語錄內集》中載其對忠孝的註釋，分明是一派
理學家的口氣：「大忠者，一物不欺；大孝者，一體皆愛。」❽；
又說：「忠者，忠於君也，心君為萬神之主宰，一念欺心，即不忠
也。」（同前引）；又說：

人子事其親，自謂能竭其力者，未也。須是一念之孝，能致
父母心中印可，則天心亦印可矣！如此方可謂之孝道格天。
（同前引）

---

❽　《淨明忠孝全書》卷 3，第 1《玉真先生語錄內集》，在《正統道藏》第
　　41 冊，頁 32902。

彼云：「天心」、「心君」，即理學家的「道心」、「天理」、「本心」；「一物不欺」即誠意功夫；「一體皆愛」即程明道的「識仁」；仁者渾然與物同體，與物無別，通而為一，如此道德方可踐履，人痛我悲，人傷我痛，慈悲救拔的心方可外現，此即為「一體皆愛」，與佛教的「無緣大慈，同體大悲」冥然契合。

劉玉真將忠孝格局從狹義的忠臣孝子封建倫常擴大到一物不欺，一體皆愛的大愛境界。為了達到此境界，他制定了：「始於忠孝立本；中於去欲正心；終於直至淨明」三個步驟。❽所謂「忠孝立本」，即「欲修仙道，先修人道」；既講人道，當然不可能絕人事，棄父母妻子於不顧，所以劉玉真反對避世絕俗，隱遁山林的修行方法，❿此點可見淨明道在元代有強烈儒家道德的入世化傾向。正因為劉玉真重建的淨明道把修持忠孝看作成仙道的根本，因此便擺脫傳統道教以齋醮、章奏、符籙等方術儀軌治病救人的小格局，而朝「德化天下」，致黎民止於至善的境界發展：

> 下士呼符水治藥餌，已人之一疾，救人之一病而謂之功，非功也。道家方便法門耳！吾之忠孝淨明者，以之為相舉天下之民躋於壽，措四海而歸於太平，使君上安，民自阜，萬物莫不自然以之化。……以吾之忠，使不忠之人盡變以為忠，以吾之孝，使不孝之人盡變以為孝，其功可勝計哉！（《正

---

❽　《淨明忠孝全集》卷 5 第 9《玉真先生語錄別集》，《正統道藏》第 41
　　冊，頁 32921。
❿　同註❽，頁 32903、32904、32909。

統道藏》41 冊，頁 32919）

　　這樣的生命格局實與儒家修齊治平，以及「致君堯舜上，再使風俗淳。」的經世思想無異。而傳統孔聖對士的期許，在隋唐以降，泰半淪為記誦之學的舉業之儒。此期間雖有理學家力挽狂瀾，拯世道，救頹俗，然較偏重正統儒學的道德教化，在庶民階層的影響力不若淨明道帶有宗教色彩的道德觀。此並非言淨明道已放棄內丹、存神、符咒、步罡、踏斗、為人驅邪度亡的方術。只是認為修道者平日不昧天理，一旦有求於天，舉念便是。蓋惟德動天，無遠弗屆，若平日言行違天背理，即便上章奏百十紙符燒化，亦不濟於事。

　　由於劉玉真重建的淨明道仍以儒家道德思想作為修煉的底子，並且簡化傳統道教方術的儀軌，因此使該派的儒學氣加強了，鬼神氣減少了。既往儒學靠攏，自然對道教最高修持境界的「真人」、「仙人」的意涵也跟著改變，其弟子黃元吉言：「九霄之上，豈有不淨、不明、不忠、不孝的神仙也？」**⑩**在回應時人對「真人之義」的質疑，完全是一派理學家的口吻：

> 淨明教中所謂真人者，非謂吐納、按摩、休糧、辟穀而成真也，只是懲忿窒欲，改過遷善，明理復性，配天地而為三極，無愧人道，謂之真人。（同前引）

---

**⑩**　同註**⑨**，卷 6 第 5〈中黃先生問答〉，《正統道藏》第 41 冊，頁 32924。

　　道德完善就是真人，不管是南宋周真人的淨明教，或是元代劉玉真的淨明教，已經十分儒學化了，他們心中的修真，實不異於儒家所尊崇的聖賢格局。無怪乎，劉玉真稱宋儒周、程、朱、張為天人，皆自仙佛中來，以公心道，故生於儒中。❿

　　許真君由於出身儒門，後棄官從道，源於宿習思想，自然將儒家的三綱五常的道德規範納入教制中，雖然比葛洪提出積善成仙之說早，卻非自覺。到了周真公，劉玉真時，才建構出修儒家人道成仙的理論，而遙契葛洪的思想。

### 2.鍾呂內丹派的儒學化傾向

　　內丹派興起於唐末五代，主要人物有崔希范、彭曉（？－955年）；入宋後，較著名的有鍾離權、呂洞賓、陳摶等人。尤其是呂、陳二人，其入世情懷的儒學色彩特別濃厚，因此，往下傳此派的道士，其修煉的思想也都帶有此色彩傾向。如神宗時張伯端（987－1082 年）在其〈西江月〉作品中透顯出要靠勤行陽德，廣積陰功，才能功德圓滿。❿

　　南宋的內丹修煉較北宋更盛行，與北方以內丹修煉為主的群眾性教團全真派呼應。其流傳的支派歧分，但也以繼承鍾呂一系的南宋為主流，凡有四傳：第一傳陳楠（？－1213 年）為張伯端三傳弟子；其門下弟子四人，以白玉蟾最為著名，而承其法嗣為第二傳；

---

❿　同註❾，卷 4 第 6，頁 32913。

❿　宋・張伯端〈西江月〉第 12 首：「德行修逾八百，陰功積滿三千，均齊物我與親冤，始合神仙本源。虎兕刀兵不害，無常火宅難牽，寶符降後去朝天，穩駕鸞車鳳輦。」收入夏宗禹：《紫陽真人悟真篇講義》卷 7 第 6，《正統道藏》第 4 冊，頁 3004。

被南宋徒裔尊為南宗五祖，以下三傳彭耜弟子；以及四傳再傳弟子
林伯謙等人。張伯端後學中，合會禪儒為一爐的，以白玉蟾為代
表，在其所編的《道法會元》卷1，第12〈道法九序〉開頭即言：
「三教異門源同一也。」⑩在《海瓊白真人語錄》中亦言：「儒家
孔氏教旨歸於誠，老氏歸於清靜，釋氏歸於定。」⑮白玉蟾以契道
之心作為三教共同之源，自然「天下無二道」，天下既無二理，聖
人自然也不會有兩心。⑯既然和會三教，有關儒家的倫常道德便納
入修煉的法門中，在〈道法九要〉中以儒學〈立身做為第一〉道法
修煉基礎：

> 學道之士當先立身，自愧得生人道，每日焚香稽首太上大道
> 三寶，首陳已往之愆，祈請自新之祐；……屏除害人損物之
> 心，克務好生濟人之念；孜孜向善，事事求真，精嚴香火；
> 孝順父母，恭敬尊長；動止端莊，威儀整肅；勿生邪淫妄
> 想；勿遊花衢柳陌；勿臨誅戮之場；勿親屍穢之地；清靜身
> 心，遠離惡黨……⑰

以顏回安貧樂道、遠禍安身作為〈守分第三〉道法；以拯濟群

---

⑩　南宋·白玉蟾編：《道法會元》卷1第12〈道法九要序〉，《正統道
　　藏》第47冊，頁38455。
⑮　《海瓊白真人文集》卷3〈語錄·平江鶴會升堂〉，《正統道藏》第55
　　冊，頁44409。
⑯　白玉蟾：《修真十書玉隆集》卷6第3，《正統道藏》第7冊，頁5392。
⑰　同註⑩，卷1第13，頁38456。

倫，救拔冥趣祖宗，次及五道眾生為〈濟度第八〉道法；以「感天地陰陽生育之息，國王父母劬勞撫養之德，度師傳道度法之惠」作為〈繼襲第九〉道法修煉要訣，均可看出南宗內丹派儒學化的色彩。

### 3. 天心正法派儒學化的傾向

北宋以降，有一種「天心正法」的新符籙派盛行於世，傳此法者雖多出自正一門下，實際其法乃新出，該派專以符籙劾鬼，為人治病著名，其法簡略，故流傳頗廣。南宋初，以路時中最著名，此外尚有任道元、王文卿、陳楠、李老衡等官僚士宦習此法。宋元間，則有雷時中（1221－1295年），號默庵，儒士出身，自稱遇路時中授此法，於家鄉設壇行祈禳事，四方從學者多達千數。[108]本傳中稱其化導世人，及開度弟子，皆令先誦《飛仙度人經》，其要在「十迴度人，非惟十遍可以度人，乃在平日修煉自己，以究返還之妙，切須先度祖宗，終得道備」，於「儒釋二家，博采旁求，貫徹混融，歸於一致。」（同前引），則可知其思想是以符籙融攝三教，而勸人先度自己祖先，則儒學化傾向自在其中矣。

從元到明清，道教的發展只有分合的問題，至於其三教同源，以及儒學化的特質已成為道教集體共識，此即下節所要概述的課題。

---

[108] 元·趙道一：《歷世真仙體道通鑑續編》卷5，第15〈雷默庵〉，《正統道藏》第9冊，頁6685。

# 六、元代以後道教的分合及其儒學化傾向

入元之後，全真教發展到鼎盛狀態，成為北方道教的主流派，其中合併了真大道外，**⑩**並且在南傳過程中，使眾多南宗道士有了較多的認同機會，紛紛投入其門下，如至元間（1264－1294 年），湖南道士李道純，本為白玉蟾弟子王金蟾之門人，為南宗嫡系，然在其著作言論中，則以全真道士自居，類此情形的尚有浙江道士徐弘道、及其弟子丁野鶴；江西、福建一帶的金志揚（1276－1336 年）、桂心淵（？－1336 年）、李西來、方丘生、李珏、陳致虛（1290－？）等，尤其陳致虛便是元代中後期合併全真和南宗內丹派的推手。

由於全真教發展過於迅速，吸收眾多民心士氣，從而引起蒙元統治階層的疑忌，除了對該派略施限制和打壓外，又在新得江南地區中，扶植龍虎天師道，一方面需要宗教來籠絡民心；一方面借天師派以制衡北方的全真。元代對張陵後嗣的尊崇，是從元世祖至元 13 年（1276 年）召見第 36 代張宗演開始，並賜其「天師」封號，主領江南道教職掌。天師道歷代嗣位者，雖以天師自稱，民間信眾也流行此稱呼，然在此之前從未被君主正式承認過，此尊崇只有在元代才有，明太祖即位不久即下詔取消。

第 38 代天師張與材又被加封「正一教主，主領三山符籙」，

---

**⑩** 　案：真大道由張清志掌教期間，發展鼎盛，以後則不詳其嗣教，在元泰定 2 年（1325 年）以後逐漸與全真教合流。

因為龍虎宗漸形成南方道教的重心，⑩與北方全真教並峙為兩大教，也一直嗣統源遠流長，持續到明清。

　　三山符籙派在魏晉南北朝貴族化的過程中，為了迎合統治階層的利益，將儒家的忠孝等綱常思想納入戒律中，故其儒學化的特質早就存在教義中，只不過是消極被動的戒條。到了兩宋，又以符籙齋醮等道法贊助君民，為之祈禳、禱雨、驅疫、除蝗，未能開展其儒學教化的色彩。到了元代，由張宗演弟子張留孫（1248－1321 年）因利用留守闕下機會，獲皇帝信任，襄贊政務，備受寵遇，於是乘機成立「玄教」，發展組織，但它並非獨立於龍虎天師正一的新道派，正如陳垣所說的：「實一教而二名」（同前引，頁 139）仍然以該派的骨幹弟子派到江南各地掌理教務，也由於龍虎宗有一個權勢顯赫，組織龐大的支派作核心，在其影響之下，才有可能合併江南各符籙派。值得一提的是，玄教異於本宗天師正一的地方是，以其儒學色彩濃厚，及融攝三教為其特徵。

　　袁桷在〈送陳道士歸龍虎山序〉一文中言：

　　　嘗聞龍虎山尊崇吾聖人書，弦誦之聲接於兩廡，往銘空山雷
　　　君，其於書，若飢之於五穀，朝暮不敢棄，故其門人樹立偉

---

⑩　正一派在元代受命掌領江南道教，其支派玄教更是聲名顯赫，發展昌盛，太一道與之合併可能性很大。對此陳垣也持同樣看法：「則其時太一之法去存，恐亦合併於正一矣。」【《南宋河北新道教考》（臺北：新文豐出版社，民國 66 年 7 月），卷 4〈太一篇〉，頁 132】：蓋太一道傳至七祖蕭天佑，不見後嗣教者，亦不見教團活動資料，有可能和正一派合流，因為太一道傳三元符籙之術，和張陵天師正一派風相近。

著，推張君蓄書之心，觀陳子之甚似，……⑪

　　這種暇時課誦儒學經典的傳統，一直被玄教嗣教者，及骨幹弟子傳承下來，如張留孫弟子何恩榮對弟子的教育是延攬名儒淑之；在物色弟子人選後，先不學做道士，而是進行儒學養成教育的薰陶，俟其成人後，再行束髮冠為弟子。⑫

　　玄教對於入門弟子的養成教育的儒學化特點，在歷代嗣教者身上表現更明顯，虞集：《道園學古錄》卷 25〈河圖仙壇之碑〉內載第二代掌門吳全節（1269－1346 年）「每與廷臣議論，及奏對上前，及於儒者之事，必曰：『臣留孫之弟子全節，深知儒學可備顧問。是以武宗、仁宗之世，嘗欲使返初服，而置諸輔弼焉。』」⑬如果儒學素養不是很高的話，又如何使元武宗，元仁宗心動到要吳全節返回儒服，作為輔弼之官呢？故虞集說：「博覽經書，徧察群藝，而於道德性命之要，粹如也。」（同前引），所謂道德性命之說是指陸象山的心學，龍虎山緊鄰陸九淵的家鄉象山，受其心學影響是很深的，玄教第四代宗師張德隆六世祖作刑部侍郎時，曾延攬象山講道於里人所築學舍中；⑭吳全節本人則更是尊崇陸學，曾在

----

⑪　元·袁桷：《清容居士集》（出版狀況見前），卷 24〈送陳道士歸龍虎山序〉，頁 430。

⑫　元·黃溍：《金華黃先生文集》（臺北：臺灣商務印書館，民國 65 年 3月，《四部叢刊初編》77 冊）卷 40〈玄和明素葆真法師陳君碣〉），頁422。

⑬　元·虞集：《道園學古錄》（出版狀況見前），卷 25〈河圖仙壇之碑〉，頁 8。

⑭　同註⑫，卷 15〈玄靜庵記〉，頁 145－146。

至順 2 年（1331 年）向元文宗進宋儒陸文安公九淵《語錄》，⑪當時大儒吳澄也對吳全節的儒學素養極為稱讚：「吳真人全節，寄迹道家，游意儒術，明辨開豁，超出流俗。」⑯玄教道士不僅同全真教一樣，文學儒術素養極高，能詩、能畫、能文者不乏其人。由於受儒學思想薰陶，玄教道士對於儒學忠孝倫理道理皆身體力行，吳全節又是其中的典範。故吳澄說他：「事親之孝，儒家子有不能及。其事君也恭順，其事師也無違禮，蓋在三如一矣！」⑰可說是一位儒學化的道士了。

　　由於元代中期是盛世期，故玄教的儒學化只開展在修齊層次，無法像全真教在金元之際那樣，以儒家外王事功拯濟人民，擔負起儒學衰弊後社會道德教化的工作。

　　玄教在入明之後，朱元璋將道教畫分龍虎山天師道、全真兩派。⑱不承認玄教的合法地位，於是玄教解體，回歸正一道。因正一道宗教行事與民俗關係緊密，更適合明朝利用神道設教，以進行亂後重建人心倫理教化的需要；另一方面也可能全真與元室關係密切，明朝對它自然有所顧忌，而較為疏遠。故終明之世，正一道的政治地位，都在全真之上。朱元璋在〈御制齋醮儀文序〉就明白地

---

⑪　同註⑱，頁 7。

⑯　元·吳澄：《吳文正集》（臺北：臺灣商務印書館，民國 75 年 3 月，影印《文淵閣四庫全書》本，1197 冊），卷 58〈題吳真人封贈祖父誥詞後〉，頁 6。

⑰　同前註，卷 25〈送吳真人序〉，頁 8。

⑱　明太祖：〈御制玄教立成齋醮儀文·序〉，《正統道藏》第 15 冊，頁 11487。

說：

> 禪與全真，務以修身養性，獨為自己而已；教與正一，專以
> 超脫，特為孝子慈親之設，益人倫，厚風俗，其功大矣哉！
> 雖孔子之教明，國家之法嚴，旌有德而責不養，則尚有不聽
> 者；縱有聽者，行不合理又多少？其釋道兩家，絕無繩愆糾
> 繆之為，世人從而不異者甚廣。官民之家，若有喪事，非僧
> 道難以殯送。……[119]

　　正一道以符籙齋醮度亡超薦為職事，當然比內丹修煉的全真教
表相看起來，更切合風俗人倫。但是並不是說明代全真教已放棄金
元之際，王重陽、丘處機等歷代祖師所立下真行的傳統。例如在元
末明初之際，出現一位特異獨行的全真道士──張三丰（1248－？
年），據清人李西月編《張三丰先生全集‧蘆汀夜話》內稱張三丰
自述生於蒙元定宗三年，曾為中山博陵縣令，後棄官出家為全真道
士，於終南山遇火龍真人傳以口訣，赴武當修煉多年，[120]後雲遊天
下，能辟穀神行，一日千里，能詩文，善嬉諧，頗具神仙風度，[121]
被後人歸入「隱仙派」。其思想特色乃極力和會儒學，更兼具理學

---

[119]　同前註。

[120]　清‧李西月編：《張三丰先生全集》，卷 2〈古文‧蘆汀夜話〉，頁 9，
　　　　收入《藏外道書》（成都：巴蜀書社，1992 年 8 月，2 版）第 5 冊，頁
　　　　388。

[121]　清‧張廷玉等撰：《明史》（臺北：鼎文書局，民國 67 年 10 月，再
　　　　版），卷 299〈張三丰傳〉，頁 7641。

色彩，以及力主三教同源說。在〈大道論〉中以內丹五行比附儒家
仁義禮智信五常思想；⑫並以理學家性理觀念來統攝儒家入世倫常
之道，和仙家出世內丹修煉之說：

> 人以性而由天之理，……夫欲由其理，則外盡倫常者其理，
> 內盡慎獨者其理，忠孝友恭衷乎內也，然著其光輝則在外
> 也。喜怒哀樂見乎外也，然守其未發則在內也。明朗朗天，
> 活潑潑地，盡其性而內丹成矣！⑬

　　將孟子盡性思想視為內丹的修煉，則盡性之後的贊天地化育的
外王之功，當然也就是全真道士所謂損己利物的真行了。實踐真行
也就是盡人道；盡人道，自然天道不求自得，這個道理是通貫貴賤
賢愚的，所以張三丰才會說：「不拘貴賤賢愚，老衰少壯，只要素
行陰德，仁慈悲憫，忠孝信誠，合於人道，仙道自然不遠也。」
（同前引）

　　魏晉的葛洪雖然立積善成仙之基說，但他只是強調善德是修仙
的根本，在此基礎上，成仙還必服食金丹。此理論被宋元以後的淨
明道以及全真道改造成修人道即得仙道思想，如此便擴大它的信眾
的來源，仙道非遙不可企，而是近在咫尺——人倫而已，由此可
知，神仙思想入世的轉向，對儒學世俗化的確有直接的推擴之功。

　　除了張三丰以外，在明初中葉以後的全真道士身上，也可看到

---

⑫　同註⑳，卷3〈大道論上篇〉，頁3；《藏外道書》第5冊，頁466。

⑬　同前註，卷3〈大道論下篇〉，頁8；《藏外道書》第5冊，頁468。

這種入世特質。全真道士何道全（1319－1399 年），著有《隨機應化錄》2 卷，乃何真人語錄、詩詞作品的輯錄，從其作品來看，何真人宗教思想大體依循重陽祖風，力主「三教一源」。有偈云：「道冠儒履釋袈裟，三教從來總一家；紅蓮白藕青荷葉，綠竹黃鞭紫笋茅。雖然形服難相似，其實根源本不差；大道真空元不二，一樹豈放兩般花。」⑫除此之外，何真人亦強調修外行功：矜孤恤寡，敬老憐貧，修橋砌路，扶患釋難等，建立在儒家的社會倫理，及仁愛救濟的入世情操上。

　　同時代的王道淵，著有《還真集》3 卷，《道玄篇》1 卷，在其作品中仍然可以找到全真教的祖風遺迹，王真人甚至引用儒家道德思想來闡述道教的玄旨：

> 人之日用也，禮樂不可無也。有禮則心致於敬，有樂則身致於和。心致於敬，則百事齊之；身致於和，則百神安之。神安之，則氣滿於沖虛。⑫

在《道玄篇·治道章第 33》又云：

> 天下治道有五焉：以仁布天下則民安；以義制天下則民服；以禮教天下則民敬；以智察天下則民守；以信親天下則民

---

⑫　明·何道全：《隨機應化錄》卷下〈三教一源〉，《正統道藏》第 40 冊，頁 32158。

⑫　明·王道淵：《道玄篇》第 5〈禮樂章第 17〉，《正統道藏》第 40 冊，頁 32136。

立。此五者同出而名異，是以聖人體道若虛，用道有餘。
（同前引，頁 32138）

在〈忠存章第 32〉中認為世人只要盡到忠孝，就冥合天道
了：

善忠者，必善於孝；善孝者，必善於忠。入者，移忠孝於
親，為子之道盡矣！出則，移忠孝於君，為臣之道盡矣！是
故君與親一而已；忠與孝亦一而已；其善忠善孝者，天之道
也。（同前引，頁 32139）

即使到了清代的全真教道士王常月也不悖離此傳統。

無論全真教是為了消弭三教樊籬，或是為了迎合統治階層的利
益，其入世實踐真行，與會通儒道的作風，已成了儒學世俗化的推
手。

至於正一道在明代以後，也深受全真的影響，兩派在傳承和教
義上有逐漸融合的趨勢，如正一道士劉淵然、邵以正師徒，即兼承
全真北派之傳，劉淵然其師乃趙宜真（？－1382 年），由趙宜真可
上溯自元初江南著名全真道士金志湯（號野庵，世人呼金蓬頭），他
是南宗內丹派歸入全真的道士；而金志揚師事李月溪，[126]李月溪乃

---

[126] 見明·張宇初：《峴泉集》卷 4〈金野庵傳〉，《正統道藏》第 55 冊，
頁 44561。案：張宇初此傳言月溪乃白玉蟾之徒；而《歷世真仙體道通鑒
續編》卷 5 第 14〈金蓬頭傳〉（《正統道藏》第 9 冊，頁 6686），則言
李志常弟子；蓋月溪本南宗道士，又師李志常。

李志常真人之徒；（同前引）而李志常又是丘處機十八弟子之一。由此師承來看，南宋內丹道士融入全真派，又以全真道士的身分收正一派弟子，則三派已混成一體了。第43代正一天師張宇初（1361－1410 年）即師事劉淵然，其內丹說，及盛言三教歸一，以及性命雙修的路線，實踐入世苦行真行的教義，無不受全真派影響。蓋南宗內丹，及北宗全真，既力主三教同源，則儒釋道三教究理則同一而無分，況道教支流派裔乎？故張宇初從源頭來宏觀自己的修煉，自然超越道派門戶之見，在《道門十規》中便明白宣示自己這種見解：

> 迨我祖天師（即張陵）立教於東漢，葛仙公、許旌陽演派於吳晉。曰教則有正一、全真之分；曰法則有清徽、靈寶、雷霆之目，非究源以求流，必忘本以逐末。……⑫

既然已透悟萬法一源，則其具儒學化特質也是必然的傾向。於《道門十規》第 16 中告誡弟子：於道教本學潛心修習外，「行有餘力，若儒之性理，釋之禪宗，更能融通一貫」，才能稱的上是上等道士。⑫所謂儒之性理，即性命之學，張宇初界其意涵為：「修己利人，濟幽度顯」的功行全備。⑫

由以上所述，吾人可以看出正一、全真、南宗內丹諸派在元代

---

⑫　明·張宇初：《道門十規》第2，《正統道藏》第53冊，頁43147。
⑫　同前註，頁43154。
⑫　同前註，頁43150。

以後互相混融，除了統治階層對宗教的態度外，最主要是，長期以來，全真派道士所主導的三教一源思想的趨於成熟所致，既是三教一源，則儒教仁心，及佛教的慈悲，在亂世時，即被道教涵攝為外顯的功行，一種新的神仙入世思想於焉成熟。

　　接著，吾人所要思考的是：道教入世轉向為何要吸納儒家的道德功能？這是筆者下章所要探討的課題。

# 第三章　道教入世轉向吸納
# 儒學道德功能的因素

## 引　言

　　道教入世轉向，基本上可看作是一種神道設教的儒學化過程。從系統學的角度來看，當內在或外在的環境發生變動時，組織本身就必須從事於某種程度的改變，這種改變的程序就叫做「轉換過程」或「適應循環」（adaptive-coping cycle）。❶從前章筆者對河北新道教，及南方神仙道派兩者的論述，可以看出道教入世轉向的確符合「組織系統學」的理論，如果把道教看作是一個開放性組織系統的話，它輸入儒學的道德功能，就是為了適應環境變動的某種自我穩定（homeostasic）的作用；經過反饋（feed back）過程，再重新輸出（output）有神色彩的道德觀，以確保組織生存，防止整個系統的衰退與失調，永遠維持一種「輸入→轉換→輸出」的動態均衡性。本

---

❶　彭文賢：《系統研究法的組織理論之分析》（臺北：聯經出版事業公司，民國 79 年 10 月，4 刷），第 4 章，第 2 節〈組織系統的轉換過程〉，頁 141－142。

章即在考查道教輸入儒學道德功德的內外緣因素。

# 一、道教吸納儒學道德功能的內緣因素

## ㈠道徒多出身儒門

　　道教在入世轉向時，會吸納儒學道德功能的內緣因素是來自於道徒在出家修道前是出身儒門世家。幼時的養成教育是儒家的路徑，在入道後，便自然產生融合。例如葛洪出身儒宦之門，16 歲始讀《孝經》、《論語》、《詩經》、《易經》等儒家經典及諸子百家之言，近萬卷。「少有定志，決不出身」，向鄭隱學道，二十餘歲，方悟詩賦雜文「妨棄功日，未若立一家之言」，始撰《抱朴子》，至晉元帝建武年間 (317 年) 完稿，分內外篇。《內篇》20卷，專門宣揚神仙方藥、鬼怪變化、養生延年、禳邪祛禍的仙道學說；《外篇》50 卷，則論述人間得失，世事臧否的經國治世儒術。❷可見葛洪是冶儒道於一爐，以道作為內在生命的修煉；以儒作為入世治平的期望。雖然後來棄儒歸道，但仍然在其宣揚神仙思想中，加入了儒學的成分，提出：「欲求仙者，要當以忠孝和順仁信為本，若德性不修，而但務方術，皆不得長生也。」（《抱朴子內篇》卷 3〈對俗〉）足可證明葛洪早年的儒學養成教育，對其未來建構神仙學說的影響力。

　　同時代的許遜，淨明道尊崇的祖師，在晉武帝至愍帝期間

---

❷　晉·葛洪撰、楊明照校箋：《抱朴子外篇》（北京：中華書局，1997 年10 月），卷 50〈自述〉，頁 655、698。

（266－316 年）任職四川旌陽縣令，以儒家忠孝、仁愛、克己、勤儉的道德條目來教化縣內百姓，則許氏必出身儒門世家，一旦為官，自然實踐孔門那一套德化世界的理想，故其後代弟子在其成仙所在之處——江西新建縣逍遙山，建玉隆萬壽宮，創立許真君教，即宋元淨明道的前身，而其教規便奉行許真君的教諭：忠孝廉謹，即凡修淨明道者皆以忠孝為本。至元代嗣法者劉玉真，據《淨明忠孝全集》卷 1〈本傳〉所載：其家「世傳詩禮」❸，〈中黃先生碑銘〉則提到劉氏「本質行老儒，隱居深僻，有神明之遇。」❹

尚有一種內儒外道者，在五代至宋初，由於戰亂，使許多儒者退隱山林，以潔其志，或有入山修道者，如陳搏、种放、王昭素、韓退等人，雖入道修煉，然卻緣於儒業宿習所牽引，而心繫國家及世道安危，自然表現在其言行思想中便帶有儒家入世的色彩。

宋代那些儒學色彩濃厚的道派，其創始者，以及門人弟子也多半出身儒門，如鍾呂內丹派的呂洞賓、陳搏、張伯端、陳楠、白玉蟬、林伯謙等人，思想和會三教，且以儒學道德為修煉法門。

天心正法派的傳人雷時中，《歷世真仙體道通鑑續編》卷 5〈本傳〉說他：「幼習詞賦，後通詩經，三領鄉薦，精心道學，專務性理。」的儒學淵源。雷氏化導世人及弟子，皆令其誦《飛仙度人經》，先度一己祖宗，方得道備的作法，❺可看出或多或少受儒

---

❸　元·黃元吉編：《淨明忠孝全書》卷 1 第 19〈西山隱士玉真劉先生傳〉，《正統道藏》41 冊，頁 32893。
❹　同前註，卷 1，第 26〈中黃先生碑銘〉，《正統道藏》41 冊，頁 32897。
❺　元·趙道一：《歷世真仙體道通鑑續編》卷 5，第 11〈雷默庵傳〉，《正統道藏》第 9 冊，頁 6684。

學的影響。

　　神霄派在元代的傳人莫丹鼎（？－1320 年）浙江湖州人，落第士子出身，其弟子金善信，本世儒傳家，成年才好老氏學而入道。❻

　　上清派的杜道堅（生卒年不詳），生當宋元間，本出身儒士，少入茅山閱《道藏》，從上清第 38 宗師蔣宗瑛學「大洞經法」。❼

　　靈寶派在兩宋間分裂出一個「東華派」，在元代的傳人林靈真（1239－1302 年），出身官宦世家，經、緯、史傳、諸子百家，以及方外之書，無不探究，後以累試不第，乃棄儒從道。❽

　　河北新興道派太一教二祖蕭道熙之父韓矩，「出身世家，隱居不仕」，聞始祖蕭抱珍（一悟真人）之教風，舉族投入其門下。❾而蕭道熙本人，自幼在道觀中受到很好的文化教養，知詩書、頗有儒風。（同前引）三祖蕭志沖：於「老莊之外，兼通諸史經書，而尤長於左氏春秋，其智識有大過人者。」❿由於嗣教者多具儒學素養，故其教法「專以篤人倫，翊世教為本。」（《秋澗集》卷 61，頁 11）

---

❻　明‧宋濂：《宋文憲公集》（出版狀況見前），卷 42〈體仁守正宏道法師金君碑〉，頁 13。

❼　元‧趙孟頫：《松雪齋文集》（臺北：臺灣學生書局，民國 59 年 6 月）卷 9〈隆道沖真崇正真人杜公碑〉，頁 378－379。

❽　宋元‧白玉蟾編：《道法會元》卷 244，第 8－9〈水南林先生傳〉，《正統道藏》50 冊，頁 40796－40797。

❾　元‧王惲：《秋澗集》（出版狀況見前）卷 47〈太一三代度師蕭公墓表〉，頁 7－8。

❿　金元‧王若虛：《滹南遺老集》（臺北：新文豐出版公司，民國 73 年 6 月）卷 42〈太一三代度師蕭公墓表〉，頁 295。

　　大道教的創始者劉德仁，雖非出身儒門，卻是以愛敬事母，清靜處身的躬行儒教，⓫故其立教頗能以忠孝勤儉的儒門道德接引信眾。

　　至於全真教的創始者王重陽，劉祖謙在〈終南山重陽祖師仙迹記〉說他：出身庶民地階層，家以財雄於鄉里，自幼便習儒業，熱衷於仕進，後屢試不第，才入道修行。⓬其七真弟子，或出身儒門；或出身庶民階層，然亦有深厚的儒學素養，在道派中，可說是文化水準最高的一個教派。如《金蓮正宗記》卷 4 第 7〈長春丘真人〉傳內提到丘處機，家世棲霞，最為名族，敏而強記，博而高才。⓭

　　同書卷 4 第 1〈長春真人〉傳內提到譚處端，世居寧海，為人不凡，孝義傳家；年 15，即志於學，讀詩書，工草隸。⓮

　　王利用撰〈全真第二代丹陽抱一無為真人馬宗師行道碑〉提到馬鈺居寧海，世業儒，喜讀書，善文學。⓯其他的弟子郝大通、劉處玄、王處一，亦皆讀書種子，其平素交接對象盡是士宦之流。

　　重陽祖師既以儒身入道，其吸收門人弟子也多半為士流之徒；

───────────────

⓫　杜成寬：〈洛京緱山改建先天宮記〉，轉引自陳垣：《南宋初河北新道教考》，頁 74。

⓬　《甘水仙源錄》卷 1 第 10－11，《正統道藏》第 33 冊，頁 26286。

⓭　元・秦志安（樗櫟道人）編：《金蓮正宗記》卷 4 第 7〈長春丘真人〉，《正統道藏》第 5 冊，頁 3447。

⓮　《金蓮正宗記》卷 4 第 1〈長春譚真人〉，《正統道藏》第 5 冊，頁 3444。

⓯　《甘水仙源錄》卷 1 第 18〈全真第二代丹陽抱一無為真人馬宗師行道碑〉，《正統道藏》第 33 冊，頁 26290－26291。

至第三代弟子仍然承襲這股儒學素養的祖風。像〈披雲真人傳〉提到宋德方（1183－1247），年 12 歲棄家詣劉處玄學道，後事長春於棲霞，儒家經典：《易》、《中庸》、《大學》，諸子：《老》、《莊》、《列》等書尤所酷好，丘處機生前命他重修《玄都寶藏》，可見其才學淵博。⓰

《遺山先生文集》卷 38〈皇極道院銘〉內提到全真教信徒趙虛白，入教前為儒者身分，隱居不仕，「已入全真教而能以服膺儒教為業，發源《論》、《孟》，漸於伊洛之學，且探三聖書而問津焉。」⓱王惲的〈衛州創建紫極宮碑銘〉提到紫極宮為全真師沖虛子房志起所創，房氏濰州昌邑人，幼業儒，既而以異夢有覺，遂入道修行。⓲房、趙二人皆全真派第三代弟子，既以儒者身分入道，自然也會以儒家道德接引凡庶。既使到了明代的何道全、王道淵，在他們身上仍然可以看到這股儒學素養的特質。

元代從正一天師道分出的玄教，張留孫以及弟子何恩榮、吳全節等皆是精通儒典的道者之流，更特別的是，玄教訓練初入門弟子，並非習道典科儀，而是誦詩書、讀經史的儒學養成教育的作法。

元末茅山派出現一位文學道士——張雨（1277－1348 年），徐達

---

⓰　元・李道謙：《終南山祖庭仙真內傳》卷下第 20〈披雲真人〉，《正統道藏》第 32 冊，頁 26005。

⓱　金・元好問：《遺山先生文集》（出版狀況見前），卷 38〈皇極道院銘〉，頁 4。收入《叢書集成三編》第 38 冊，頁 521。

⓲　元・王惲：《秋澗集》（出版狀況見前）卷 56〈衛州創建紫極宮碑銘〉，頁 19。

在《勾曲外史集》前序內載其出家修道前，即精於詩文、工書畫，四者皆享譽於元末文壇、畫界。張氏以儒者身分抽簪入道，負逸才英氣，與當時趙孟頫、虞道園諸文壇君子來往唱和，鳴清音雅調於丘壑之間，又在館閣諸儒之上。❶則張雨的入道不啻提昇茅山派的形象，讓人耳目一新。

以上概述道教各派菁英分子的出身，及其早年的養成教育，無不是受儒學經典薰陶，棄儒業入道修煉後，思想上多少會產生融貫。在道教宗教倫理朝世俗化轉向時，自然會體現出儒學的色彩，而步軌於儒家外王的作法，形成儒學世俗教化的推手。

此外，道徒習儒術，也可以交接上階層士紳官宦，以及四方儒林菁英。在彼時，士君子是社會的清流，言行舉止，足以影響一方習俗風尚，能得到他們的認同，或吸收其入教，不僅可以取得在社會，及政治上的合法地位，增強道派教義的正當性，有益於延續道脈香火。故自魏晉以降，無論是佛教或道教之徒，莫不與四方賢士大夫交游。王惲在〈太一二代度師蕭公行狀〉文中提到二祖蕭道熙（1156－？年）：

> 風儀瀟爽，德宇沖粹，博學善文辭，動輒數百言，樂與四方賢士大夫游，談玄論道，造極精妙，書畫矯矯，有魏晉間風格。❷

---

❶　元·張雨撰、徐達序〈勾曲外史集〉，《文淵閣四庫全書》第 1216 冊，頁 352。

❷　同註❾，頁 10。

蕭道熙儒者風範是來自於幼時在道觀受到初祖對他良好的文化教養，也方便了他將來結交四方名流賢達，於是他的聲望漸聞於上階層，於金世宗大定 9 年（1169 年）詔立前朝熙宗所賜太一萬壽觀碑額於觀內，「是聲教大振，門徒增盛，東漸於海矣！」（同前引，頁8）。可見道徒習儒術自有利於揚教名及延續香火的功能。再者，如不交接社會菁英、士宦之流，恐被統治階層疑為愚民之術，不足登大雅之堂。今之佛教叢林學院，以及一貫道道堂網羅學界教授講課，也多基於此用心。既習儒術，自然在思想上便會通儒道。所以道徒不管入道前，是出身儒門，或是入道後，方涵養儒典，都是有助於道教介入俗世的運作。也由於道徒本身具備有儒學素養，當然形之於言論、思想，在作入世功行的修煉時，便自然帶有儒學道德教化的功能。

## (二)儒家道德體系較為完備

道教的倫理道德觀的建構，有一部份是吸收佛教戒律的功能；❹另一部分則吸收傳統儒家的道德觀。前者對道教而言，從無到有，要造出一套科儀戒文，是很難的，故不得不取徑於外來的佛教已有的完備思想；至於後者，部分是由於漢儒將儒學世俗化，普及

❹　例如：《無上秘要》收入洞神五戒文，規範入道者在目、耳、鼻、口、身的戒禁，是道士斷絕五欲的宗教思想，這是受到佛教五根障說的影響。南朝陸修靜造出〈受持八戒齋文〉：「一者：不得殺生以自活；二者：不得淫欲以為悅；三者：不得盜他物以自供給；四者：不得妄語以為能；五者：不得醉酒以恣意；六者：不得雜臥高廣大床；七者：不得普習香油以為華飾；八者：不得耽著歌舞以作倡伎。」（《雲笈七籤》卷 40）。顯然地，此八戒齋文是從佛教「八關齋戒」化出。

於民間，成為民間人與人生活的規範，而道教是興起民間的本土宗教，自不能違背世俗的道德觀。

　　其次，從道德思想本身來考察，楊慶堃認為「儒家較於中國其他宗教，擁有一個更為完備、一致、與實際的現世生活的道德系統。例如：道教的五戒十德，只是儒教與佛教道德的大雜會；佛教道德系統較之道教精密與一致得多；但是，當應用到親屬取向的中國社會結構時，在一致性與實際上仍不如儒家的系統。」❷因此，吾人可以從佛道兩教在中國社會發展過程中，明顯地比附或吸納儒家的道德思想是看出其入世的優越性，故道教宗教倫理朝入世轉向會輸入儒學的道德功能的原因即在於此。

# 二、道教吸納儒學道德功能的外緣因素

## ㈠基於政治因素的考量

　　儒學經漢代董仲舒神學化和系統化後，便定於一尊；漢主又立經學博士；之後，隋唐統治者頒定儒學為科舉取士之教材，儒家遂成為官學、顯學。其教強調三綱五常思想，頗利於統治階層穩定封建社會的秩序。自天子以至士庶人，莫不以儒典的倫理道德作為立身處世的最高準則。從最早的《太平經》，到明清善書的彙編，也可以看出道徒吸納這套準則所建構的內容。當然從人性論角度來

---

❷　參見楊慶堃著、段昌國譯：〈儒家思想與中國宗教之間的功能關係〉，收入《中國思想與制度論集》（臺北：聯經出版事業公司，民國 65 年 9 月），頁 335。

看，原始儒家周孔所提倡的仁義倫常是根植於人性所本有的，具有普世性的價值，和原始道教所建構的宗教倫理可說是「天下無二理，聖人無兩心」的殊途同歸性。但是，筆者所要強調的是，在魏晉以後，道教開始自覺地朝入世化轉向——提出積德可以成仙的觀念，的確有其政治因素考量：希望獲得統治階層及社會菁英的認同，以消弭被視為民間妖教的疑懼，才能使道脈香火得以延續。

政治力的支持與否是每個宗教生存的前提，道派的創始者和教內菁英分子都能認清這點。楊慶堃在〈儒家思想與中國宗教之間功能關係〉一文中提到中國宗教因為缺乏嚴密的中心組織的僧侶集團，無法像西方羅馬教那樣形成一種中央教階威權以統領全國教會，並影響政治決策的教主，使它無法在社會組織的一般架構上佔任何重要的地位。這樣遂讓儒家思想在傳統中國的社會與政治秩序上扮演一個中心角色，彼此之間形成主從關係。（同前引）認同儒家思想，等於認同背後的統治階層。統治階層之所以允許中國宗教繼續存在，是它可以用來維繫人心，達到穩定政治社會秩序的目的，或至少不會威脅到執政者的利益和安全。因此，中國宗教在歷史上每個時代裏，沒有不依靠世俗政權的庇護支持，而讓自己教派發展到一個堅強的結構地位。

基於此現實的考量，道教自然支持、吸納儒家所提倡的倫理道德思想。

## (二)消弭與正統儒者的衝突

除了政治因素上的考量外，正統儒者的對道教肯定與否的態度，也會影響其生存發展的空間。前面論及在中國社會由於儒家的思想是官學，道教自然無法與之抗衡，而形成主從關係。但是從歷

史的發展來看，佛、道兩教與儒家的運作並非一直都是平穩和諧的
關係。在唐代有正統儒者基於經濟，及公平賦稅的因素，而有提倡
排斥佛老的主張；在宋代有理學家基於中國文化思想的優越性而視
其為異端。每當有反佛、闢道聲音出現時，都會促使兩教人士放棄
彼此爭勝的心，不約而同提出三教同源的主張。這個思想，早在魏
晉時期葛洪的著作中，已見端倪，後來成為道派基本信念，到了明
清時期，才成為普遍的思想。既提出三教同源，自然要比附彼此學
說思想之間的同質性或相似性，以及在實際的教化世俗言論上，運
用儒家那一套道德倫常，便會獲得正統儒者的肯定與支持。

　　吾人從明清儒者紛紛為道教《太上感應篇》、《陰騭文》、
《關聖帝君覺世真經》三聖經作箋注、圖證、應驗記，可以看出道
教倡導的三教同源主張，和長期以宗教神學推動儒學道德世俗化已
奏效。

　　因為輸入儒學的倫理道德功能後，再以神意方式輸出，雖有部
份正統儒者不以為然，但基於勸善化俗的終極目的，還是獲得大多
數儒者的肯定。故道教倡言三教同源，強調修人道即得仙道，以吸
納儒學的道德功能，是避免儒佛二教菁英的圍剿，且有利於爭取民
間三教混合信仰的信眾的支持，以確保道教生存空間，防止整個組
織系統的衰退。

　　道教由於其入世的轉向，而介入俗世的苦難，在王綱鬆動，社
會秩序崩解的環境，代替了儒教穩定人心，及封建秩序的功能。也
由於這種擔負使儒道在世俗化的過程中進入合流狀態，在明代以後
的勸善書更加顯著地呈現這個面相。而道教入世轉向對儒學世俗神
學化的推擴，最具體的作法就是勸善書。最早的勸善書文本出現在

兩宋之際，彼時也是河北新道派崛起之際，一種不受時空限制，可以無遠弗屆地以文字為符碼的文本於焉出世；至明清時，以救世渡民的善堂林立各處，而三聖仙佛更是頻頻飛鸞降筆，傳下各種警世、勸善詩文，掀起了編纂善書運動的風潮，其對儒學世俗神學化的推擴層面更為廣遠，這是以下筆者所要著力的課題。

# 第四章 宋金時期
# 道教的勸善書

## 引 言

　　道教勸善書的文本約出現在 12 世紀初中葉左右，和河北新道教形成的時間相差無及，它是在南宋何種特殊的社會背景下才會產生？自道教勸善書產生以來，儒者基於社會教化的使命，也紛紛投入善書的創作。逮至明清，隨著天崩地解的時代的降臨，為了扶世救，救頹俗，繫綱常，三教菁英所編纂的大量善書被刊印傳播開來，尤其是道教善堂、鸞堂遍布各地，一些汲汲介入俗世苦難的神祇（如孚佑帝君、文昌帝君、關聖帝君）頻頻降下警世的飛鸞善書篇章，使善書運動達到空前繁榮的景像，其儒體神用的倫理意涵，以及社會教化的特質是本論文所關切的核心課題，由於篇幅甚夥，筆者將依時代特色區分為兩章論述之。

# 一、道教勸善書概說

## ㈠善書界說

「勸善書」顧名思義就是一種勸民眾行善去惡，進行道德教化的教材。早在先秦時期就有這類性質的文章，如《管子》內的〈弟子職〉；漢代儒學定於一尊，開始朝世俗化下貫，其中舉孝廉、郡國州縣立學官，明定《孝經》為必讀之書，❶從保存在唐代敦煌寫卷中一些較早的六朝童蒙文獻，可以看出漢儒意欲透「蒙以養正」的效果，已經編纂一些塑造道德人格的教材。然而，完整的文本卻形成於宋代，特別是在《太上感應篇》出現後，才有「善書」這名詞。南宋理學家真德秀（1178－1235 年）為此文寫序中說道：

> 《感應篇》者，道家儆世書也，蜀士李昌齡注釋。其義出入
> 三教，凡數萬言。余連蹇仕途，志弗克遂，故常喜刊善書以
> 施人。❷

---

❶ 漢武帝時，就開始察舉孝廉的政策，其欲以孝治天下，據《漢書》卷 6
〈武帝紀〉云：「元光元年（BC134 年）冬 11 月，初令郡國舉孝廉各一
人。」兩漢許多循吏或儒吏多半是孝廉出身，這情形意味著：孝廉是統治
階層派命任官的首要條件。也是從武帝開始，令天下郡國皆立學官，學校
置經師一人，庠序置孝經師一人（同前引，卷 12〈平帝紀〉）。不僅是
平民百姓入學必讀《孝經》，連王位接班人也必須研讀此書（見《漢書》
卷 7〈昭帝紀〉、卷 8〈宣帝紀〉、卷 71〈疏廣傳〉等）。

❷ 南宋·真德秀：《西山文集》（臺北：臺灣商務印書館，民國 72 年，影
印《文淵閣四庫全書》本，第 1174 冊），卷 27〈感應篇序〉，頁 12。

　　這段文獻資料傳達兩個重要訊息：其一、助印善書可以獲致福崇，和改變不好的命運的效力已在上階層知識分子中發酵，身為程朱學派的菁英分子的真德秀，也受到這種宗教宣傳的影響，這是善書流通的原動力；其二、南宋儒者編纂的善書文本可能早於道教勸善書文本，❸否則真德秀斷不至於說「常喜刊善書以施人」的話，可見善書存在口實早於文獻資料著錄之前。

　　此外，依託神意的勸善書對社會教化的影響定大於正統儒家宣揚倫理道德的勸善書，從《太上感應篇》特別受到宋理宗的重視，曾賜錢百萬刊刻以贈臣民可以看出。

　　儒道人士就是基於勸化世俗才編纂善書的，然而，「勸善書」這一個專有名詞，卻要到明代才出現，明成祖仁孝徐皇后「嘗採女憲、女戒作內訓二十篇；又類編古人佳言善行，作勸善書，頒行天下。」（《明史》卷113〈后妃傳〉，頁3510）。

　　民間流傳的善書是建立在因果報應的信仰上，編纂者或為道徒，或為儒士，或為地方鄉紳、或為官吏、或為商人等三教九流皆參與其中。觀其義理多出入三教，故明清兩教，不論編者屬於何派別、宗教、其內容已三教合流，這是世俗化必然的結果，因為民間是一個多元信仰的社會。

---

❸　案：《太上感應篇》收入李昌齡編纂的《樂善錄》中，而李氏在編寫《樂善錄》時大多採自唐宋各種稗乘雜記，其中有數種可以斷定是當時人編集的善書，如《勸戒錄》、《因果錄》，《陰德傳》、《惡戒》等，單《勸戒錄》就有無名氏，王日休、卞大中的三種版本，則可看出儒者編纂善書也先後和道教善書文本同時流通。

## ㈡道教勸善書的內容、形式和性質

　　道教勸善書以勸善戒惡為化俗的目的，其所涉及的人性善惡行為相當廣泛，從其勸化的內容約可區分為家庭倫理、社會倫理、政治倫理，和宗教倫理，除了後一項屬道教本色外，前三項則是汲取儒家聖賢之言，或是其倫理道德社會化的思想。

　　就其語言傳播形式而言，可區隔為閱讀型、講唱型、歌謠型。閱讀型即指坊間刊印流通的善書；講唱型，從佛教變文衍化過來，產生於宋元之際，大盛於明末，清初以後衰微，至同光間又盛行；道教寶卷文本流傳不多，主要以流行於清末江南民間的《灶君寶卷》為代表。其內容是用散文宣講，用韻文唱；至於歌謠型，以詩韻體口頭傳頌，文義淺白易懂，加上韻腳叶音，更易於上口，清朝康乾間刊行的《陰騭文圖解》收錄晉代許真君的〈警富歌〉，和葛洪的〈勸賑歌〉，算是最早的歌謠文本。

　　若從其性質來區分，依大陸學者陳霞博士論文：《道教勸善書研究》分為說理性（如《太上感應篇》）、懲惡性（如《玉歷至寶鈔》）、操作性（如《太微仙君功過格》）、說理性與記事性結合（如《文昌帝君陰騭文》）四種。❹實際上，道徒編纂的多以記事性為主，如李昌齡的《樂善錄》，以及清嘉慶 18 年由道士董清奇刊印的《指淫斷色篇》，和《除欲究本》即為此類，故可析為五類。

　　說理性質的善書，是從宗教神學角度闡發的道德原則、規範和善惡條例；操作性質的善書是實踐說理性善書所提出的善惡條目，逐日逐條反省一己行為，以量化記錄，長期累積的功過數據；懲惡

---

❹　該博士論文已由成都：巴蜀書社在 1999 年 9 月出版。

性質的善書是描述地獄業報罪罰情形；❺至於記事性質的善書則以實人實事善惡報應靈驗故事，以證因果不爽之理，此性質的勸善書頗具悚動力和渲染力，最易打動人心，達到勸善懲惡的效果，不論是儒或釋或道的信徒最常刊印此類型的善書，到了清代更是錦上添花，以圖解配合說明，兼顧不識字讀者群的需求，用心可謂良苦。

　　釐清道教勸善書的起源，內容、形成和性質的問題後，接下來筆者所要思考的課題是：它不起源於華北，而產生在南方，是何種特殊的環境下才會蘊釀出此文本？

# 二、宋金時期道教勸善書形成的時代背景

　　道教勸善書的產生，正代表一種神學宗教朝倫理宗教的轉化。此轉化也配合著 12 世紀初葉起，道教神仙思想的入世轉向，此文本不出現於北方，突顯著南宋特殊的社會背景氛圍下所蘊釀出來的，筆者認為有以下因素的催化：

## ㈠南宋君主對道教勸善書的支持

　　從勸善書的歷史背景來看，南宋是勸善書開始勃興的時期，這點和南宋初期統治君主的宗教政策有關。孝宗對儒釋道三教基本上是採兼容並蓄的態度，在〈原道篇〉一文中透顯出三教合一的主張：

　　　　朕觀韓愈〈原道論〉謂佛法相混，三道相紬未有能辨之者，

---

❺　同前註，〈導言〉，頁9。

徒文煩而理迂耳！若揆之以聖人之用心，則無不昭然矣！何則？釋氏窮性命，外形骸，於世事了不相關，又何與禮樂仁義者哉？然猶立戒曰：「不殺，不淫，不盜，不妄語，不飲酒。」夫不殺，仁也；不淫，禮也；不盜，義也；不妄語，信也；不飲酒，智也。此與仲尼又何遠乎？從容中道，聖人也！聖人之所為孰非禮樂？孰非仁義？又惡得而名焉？譬如天地運行陰陽，若循環之無端，豈有春夏秋冬之別哉？此世人強名之耳，亦猶仁義禮樂之別，聖人所以設教治世不得不然也。因其強名，揆而求之。則道也者，仁義禮樂之宗也，仁義禮樂固道之用也。揚雄謂老氏棄仁義絕禮樂，今迹老氏之書，其所寶者三曰：慈、儉、不敢為天下先。孔子曰：「節用而愛人」老氏之所謂「儉」，豈非愛人之大者耶？孔子曰：「溫良恭儉讓」老氏之所謂「不敢為天下先」，豈非讓之大者耶？孔子曰：「唯仁為大」老氏之所謂「慈」，豈非仁之大者耶？至其會道則互見，偏舉所貴者清淨寧一，而與孔聖果相背馳乎？蓋三教末流昧者執之，自為異耳！夫佛老絕念，無為修身而已，孔子教以治天下者，特所施不同耳。…後世紛紛而惑，固失其理。或曰：「當如何去其惑？」曰：「以佛修心，以道養生，以儒治世，斯可也。」其惟聖人為能同之，不可不論也。❻

---

❻　清陳夢雷編：《古今圖書集成》（臺北：鼎文書局，民國 64 年 4 月）第 49 冊，神異典第 57 卷，頁 634。

則可知孝宗在政治考量上是採三教合一態勢。也由於統治君主支持，善書的編纂與傳播才能如火燎原地擴散開來。

## ㈡理學思潮的導引

宋代理學盛行，主導兩宋四百年的學術界，理學家將孔孟的心性論提高到本體論的高度，使得儒家的學說哲學化、思辨化；而在知識論上，建立起倫理教化功能為中心的機制，並且強調聖學在於日用常行的實踐；因而理學家人人講倡節氣，致天下太平為己任。從濂、洛、關、閩四派的諸儒傳記來看，宋儒的確在各朝代中格局最大，牟宗三先生在〈漢宋知識分子之規格與現時代知識分子立身處世之道〉一文中引姚漢源先生說理學家是「體經而用經」，並進一步說明，所謂「體經而用經」就是立人道之極，他們所擔負的責任就是立教。❼故自北宋起，不止是理學家，像范仲淹（989－1052年）那樣的知識分子，人人都懷抱著用心於世教，以移風易俗，扶持名教，維繫綱常為己任，這是一股時代新精神，它引動了儒道兩教勸善化俗的實踐外王的行徑。❽從現有文獻資料來看，北宋儒者已有勸善的單篇文章，但形成完整的文本最早是道教的《玉歷至寶鈔》和《太上感應篇》；之後，有志於世道的儒者才掀起編纂善書

---

❼　牟宗三：〈漢宋知識分子之規格與現時化知識分子立身處世之道〉，收入氏著：《中國文化的省察》（臺北：聯經出版事業公司，民國 73 年 10月，3 刷），頁 61。

❽　案：唐五代至宋初，道教傳統神仙出世思想轉為入世的修煉，除了外緣的政治因素外，似乎還有宋代新儒學思想的衝擊，從內丹派吸收理學家的心性論作為道法的修煉作法來看，道教菁英分子的確受到這股時代的新精神影響。

的風氣，如南宋黃光大：《積善錄》、陳錄：《善誘文》、李元綱：《厚德錄》、鄭玉道編、彭仲剛續、應俊輯補：《琴堂諭俗編》等，足見道教入世的社會教化的確有帶動儒學世俗化的風氣。

## (三)商業興盛所帶來社會變遷及文化因素

### 1.四民階層的鬆動

由於宋代商業發達，城市手工業興起，代替傳統的以農品貿易為導向的型態，於是貨殖、商賈之業勢力崛起，❾使傳統四民之業：士、農、工、商階級發生上下流動的變化，庶民、皂隸因經商而致富，就有雄厚的財貨可以資助子弟讀書、科舉，晉身士宦之列，南宋陸象山（1139－1192 年）就是出身商人家庭的顯著案例。❿至於士大夫或因家道中落，或宦途困蹇而去官，轉而以經商為治生

---

❾　王孝通：《中國商業史》（臺北：臺灣商務印書館，民國 70 年 3 月，臺 4 版），第 9 章〈北宋商業〉提到：「汴京為商業中心，市井最盛，禁中買賣多在於此：凡飲食、時新、花果、魚蝦、脯腊、金玉珠玩衣著，無非天下之奇，……夜市直至三更盡。才五更，又復開張，耍鬧之處，通曉不絕，其商賈之繁盛，方之後周，似有過之無不及。而各路貨物運至京師銷售，幾與今日各省販運於上海者無異。」（頁 127）；而南宋臨安建都臨安，其商業之盛誠不亞於汴梁，吳自牧在《夢梁錄》中有更詳細的描述：「都城自大街及諸坊巷，大小鋪席連門，俱是無空虛之屋，客販往來，旁午於道，曾無虛日。江南海賈，穹桅巨舶，安行於煙濤渺茫之中，四方百貨，不趾而集。金銀鹽鈔引交易，鋪前列金銀器冊及玩錢，紛紜無數，珠子市買賣，動以萬數。城內外質庫，不下數十處，收解以十萬計。……」（卷 13〈鋪席〉、〈天曉諸人出市〉、〈夜市〉等篇，北京：中華書局，1985 年，據《叢書集成初編》影印《學海類編・學津討原》本。

❿　見明・王宗沐編：《陸象山全集》卷 28〈宋故陸公墓誌〉云：「家素貧，無田業，自先世為藥肆以養生……」（臺北：世界書局，民國 55 年 2 月，再版），頁 205－206。

之道，已被新儒家所默許的普遍事實，南宋袁采在《袁氏世範》卷中〈子弟當習儒業〉即言：

> 士大夫之子弟，苟無世祿可守，無常產可依，而欲為仰事俯
> 育之計，莫如為儒，……如不能為儒，則巫、醫、俗、道、
> 農圃、商賈、伎術、凡可以養生而不至於辱先者，皆可為
> 也。⓫

讀書人可不可以經營商賈，朱熹（1130－1200 年）曾和他的學生討論過：

> 問：「吾輩之貧者，令不學子弟經營，莫不妨否？」曰：
> 「止經營衣食亦無甚害。」⓬

顯然地，彼時士人營生已是客觀的普遍事業，讀書不再是士人的專利，這種四民階層的鬆動即從宋代開始，至明清尤為顯著。清人沈垚在〈費席山先生七十雙壽序〉中便提到此點：

> 宋太祖乃盡收天下之利權歸於官，於是士大夫始必兼農桑之

---

⓫　南宋・袁采：《袁氏世範》（臺北：藝文印書館，民國 55 年，《藝文百部叢書集成》影印《知不足齋本》第 13 函）卷中〈子弟當習儒業〉，頁23。

⓬　南宋・朱熹：《朱子全集・語錄》（臺北：正中書局，民國 71 年 6 月）卷 113〈訓門人〉，頁 4383。

業，方得贍家，一切與古異矣。仕者既與小民爭利，未仕者
又必先有農桑之業方得給朝夕，以專事進取，於是貨殖之事
益急，商賈之勢益重。非父兄營事業於前，子弟即無由讀書
以致身通顯。是故古者四民分，後世四民不分；古者士之子
恆為士，後世商之子方能為士。此宋、元、明以來變遷之大
較也。⓭

　　既然商人之子可搖身一變為士，當然也可以受教育，擔負起文
化接續的工作，以及儒家外王的事業，故「睦婣任卹之風，往往難
見於士大夫，而轉見於商賈」（同前引）；甚至出貲贊助刊印善
書，以祈求子孫永保世祿及香火緜延。

　2.市民文化的興起

　　由於庶民階層上昇為知識之流，人口又集中於城市，自然帶動
一股次級市民文化的風潮──即俗文學的崛起。所以宋代的話本、
說書、戲曲、市井曲子詞特別盛行；當然歷代都有俗文學的存在，
但只有到了宋代，俗文學才達到與主流文學分庭抗禮的水準。

　3.知識的普及

　　市民文化的流行，即代表知識的普及；知識既然可以普及，則
表示宋代官私建造的書院、私塾、學堂非常鼎盛，這當然和宋代統

---

⓭　清·沈垚：《落帆樓文集》（上海：上海古籍出版社，1995 年 3 月《續
　　修四庫全書》影印嘉業堂刻《吳興叢書》本，第 152 冊）卷 24〈費席山
　　先生七十雙壽序〉，頁 11－12。

治階層重文政策有關，⓮但民間厚實的經濟力也是不可輕忽。回過頭來說，一般世人望子以經術進身求榮的普遍社會心理因素更是宋代私人辦學興盛的誘因，即今吾人所謂的市場需求。《宋史·許驤傳》內記載了其父許唐帶他拜師戚同文的情形：

> 許唐嘗擁商賈於汴洛間，見進士綴行，而出竊嘆曰：「生子當令如此。」因不復行商，卜居睢陽，娶李氏女生驤，風骨秀異。唐曰：「成吾志矣。」郡人戚同文，以經術聚徒，唐攜驤詣之，且曰：「唐頃者不辭，父母死，有餘恨，今拜先生，即吾父矣。又自念不學，思教子以興宗緒。此子雖幼，願先生成之。」⓯

此段文獻折射出宋代私學教育發展的深刻社會心理背景。從前人統計資料來看，北宋著名書院有白鹿洞、岳麓、應天府（睢陽）、嵩陽、石鼓、茅山、華林、雷塘等八所。書院的勃興是在南宋以後，總共宋代共建 397 所，其中北宋占 22%，南宋約占

---

⓮　宋仁宗朝有所謂慶曆興學，主事者范仲淹，主要項目有：州縣立學，並改進太學及國子學【事詳元·馬端臨：《文獻通考》（臺北：臺灣商務印書館，民國 72 年，影印《文淵閣四庫全書》本，第 610 冊）卷 31，頁 9】；接著是王安石在熙寧、元豐興學的主張，這也是王安石變法最重要的項目【參見《王臨川集》（臺北：臺灣中華書局，民國 59 年 6 月），卷 42〈乞改科條制札子〉，頁 4】；第三次興學是徽宗紹聖年間蔡京所主持的。此外宋代君主對私人辦學也採取支持的態度。

⓯　元·脫克脫等撰：《宋史》（臺北：鼎文書局，民國 67 年 7 月）卷 277〈許驤傳〉，頁 9435。

78%。❶以上數量只止於士子的學校，尚未包括蒙學教育的私塾。

4.雕版印刷術的改良

　　北宋畢昇發明活字版，使得官私書籍大量印製流通。宋以前，書籍流通主要以抄寫方式傳播；宋以後，這種情形得到改善，士庶人很容易就可以購得書籍。《續資治通鑑長編》卷 60，載景德 2 年（1005 年），宋真宗至國子監閱書庫，問祭酒邢昺有多少書版，邢昺回答：

> 國初不及四千，今十餘萬，經史正義皆具。臣少時業儒，觀學徒能具經疏者百無一二，蓋傳寫不給。今版本大備，士庶家皆有之。❷

蘇軾在〈李氏山房藏書記〉一文中也有同樣的看法：

> 余猶及見老儒先生自言其少時，欲求《史記》、《漢書》而不可得，幸而得之；皆手子書，日夜誦讀，惟恐不及。近歲，市人轉相摹刻諸子、百家之書、日傳萬紙，學者之於

---

❶　見毛禮銳、沈灌群主編：《中國教育通史·第三卷》（山東：山東教育出版社，1995 年 7 月，2 刷），第 7 章〈宋代的教育〉，頁 69。案：宋代書院多少所，各種統計資料不一，或云 173 所，或 229 所；今筆者選較多的數據乃依兩宋經濟力量以及學術昌盛作判斷。

❷　宋·李燾：《續資治通鑑長篇》（臺北：臺灣商務印書館，民國 72 年，影印《文淵閣四庫全書》本，第 314 冊）卷 60，頁 1。

書，多且易致如此。……[18]

宋代不僅有官刻，民間也有家刻和坊刻，以浙江、四川、福建等地的刻書規模最大。印刷術的發達才能使書籍流通更為普及，更能滲透到社會下階層，為儒道勸善書提供了有力的外緣條件。

### ㈢道教所面臨的危機及改革的趨勢

由於北宋君主崇道，使道教符籙派得以興盛，至徽宗朝，全國各大城市均修建道觀，還設置道官二十六等，並享有俸祿。徽宗的崇道誤國，以及齋會法事動輒百萬的勞民傷財，已造成臣民的積怨和反感。宋祁曾批判說：

> 道場齋醮，無有虛日，且百司供給，至不可貲計。彼皆以祝帝壽、奉先烈、祈民福為名，臣以為此主者為欺盜之計爾。[19]

《宋史·方伎列傳》記載：「宣和初，都城暴水，遣靈素厭勝。方率其徒步虛城上，役夫爭舉梃將擊之，走而免。」（卷462，頁13529），可見庶民對林靈素這般騙吃騙喝的道士長期積累的反感十分強烈。許多濫竽充數的投機者也買了度牒充當道士，這些人嚴重破壞道教的形象，道教所面臨的危機，就是如何贏回失去的人心，以及配合一些用心於世教的正統道派的作法。做為通俗社會教

---

[18] 宋·蘇軾：《蘇東坡全集·前集》（臺北：世界書局，民國58年）卷32〈李氏山房藏書記〉，頁389。

[19] 《宋史》卷284〈宋祁傳〉，頁9595。

化的道教勸善書的出現，適巧在這改革的趨勢上，所謂一世勸人以口，百世勸人以書，道教勸善書透過文字傳播的媒介，超越時空的限制，更深入下層社會，更普及於各地的擴散開來，形成一股無形的神意道德的天網。了解道教勸善書文本形成的時代背景，以下便進入本章核心概念的論述。

# 三、宋金時期道教勸善書儒體神用的意涵

　　道教勸善書在宋代特殊的環境下產生，依成書的先後順序有：《玉歷至寶鈔》（以下簡稱《玉歷》）、《太上感應篇》、《太微仙君功過格》三種，現分述於下：

## ㈠《玉歷》儒體神用的意涵

### 1.《玉歷》成書經過

　　歷來提到道教勸善書最早的文本皆言《太上感應篇》，然而從成書時間來看，《玉歷》比之更早。據〈勿迷道人受淡癡傳玉歷筆記〉條載，遼國淡癡在遼聖宗太平 10 年（1030 年，即北宋仁宗天聖 8 年）庚午秋 9 月重陽登高，恍惚間，入冥遊歷，見十殿閻王，奉天帝之囑付，將《玉歷》交與淡癡帶回陽世流傳；淡癡出冥後未能即時刊印流通，或因北地印刷條件尚未成熟所至，故雲遊南方，於宋神宗熙寧元年（1068 年）戊申夏 6 月，至四川（案：四川是宋代刻書規模最大的省分之一）成都，途遇勿迷，轉授此書，催其速鈔傳世，勿迷或礙於化緣經費不足，遲至宋哲宗元符元年（1098 年）戊寅夏 6 月，傳授東皐刊印；又在高宗建炎 4 年（1130 年）復授與武林刻坊印傳，書末勿迷奉勸天下善男信女隨緣助印；或萬或千，普傳各

地，功德無量云云。❷由此末段可知《玉歷》刊印數量不多，知者
甚少。從其刊印《玉歷》應驗事例來看，最早是明嘉靖時代，可見
《玉歷》的普及是在明中葉以後；從成書時間來看，此文本比《太
上感應篇》早了七十餘年，由於彼時流通不若《太上感應篇》之
廣，故鮮為人知。

　　2.《玉歷》主要內容

　　《玉歷》名稱甚夥，全名是《玉帝慈恩纂載通行世間男婦改悔
前非准贖罪惡玉歷》，又有《玉歷鈔傳》、《玉歷寶鈔》、《慈恩
玉歷》等數名刊本流傳在民間。自通行以來，坊間重刊者，於本文
前附有地獄十殿罪罰圖象，以增強報應怖慄的效果，多少可補王法
之不足。

　　此書描寫 8 大地獄及各附 16 小地獄，合計共 138 地獄種種超
出人類集體想像力的酷烈刑罰，以及犯何種罪業，判入何種地獄的
說明，內容取材於梁・僧旻、寶唱等沙門集的《經律異相》卷 49
〈地獄部〉，（收入《大正藏》53 冊）和唐代實叉難陀譯出的《地藏
菩薩本願功德經》（《大正藏》13 冊），以及流行於五代末至宋初，
藏川所述的：《佛說地藏菩薩發心因緣十王經》、《佛說閻羅王授
記四眾預修生七往生淨土經》等❷「生七」即七七齋俗，源於北朝

---

❷　　《玉歷至寶鈔》頁 55－50，收入《藏外道書》（出版狀況見前），第 12
　　　冊，頁 797－799。

❷　　案：此二經收入《續藏經》（臺北：新文豐出版公司，民國 66 年元
　　　月），第 150 冊，頁 698－780。案：筆者之所以斷言《玉歷》受此佛經
　　　影響，乃是比對其十殿閻君排列次序和《十王經》所列七七十王齋相同，
　　　足見《玉歷》借佛經名相敷衍而成。然有學者疑《十王經》、《預修生七

佛教的百日齋，㉒但是唐代「七七齋」不稱「七七百日齋」而稱
「十王齋」，即民間相信人死後亡魂要從第一殿秦廣王審判後，依
序遣送至二殿、三殿……九殿平等王受大小地獄的罪罰，後再由十
殿轉輪王判吏依其陽世罪行輕重發交畜生道轉生；若劫數已滿，則
批判發往生人道。在《玉歷》造經中，除襲取十王概念外，又另造
出醧忘臺、奈何橋、職司之冥神：孟婆神，㉓以俗世藥物，合成似
酒非酒之湯，分為鹹、酸、苦、辛、甘五味，將十殿擬判轉生為人
諸魂派飲此湯，使忘前生等神話傳說。（《藏外道書》第 12 冊，頁
794－795）

地獄罪罰諸情雖早見於佛道兩教經典記載，無奈世人痴迷，執
「人死後一切斷滅」之邪見，隨順一己私欲，或盜，或淫，或奸，
或殺，恣情作惡，造下種種罪因，入地獄三塗受罰，此去彼來，無
有盡期，使陽世形成共業浩劫，令陰間冥司和菩薩救度不已，故在
地藏菩薩幽冥教主聖誕節日，十殿閻君前往祝賀時，菩薩提出：當
假何方便，使世人深信因果，懺悔過惡，力行諸善，一者可斷地獄
諸因；二者使地獄罪苦眾生，藉由陽世子孫潛修冥福，迴心向善的

---

經》是中土造經，反應七七齋民間信仰的作品，如此，則《玉歷》的十殿
閻王可以看作是佛道兩教地獄罪罰中土化的結果。可參見蕭登福撰：《道
佛十王經地獄說》（臺北：新文豐出版公司，1996 年），頁 28。

㉒ 唐·李百藥等撰：《北齊書》（臺北：鼎文書局，民國 72 年 4 月，4
版）卷 44〈孫靈暉傳〉內載孫靈暉為雲王孫綽「每至七日及百日終」設
齋薦七祈福。

㉓ 案：有關孟婆神造神的問題，筆者已另撰寫：〈佛教輪迴主體前生記憶的
消解暨道教孟婆神造神的幾個疑題〉，刊載於《高雄餐旅學報》第 6 期
（2003 年 12 月），頁 255－265，可參見之。

功德，得以超昇。〔同前引，〈玉歷鈔發凡〉，頁 788〕

　　由地藏菩薩慈悲發心的因緣，導出十殿閻王共同會商，強調善致獲福升天，惡致下獄受罰的報應：

> 凡人在陽世，自幼存心行善者，壽終應得引登仙道。功過相抵者，命終免入三途受苦；即令託生人道遂了恩義夙緣。善少惡多者，勾入諸獄受苦，仍令往生人道，貧賤、壽夭、廢疾不等。再世心性增善者，轉生福地；多孽者，復差鬼攝入諸獄受苦；再令投身極貧、極賤、極苦之處，生受災殃，死歸地獄沉淪。其不忠不孝，輕生好殺，多傷物命，及不信因果，謬云：「人死則精氣盡散，丟下皮囊，無身可苦；只有活人受罪，那見死鬼帶枷？」執迷故犯，百無一改，慫誤後世，遺害尤烈，……將此種鬼魂永禁無間等獄。（同前引）

　　《玉歷》一旦在陽世流通，若無補救之道，恐將使世人已為惡者，自暴自棄，自認罪不可赦，索興惡行到底，而永無回頭之路，徒增無辜生命枉受其害。蓋作一惡和作十惡皆死入地獄罪罰，則不如在陽世繼續作惡，一圖快活；再者《玉歷》旨在依託十殿閻君罪罰觀神諭以戒惡，然而，惡卻永無止息之日，故地藏菩薩提出悔過行善，以從寬量減的構想時，得以使十殿地獄從消極的懲惡，開展出積極的勸善途徑來：

> 在世男婦，往昔作惡，如此於聖神生日期，齋戒洗心，立誓懺悔，或竭力作一善事者，勾至陰司，準免受苦一重。……

（同前引）

以上十殿閻君研議，俟有功德者入冥還陽普傳天下，即於八月初三向玉帝奏達，奉旨後又補上：「世人矢願向善，能悔改一事，不復犯，准贖二罪；改悔後，力行善事五件，餘罪概赦，男生福地，女轉男身；善事如過五件，並准潛修冥福，超度眷屬亡靈，脫離苦惱。」各條纂載《玉歷》。（同前引）懺悔可以滅罪是佛道兩教的說法，改過自新則原為儒家本色。

《玉歷》內含的儒學道德觀，是在十殿〈條款章句〉中折射出來，如第一殿，乃世人不知報答父母，天地之恩，擅自輕生者，由諸神將犯魂解送此殿。第二殿則專收誘拐無知少年男女賣作婢僕；損壞他人耳目手足；醫人取重利等犯魂。第三殿專收忘恩負義之徒等等，（同前引，頁 789-790）多為儒家社會化的倫理觀，從清人季亮刊印《玉歷》時，收入孚佑帝君降鸞乩示《玉歷》之精蘊——敬信懺悔二十條文：一曰孝，二曰敬，三曰忠，四曰義，五曰守，六曰忍，七曰端，八曰方，九曰仁，十曰厚，十一曰不驕不詐，十二曰不貪不嗔，十三曰不欺不罔，十四曰不邪不淫，十五曰相親相睦，十六曰同善同誠，十七曰化己化人，十八曰好道好義，十九曰廣勸廣行，二十曰無非無是。（同前引〈玉歷可參仙旨〉，頁 801）可以看出神諭道德多為儒學化的倫常，故帝君言：守此條例，「可造聖賢仙佛」（同前引），直承道教由神學轉向倫理宗教的脈絡，仙佛是從道德修煉而來。此乃清人標榜《玉歷》「可證儒書、可參仙旨，可括佛教」三教會一的思想。

至於其神用，則透過令人怵目驚心的地獄罪罰達到戒惡的效

果。清儒朱墉讀此書時附誌云：「與其告以修德行仁，全忠盡孝，未必人人能聽。何如《玉歷》之顯然報應，使之動魄而驚心。」（同前引，頁 804），朱氏承認神道設教功效大於儒家以道德仁義勸化世俗，也是基於此點的共識。自宋以後，到明清時期，有不少正統儒者公開表態支持道教的勸善書，即在於其可以救聖教之窮，而補王法之不及。

## (二)《太上感應篇》儒體神用的意涵

### 1.《太上感應篇》成書年代及其流通

《太上感應篇》約成書於北宋末——12 世紀初葉，由道教菁英依託太上老君神意的勸善書文本，最早著錄在宋徽宗政和 6、7 年間（1116－1117 年）刊行的《萬壽道藏》中，❷《正統道藏》本《太上感應篇》第 7 卷末收有〈虛靜天師頌〉，❷虛靜天師，是正一道第 30 代天師張繼先在宋徽宗崇寧 4 年（1105 年）所受的封號，如此看來，《太上感應篇》成書的年代不會晚於此年，當為北宋末年作品無疑。

至於其流通，據此文本卷前表第 11 的〈紀述靈驗〉所述信奉此書，得到感應的六則事例中，最早的是〈周箎條〉，內載周箎在高宗紹興 21 年（1151 年）2 月 21 日暴死，魂被勾至地獄，以其在陽世奉《太上感應篇》為人演說之功德，而放還陽間云云❷周箎為

---

❷　據陳國符先生考證，《萬壽道藏》刊鏤經版，當在政和 6、7 年間，詳參氏著：《道藏源流考》（出版狀況見前），頁 136。

❷　《太上感應篇》卷 7 第 10〈虛靜天師頌〉收入《正統道藏》第 45 冊，頁 36259。

❷　同前註，頁 36204。

蜀人，而最早為該書作注的，也是蜀人李昌齡。《宋史》卷 205
〈藝文志 4〉（頁 5197）載其為該書作者，然而在《宋史》卷 287
〈李昌齡傳〉卻隻字未提此事，據陳霞的考證，乃同名同姓之二
人。為《太上感應篇》作注是四川夾江儒者入道的隱士李昌齡，非
傳記中的李昌齡。❷從流通感應和作注的地緣來推論，《太上感應
篇》雖成書於北宋末，然而卻在南宋高宗朝流行於四川，李氏得到
此書後，為之傳注，然後收入於所編的《樂善錄》。❷在孝宗隆興
2 年（1164 年）刊行。理宗紹興 6 年（1233 年），賜錢百萬，御題
「諸惡莫作，眾善奉行」八字冠於篇首，敕命臨安太一宮道士胡寶
徽監工刊刻；書成，胡氏上表奏進，請以行政權力，推廣於天下，
庶俾四方爾民皆遷善歸化，❷自後此書大行於世，至明清時期，世
儒名臣紛紛為之作序、作注，道徒列為三聖經之一。

---

❷ 見陳霞：《道教勸善書》（出版狀況見前），頁 33－34。案：《太上感
　應篇》作者問題，學術界仍存在不同看法，大體上以李昌齡只是作傳注而
　非作者說法較合理；因為《道藏》收的《感應篇》表第 4－5，有陳奧子
　的序，寫於理宗紹定癸巳年（6 年）內云：「讀《感應靈篇》與蜀士李昌
　齡之注」，陳奧子和李昌齡是同時代之人，如果《感應篇》是李昌齡寫
　的，他不會言「注」。至於其作者何人，以卿希泰、李剛，和臺灣學者宋
　光宇三位學者均持某不知名道士，以《抱朴子內篇》為藍本，並參雜一些
　先秦諸子，及儒家的文句，依託太上老君神諭，而編成的勸善文本的意見
　較為中肯。

❷ 南宋編寫的善書多靠叢書才免於湮沒不彰，《樂善錄》亦然，有宋刻本傳
　世，今藏日本東洋文庫，民國 24 年由上海涵芳樓予以影印，收入《續古
　逸叢書》：《稗海》、《稗乘》也有此書。本文乃參照《正統道藏》本。

❷ 同註❷，〈進太上感應篇〉表第 1，頁 36199。

2. 《太上感應篇》主要內容

⑴《太上感應篇》對儒學世俗神學化的推擴

《感應篇》共 1274 字，純以說理為主，據葛洪《抱朴子內篇》中的〈微旨〉和〈對俗〉兩篇敷衍而成。依坊間通行本：《太上感應篇寶鑑》將內容分為：明義、示警、鑑察、積善、善報、諸惡、惡報、指微、悔過、力行等十章（臺中：聖德雜誌社，1988 年 3月）。對儒化的推擴則見於積善章和諸惡章所列條目：善事 26條，惡事則列出 170 條。正如明·馮夢周序文所說：「善念不勝惡念之多，君子不勝小人之眾也。」❸蓋道教勸善書為通俗化的教材，所面對的讀者大多為下層社會的市井小民，他們的生命型態是整日掙蠅頭小利，為一家三餐勞碌的人，在太平盛世，生活不虞匱乏時，不會去想到別人苦樂，幸福與否；在亂世，流離困苦時，會呵天罵地，這一類的眾生是很難開出積極善行的格局。既是升斗小民之流，不免帶有很重的三毒習氣，故《太上感應篇》著重於反面戒惡的神諭教化。現分述於下：

①積善章的儒體意涵

積善章 26 條不外乎：忠孝、友悌、矜孤、卹寡、敬老、懷幼、憫凶、樂善、正己、化人、濟急、救危、慈心於物等，儒家正心、修身的基本道德的修煉，以及社會慈善事功。❸關於後者，在 14 世紀以前，是讓商人和道教專美於前的。儒林份子若懷仁心仁術，志在於化民成俗，若無居官在位，其外王事功多半表現在道德

---

❸ 同前註，〈進太上感應篇〉表第 3，頁 36200。

❸ 同前註，頁 36219－36231。

立說，或開堂講道，或以身教為德於鄉里。究其因，乃在於士君子
恪守孔孟安貧樂道，重義輕利，以繼述聖賢為志業的傳統，不善於
經商牟利，亦不慣於結黨營私。而社會慈善事業是要有雄厚的財力
作後盾，或是結合團體的力量，才能實踐外王的功行。從文獻資料
來看，儒者基於善心的道德共同體而結社的，是在 14 世紀晚期才
出現。❷道教神諭的善書所宣揚社會慈善救濟主要是針對商賈、地
主、富豪之流。唐宋海貿流通，刺激了經濟發展，庶民階層因經商
而致富者，他們相信長期積累的善行，不但會保有目前的地位，也
會使後代子孫獲致功名。❸因此，對於社會慈善的工作總是不遺餘

---

❷ 袁黃（1533－1606 年）的五世祖袁順在浙江嘉善縣擁有廣大的土地，是
　當地的財主之一，為了追求禮義道德的實踐，他和嘉善士人共同組織了
　「禮義之社」的慈善團體，該社的成員，需將每日行善踐義的事，逐條記
　錄在類似功過格的簿籍裏，以行善的多寡，及難易程度來決定在社團的地
　位，每月評比一次，輪坐社長之位，故人人皆勇於為善而奔義。（袁黃
　編：《袁氏叢書》卷 1，頁 1，國立中央圖書館藏明萬曆間嘉興袁氏刊
　本）這個風氣一直持續到明清之際，晚明東林黨員顧憲成（無錫人，1550
　－1612 年）、高攀龍（無錫人，1562－1626 年）、陸世儀（太倉人，
　1611－1672 年）等成立「同善會」的結社，實踐「經世致用」的聖學理
　念，對所居鄉里進行仁卹的救濟工作；另外復社的成員之一的顏茂猷（崇
　禎 7 年，1634 年進士），也在天啟年間創立「雲起社」，以樹聖人之
　品、博雅文詞、性命雙修、實心經濟、鍊達世務、力行善事，廣結善緣為
　目的的結社。可以看出：以太湖為中心，方圓幅湊百里之內的桐鄉、嘉
　善、嘉興、吳興、吳江、無錫、太倉、蘇州等縣市，在明清時期形成一股
　儒士結社的慈善救濟風潮。（此部分筆者將另文撰寫）

❸ 如前註所提到的袁黃祖先，世代行醫，身為袁順長子的袁顥雖在家訓中耳
　提面命的告誡子孫；袁家致力於行醫救人，憫貧濟苦，卻絕無絲毫望報之
　意（《袁氏叢書》卷 1，頁 30）；但在同一篇文章中，卻也明顯存有與孔

力，筆者在前節曾引述過清人沈垚的一段話：「睦淵任卹之風，往往難見於士大夫，而轉見於商賈。」❸❹這個轉變的風氣也是從北宋開始的，南宋筆記小說吳自牧的《夢粱錄》中記載一則杭州富室行善的文獻：

> 杭城富室多是外郡寄寓人居，蓋此郡鳳凰山謂之客山，其山高木秀皆蔭人寄寓者。其寄寓人多為江商海賈，穹檣巨舶，安行於烟濤渺莽之中，四方百貨，不趾而集，自此成家立業者眾矣。數中有好善積德者，多是恤孤念苦，敬老憐貧。每見此等人買賣不利，坐困不樂，觀其聲色，以錢物週給，助其生理。或死無週身之具者，妻兒周措，莫能支吾，則給散棺木，助其火葬，以終其事；或遇大雪，路無行徑，長幼啼號，口無飲食，身無衣蓋，凍餓於道者，富家沿門覲察其孤苦艱難，遇夜，以碎金銀或錢，令插於門縫，以週其苦，俾

---

孟正命相矛盾的觀念：「吾舍舉業而執是藝六十餘年，雖不能無誤，而憐貧救患所積陰功無數，子孫宜世世守之。」（同前引，頁 27）其孫子袁仁字參坡，1479－1546 年）即袁黃的父親，對此進一步說：「吾家積德不試數世矣，子孫其有興者乎？」（袁表錄、錢曉訂：《庭幃雜錄》卷下，頁 15，北京：中華書局，1985 年據《學海類編》本影印）；袁黃後來果應試中舉，並在《了凡四訓》中斷言成功不在於他本人的能力，而在於他祖先四代所積累的功德。很明顯地，袁黃家族信仰了道教勸善書所傳達的「行善獲福」的神諭訊息，並且以自身為例地著述立說再去影響後來的人，這在明清士人中間引起廣大的迴響，奉袁黃《功過格》為聖賢經典一樣閱讀，足見彼時儒林學子，尤其是準備應舉的士人，相信這種超自然報應的存在性。

❸❹　同註❸❸。

　　侵晨開戶得之，如自天降；或散以棉被絮襖與貧丐者，使煖
其體；如此賑於饑寒得濟，合家感戴無窮矣！㉟

　　杭州富室多為外地寄寓於此，且以經商貿易致富，所謂商人即
是唯利是圖，重利輕義之徒，很難主動開出布施的生命格局，其中
有多善積德者，如果說不是受勸善書超自然報應信仰的影響，就很
難解釋由世俗生命轉向宗教生命價值觀的變化。既然生命裡頭已有
此信仰，當然也會捐貲給像道教這類的宗教團體，助印其善書的刊
行、助其建廟觀、或助其社會公益等。

　　這種社會慈善的救濟最早也不是商賈、地主或儒林之流所推動
的，而是宗教團體。早期民間道教剛形成時，就具有這種特色，如
五斗米道、太平道，其主要活動是符水治病，叩頭思過；又扶弱濟
貧救苦，以解除窮民之難，這類思想初見於《太平經》書中，㊱對
下層社會百姓有較大的吸引力，故道教在東漢政局動盪的時代中，
建立了厚實的群眾基礎。魏晉時，葛洪又將此思想納入其著作中；
宋代造出《太上感應篇》也承襲其遺風；一直到明代〈文昌帝君陰
騭文〉、〈關聖帝君覺世真經〉，都一直保有勸世人進行社會救濟
的傳統。

　　儒教著重正己化人的社會道德教化，由於財力不足的關係，在

---

㉟　南宋・吳自牧：《夢粱錄》（出版狀況見前），卷 18〈恤貧濟老〉，頁
　　172－173。

㊱　參見卿希泰主編：《中國道教史第 1 卷》（出版狀況見前），第 2 章第 1
　　節〈《天官歷包元太平經》的宗教神學特徵。《大平清領書》的來歷及其
　　主要思想〉，頁 85－123。

具體實質的生命救濟上，無法像道教那樣以宗教團體的力量作普遍
的施行，但由於社會救濟的背後動力是一顆儒家的仁民愛物的心，
和佛道的慈悲，吾人仍然可以視此行徑為對儒學世俗神學化的推
擴。

　②諸惡章的儒體意涵

　　《太上感應篇》在諸惡章中列出 170 事條例，以個人道德統攝
家庭倫理、學校倫理、社會倫理、政治倫理、以及宗教倫理等反面
戒惡的約束。以神意警戒的口氣，遏止一己私欲，達到人我和諧理
想社會的實現。其中以個人倫理的戒律最多，蓋個人道德的良窳決
定了與人事物的善惡對待，所謂其心術偏邪者，自然「男不忠良，
女不柔順。」為人子女則不孝；為人兄長則不弟；為人父母則不
慈；為人夫妻則不義；為商則奸；為官則貪虐，故《太上感應篇》
於此著墨甚多。從個人的意念、言語、到行為的外現，由貪嗔癡妒
疑五惑所招感。

　　意念方面：受恩不感；以直為曲，以曲為直；願人有失；包貯
險心；見他榮貴，願他流貶；見他富有，願他破散；見她色美，起
心私之；負他貨財，願他身死；心毒貌慈；知過不改；知善不為
等；正如佛家所謂起心動念無不是業，無不是罪。

　　言語方面：訕諸無識；念怨不休；訕謗聖賢；形人之醜；訐人
之私；離人骨肉；辱人求勝；破人婚姻；挫人所長，護己所短；干
求不遂，便生咒恨；見他失便，便說他過；見他體相不具，而笑
之；怨天尤人；鬥合爭訟；口是心非；造作惡語；讒毀平人；毀人
稱直；咒詛求直；每好矜誇；自咒咒他等。正所謂白口紅舌不過三
寸，造下多少是非，多少口過。

行為方面：非義而動，背理而行；以惡為能，忍作殘害；陰賊良善；殺人取財；貶正排賢；凌孤逼寡；助人為非，逞志作威；敗人苗稼；破人婚姻；苟富而驕，苟免無恥；嫁禍賣惡，沽買虛譽；乘威迫脅，縱暴殺傷；散棄五穀；勞擾眾生；破人之家，取其財寶；決水放火，以害民居；紊亂規模，以敗人功；損人器用，以窮人用；強取強求，好侵好奪；擄掠致富；巧詐求遷；賞罰不平；逸樂過節；妄逐朋黨；得新忘故；貪冒於財；假借不還；分外營求；淫欲過度；穢食餧人；壓良為賤；貪婪無厭；嗜酒悖亂等條，（頁36250－36380）皆不義、不仁、不慈、不信等敗德行徑。以上個人道德的反面戒惡幾乎占了諸惡章一半以上比例。

從個人道德所對待的人事性質又可區分為：

⑷家庭倫理：如抵觸父兄；用妻妾語，違父母訓；背親向疏；不和其室；不敬其夫；無行於妻子，失禮於舅姑；損子墮胎等條。（頁36349－36350、36356、36374－36375、36378）

⑻學校倫理：如慢其先生，叛其所事；謗諸同學等。（頁36254－36256）

⑹社會倫理：是建立在商業公德，及人際關係和諧上。前者在善書中多強調商賈買賣應建立在合理的利潤上來謀取，不可「短尺狹度，輕秤小升；以偽雜真，採取奸利。……」（頁36365－36367）後者則告誡人民不可逞一己私欲、權勢、暴力去傷害、侵犯別人的利益。嚴禁「危人自安，減人自益；敗人苗稼；破人之家，取其財寶；擄掠致富。……」（頁36294－36295、36306、36323），借以穩定社會內部秩序。

⑼政治倫理：告誡地方官吏不得「虐下取功，諂上希旨；輕蔑

天民，擾亂國政；賞及非義，刑及無辜；貶正排賢；棄法受賂；以
直為曲，以曲為直；以惡易好，以私廢公；入輕為重；勞擾眾
生……」（頁 36263－36264、36267－36269、36273－36277、36296－
36297）地方官吏的道德良窳攸關細民的生死苦樂，早在先秦孔子的
教育中就不斷教喻弟子為政之道。❸以勸善文形式出現的，則自宋
代開始，最為儒者所關切，創作大量的官箴、官戒、刑戒的勸善
文，❸來規範官僚的言行，以免平時累積過多的民怨在統治階層政
治控制權鬆動時，形成農民暴動，對朝代鼎革之際的社會菁英而
言，可說是身受其害，目睹其禍。《太上感應篇》的作者自然也深
知民生疾苦的根源，故亦列入諸惡章中，可說是儒學為政的世俗
化。

---

❸　《論語·為政第 2》孔子回答季康子為政之道：「臨之以莊則敬，孝慈則
　　忠，舉善而教不能則勸。」〈公冶長第 5〉子謂子產：「其養民也惠，其
　　使民也義。」〈顏淵第 12〉回答仲弓：「使民如承大祭」回答子張問
　　政：「居之無倦，行之以忠。」（同上引）等告訴弟子要以惠，以義，以
　　敬，以忠來善待天民。

❸　儒林菁英對官吏的規範文獻是從宋代開始的，如趙令衿《六法圖·作官十
　　宜》；呂大中：〈官箴〉；王應麟：《困學紀聞》內對從政者諫言；龍摯
　　的〈仕有五瘴〉；元代許衡：《語錄》；明代呂坤：〈刑戒〉；顏茂猷：
　　《迪吉錄·官鑑》；陳獻章：〈省刑箴〉；清代姚廷杰：《戒淫錄·仕宦
　　良箴》；李日景：《醉筆堂三十六善》內的〈居官三十六善〉、〈紳宦三
　　十六善〉，熊弘備：《不費錢功德例·官長不費錢功德》；其中以陳弘謀
　　撰的《五種遺規》中的《從政遺規》、《在官法戒錄》2 卷，內容最為詳
　　備，大凡從宋到清，儒者在語錄、著作言行中無論大小條文悉蒐羅殆盡，
　　可謂集官箴之大成。（該書由上海古籍出版社，1995 年 3 月，據《續修
　　四庫全書》本影印）

(E)宗教倫理：包括對天地神靈的敬畏、修道者的戒律，和對自然界一切生命的尊重。此部份屬於佛、道教本色的宣傳，和儒學教化沒有直接關係，故略而不論。

(2)《太上感應篇》神用的意涵

從以上積善、諸惡兩章所歸納出六種倫理，皆可視為儒家道德社會化、世俗化的擴展，而《太上感應篇》乃出自神意的依託，其勸化世人要行善戒惡，當然不會僅止於純道德的勸說，因為這種催發自覺的良知的顯現是有限的。因此，其神用的張本是奠基於世人對未知的、超自然力量敬畏的心，《太上感應篇》承繼漢魏以來，天地間，和人的周邊有司過之神的信仰，以及超自然的報應觀。今分述於下：

①天地有司過之神

道教吸收民間星辰信仰而加以神格化，造出司過之神，日夜考查人民的善惡行為：「是以天地有司過之神，依人所犯輕重，以奪人算。算減則貧耗，算盡即死。又有三台北斗神君，在人頭上，錄人罪惡，奪其紀算。」三台為上台、中台、下台，《傳》說：「上台司命，中台司功，下台司祿。上帝署為天曹，俾主生、死、壽、夭……」❸（頁 36213）而北斗神君也是漢代星辰信仰的轉化，據《太上說中斗大魁保命妙經》云：「北斗落死，南斗上生。」❹這些星神在人頭上，日夜盤旋，凡百姓所思所為，暗室虧心的，是瞞

---

❸ 案：三台原為星辰信仰，東晉以後，納入道教神譜系統中，掌管人間命、祿、子嗣之有無。見《晉書》卷11〈天文志上〉。
❹ 《太上說中斗大魁保命妙經》，收入《正統道藏》第19冊，頁14733。

不過神目如電的鑒察，過無大小，悉必錄之，小者奪算（一算百日），大者奪紀（一紀或三百日，或 12 日）；《太上感應篇》恐世人以神遠難測，又提出有身中神、身邊神在人民的生活週遭構成嚴密的鑒察天網：「有三尸神，在人身中，每到庚申日，輒上詣天曹，言人罪過。月晦之日，竈神亦然。」（同前引）三尸神為上尸神彭倨，中尸神彭質，下尸神彭矯，分居人身體中的腦、胸、腹裏。❹最早提到三尸神的是《太平經》：「為善亦神自知之；惡亦神自知之。非為他神，乃身中神也。夫言語自心腹中出，傍人反得之，是身中神告也。」❷鄭玄注《禮記》亦言：「小神居人之間，司察小過，作譴告者。」❸可見漢代時就有身中神的信仰。到了葛洪才指出身中神是三尸神。既居人體之中，則眾生一舉一言，起心動念難逃其神眼，每隔 60 日庚申，便會上告天曹一次；另外還有竈神鑑察一家功過，每逢月末也是上奏玉帝。❹如此眾多的司過之神不分日夜，在天地之間架構出無所不在，無所不知的神鑒天網，的確會

---

❹　三尸神居身體部分，見於《太上除三尸九蟲保生經》，《正統道藏》第 31 冊，，頁 24957。

❷　王明編：《太平經合校》（北京：中華書局，1992 年 3 月，4 刷），卷 18 至 34〈錄身正神法〉，頁 12。

❸　漢·鄭玄注、唐·孔穎達疏：《禮記》（臺北：藝文印書館，民國 68 年 3 月，7 版，影印阮刻十三經注疏本），卷 46〈祭法〉，頁 12。

❹　清·黃伯錄《集說詮真》內則言：「每逢庚申日上奏玉帝」，收入李豐楙等編：《中國民間信仰資料彙編》（臺北：臺灣學生書局，民國 79 年 11 月），第 1 輯 22 冊，頁 330。葛洪在《抱朴子內篇》言月晦之夜。《太平御覽》（上海：上海古籍出版社，1994 年 8 月）卷 186，頁 6 引《淮南萬畢述》亦同其說：自唐以後，則流傳臘月二十三日或二十四日祭灶神的信仰，則成了每年底上奏天庭一次。

產生遏阻效果。宋代文人王楙在他的筆記小說《野客叢書》中記錄一則俗諺:「舉頭三尺有神明」❹正是道教這種司過之神信仰在民間長期流傳以來的效應。

　②善惡必然報應的思想

　《太上感應篇》在〈善報章〉、〈惡報章〉以超驗的神意保攝這種必然的報應思想:「所謂善人,……天道佑之,福祿隨之,眾邪遠之,神靈衛之,所作必成,神仙可冀。」(頁 36240－36247) 世人行善未必以成仙為動機,然而,神意斷然肯定福祿的獲致,以及眾邪災殃的遠離的善果,就足以誘發凡庶的善心了。故《太上感應篇》於末尾〈指微章〉提出:「心起於善,善雖未為,而吉神已隨之。」(頁 36408) 的保證。所謂心為形主,一念之間,即為禍福關鍵,天堂地獄之判,對於芸芸眾生而言,行善需要足夠的經濟能力,故《太上感應篇》申明只要有善心就會召感天地間吉神日夜守護的福分了。如果善心要圓滿,則需日日付之行動,〈力行章〉便云:「吉人語善、視善、行善,一日有三善,三年天必降之福。」(頁 36410)

　反過來說,犯上〈諸惡章〉所列 170 項的罪行,則「司命隨其輕重,奪其紀算。算盡則死,死有餘責,乃殃其子孫。」(頁 36400) 惡報不僅止於當事人,還禍延子孫,這是承繼《太平經》所言「承負報」的思想而來,也只有道教才有這種家族因果共命的說法,佛教只言罪業自受,其遏惡效益不如中土道教。蓋凡庶兇殘狠

───────────────

❹　宋·王楙撰、王文錦點校:《野客叢書》(北京:中華書局,1992 年 2 月,2 刷),卷 29〈俗語有所自〉,頁 4。

戾者，乃不畏死，更不懼死後地獄罪罰，卻懼無後，而中國傳統價值觀中，香火緜延是自父系社會以來，頗為牢固的觀念，家破人亡，子嗣斷絕的流殃的罪報，的確會收到儆世止惡的效果。

同樣地，有惡念從心生起，惡雖未為，凶神、災破之星已降臨，開始減其陽壽，而貧耗、多逢水火、盜賊、疾病、口舌的憂患，（頁 36406）不祥諸事也隨之而來。蓋惡行一旦外顯，對無辜的生命財產已造成傷害，再重的罪報也不能挽回失去的生命，只有去掉惡心，才能徹底消除惡人、惡事。

對於已經行惡之人，如看到《太上感應篇》所言的神譴，會覺得前途無望，就會自暴自棄，索興就作惡到底。故此篇同《玉歷》一樣，在〈悔過章〉中也開出悔過自新的路徑：「其有曾行惡事，後自改悔，諸惡莫作，眾善奉行」並保攝他「必獲吉慶，所謂轉禍為福也。」（頁 36409）

《太上感應篇》純以說理勸善，效力止於士君子之流，對庶民階層而言，則少了具體事例，每令閱者有不全不備之憾。故在明清流傳刊刻過程中，有儒道好事者，附上圖說或靈驗事例，或史事以佐證其理，擴大了傳播面和影響面。

## ㈢《太微仙君功過格》儒體神用的意涵

### 1. 功過格思想濫觴

功過格即是透過自省量度行為善惡功過的簿子，早在東漢初期原始道書：《太平經》中就已存在此思想，乃由司命之神隨時註記人的功過善惡的生死名簿：

> 行之司命注青錄；不可司錄記黑文。黑文者死，青錄者生。

　　生死名簿，在天明堂。天道無親，唯善是與。❹

　　天遣神祇往記世人言行功過，簿疏善惡，以黑青兩種顏色代表
人行為的功過。在卷 48〈三合相通訣第 65〉中又提到「天券」，
它是神祇和吏民之間的一種契約，吏民平日將一己善惡，年復一年
記錄在「天券」裏；神祇也是同樣記錄吏民的善惡。人與天神記錄
一致時，即為「天徵合符」（同前引，頁 154）。所謂「天券」、
「生死簿籍」實為功過格的濫觴。漢以後的道書也都提到功過的概
念，如：南北朝造的《無上秘要》卷 47：「天計功過，明知不
汙。」❹

　　《洞玄靈寶道士受三洞經誡法籙擇日曆》內提到十齋八節時，
「眾聖按行條記功過。」❹

　　《至言總》卷 5〈功過〉：「凡行善益算，行惡奪算，賞善罰
惡，各有司職，報應之理，毫毛無失。」❹

　　以上這些道書所提到的功過紀算，說明了行為量化的計算思想
的雛型早已存在，只是籠統沒有說明具體的善惡評量條例和功過數
量罷了。這要到 12 世紀中葉以後，《太微仙君功過格》的文本出
現，才解決這個問題。

❹　同註❹，卷 1 至 17〈太平經鈔甲部〉，頁 4。

❹　《無上祕要》卷 47，《正統道藏》第 42 冊，頁 33609。

❹　唐・張萬福：《洞玄靈寶道士受三洞經誡法籙擇日曆》第 8，《正統道
　　藏》第 53 冊，頁 43204。

❹　《至言總》卷 5 第 4〈功過〉《正統道藏》第 38 冊，頁 30438。

2. 《太微仙君功過格》作者及成書背景

　　《太微仙君功過格》收入《正統道藏》第 5 冊洞真部戒律類，署名「西山會真堂又玄子」，西山是東晉許真君升仙的祖庭，淨明道的總堂所在，元代重建淨明道的劉玉真也稱「西山隱士」，故推定又玄子是淨明弟子。據又玄子序云：「余於大定辛卯之歲，仲春二日，子正之時，夢遊紫府，朝禮太微仙君，得受功過之格，令傳信心之士。……」❺則可知此操作性文本乃依託神意夢授；寫作時間在金世宗大定 11 年（1171 年），即南宋孝宗乾道 7 年，江西南昌西山仍屬南宋偏安版圖，卻是比鄰金人南侵的勢力範圍──宋金交戰區，故又玄子署金朝年號。創作的背景，也是同河北新道教一樣，處在戰爭激烈，社會失序，道德崩解，生靈塗炭日劇的時代，透過神意，適時提供修真之士一種行為準則，精神救贖的依據。

　　此文本既出自淨明道弟子之手，則其儒學化特質尤為顯著。該派祖述許遜，而許遜以忠孝自脩，得仙法，入以救世，成無上道後，昇天歸真君位，故淨明道素以孝悌為之準式。劉玉真在其《語錄內集》解釋「淨明」之意：

> 淨明只是正心誠意，忠孝只是扶植綱常。但世儒習聞此語，爛熟了，多是忽略過去，此間卻務真踐實履。❺

---

❺　金・又玄子：《太微仙君功過格》序第 1，《正統道藏》第 5 冊，頁 3582。

❺　元・黃元吉編：《玉真先生語錄內集》，《淨明忠孝全書》卷 3 第 1，《正統道藏》第 41 冊，頁 32902。

可說一語道出淨明道的儒學化本質。另外值得注意的是三綱五常素為儒家學者自幼耳熟能詳的教條，然而長期制式化的教育模式中，成為童蒙口誦教材，失去聖賢之道貴在日用常行的真諦。故一旦此思想為道教所涵攝，再反饋出以超自然的神意報應之說，就會使信眾躬行實踐，這也就是筆者本論文一再闡釋立說的主題：道教對儒學世俗教化有推擴之功。

### 3.《太微仙君功過格》主要內容

其體例分功格四門：〈救濟門〉、〈教典門〉、〈焚修門〉、〈用事門〉，共 36 條事例；過律亦分四門：〈不仁門〉、〈不善門〉、〈不義門〉、〈不軌門〉共 39 條事例。（同前引，頁 3583）

此功過格文本既是針對教內弟子，及信眾修真之用，自然有專為道徒而設的功過律條；又由於淨明道立教標榜忠孝，帶有強烈儒學色彩，故其不少內容與儒家倫理相近，在元以後，被儒佛兩教菁英分子修改、增刪，作為一般民眾的道德修持之用。

### (1)《太微仙君功格》的儒體意涵

在功格方面：〈教典門〉、〈焚修門〉專屬道教，餘二門多為儒學化道德的擴充。〈救濟門〉反映宋金交戰之際，社會苦難加劇，亟需救援的慈善利他精神。其具體條例如下：

「賑濟鰥寡、孤獨、窮民，百錢為 1 功，貫錢為 10 功……米麥、幣帛、衣物以錢數論功。饒窮民債負亦同此論。」如礙於財力，無法一次施百錢、貫錢者，神意亦同意積累方式計功：「一錢散施，積至百錢為 1 功。」（頁 3584）

「濟飢渴之民，一飲一食皆為 1 功。」（同前引）

「濟寒凍之民暖室為 1 功。」（同前引）

「葬無主之骨，一人為 50 功。」（同前引）

若無財力濟貧救苦，用言語勸人行善，也是有功的：「傳一符、一法、一方、一術，令人積行救人，每一術為 10 功。」（同前引）。

在〈用事門〉中也有具體的條例的功量：

「講演經教及諸善言，化諭於眾，在席十人為 1 功，百人為 10 功。人數雖多，止 50 功。」（頁 3585）

「以文章詩詞誠勸於眾，一篇為 1 功。」（同前引）

「化人出財修諸功德，一貫為 1 功。」（同前引）

以上無論是講演，或寫文章，或出之於口來勸人行善，其功等同於以實質百錢助人貧乏；甚至用言語「贊揚人之善道」一事也有 1 功。（同前引）這些出自神意的功例，無非是看重言語文字的傳播面比一時的人身救助的範圍還要影響深遠吧！

除了正面勸善功外，反面諫惡也列入功量：「勸諫人，令不為非：不廉、不孝、不貞、不良、不善、不慈、不仁、不義，一人回心為 10 功。」（頁 3585－3586）

以上義同佛家所言的「法布施」；明代三教兼修儒者洪應明在其著作《菜根譚》書中也有類似的看法：

> 士君子貧不能濟物者，遇人痴迷處，出一言提醒之；遇人急難處，出一言解救之，亦是無量功德。❷

---

❷　明·洪應明著、日·今井宇三郎譯注：《菜根譚》（東京：明德出版社，昭和 61 年〔民國 75 年〕6 月，10 版）〈前集·143 條〉，頁 145。

此功過格文本亦同儒佛，兼顧善言和善力的佈施。慈善是利他損己的精神，這種社會倫理可說是三教共同的情懷，而宗教的慈善救濟可以彌補儒者在經濟實質上的不足。

在尊重生命方面，受儒家「親親而仁民，仁民而愛物」的等差價值觀影響——人命重於物命：「救一人刑死性命為 100 功」，而「救有力報人之畜」如牛、馬、驢等，則一命 10 功；至於「救無力報人」的山禽野獸之屬，則一命 8 功；等而下之，蟲蟻飛蛾這些濕卵化生，微賤生命，則一命只有 1 功。（頁 3584）

⑵《太微仙君過律》的儒體意涵

過律方面，〈不善門〉8 條，以及〈不軌門〉、〈不仁門〉中部分條例專屬道門戒律外，餘皆為儒家世俗化的倫理條目。整體看來，同一事例，過律詳於功律，如前尊重生命方面，在過律中即犯殺生罪，有故殺、誤殺、教人殺、見殺不救、見殺不生慈心、助贊殺等微細行為、動機之分：

「故殺有力報人之畜，一命為 10 過；誤殺為 5 過。」（頁3586－3587）如果是故殺無力報人之畜，則一命為 8 過；誤殺減半；至於蟲蟻飛蛾之屬，故殺一命為 2 過，為功律救生二倍，誤殺則與之等量：為 1 過。若見殺而不救則有 10 過；見殺不生慈心有2 過；幫助贊賞別人殺生有 5 過；教唆人殺生，過同故殺。（同前引）

在過律其他門中尚有類似以上論心不論事的條列，這在功格四門中是所沒有的。如〈不仁門〉中，配毒藥想害人，尚未付諸行動，就已 10 過；計謀陷人於死罪，舉意不作，也有 10 過；心意中有惡念頭，以及邪淫雜想之事，一事 1 過。（頁 3586）甚至對別人

有災難，煩憂的事，只是內心幸災樂禍，仙君也定了 5 過的條律，以警世人心術不正者。（頁 3587）

此外〈不仁門〉對於孝道和師道也頗為重視，對師長、尊親惡言相向，一次就有 10 過；（同前引）在〈不義門〉中反叛師長、父母的教誨，一次就 50 過。（頁 3588）

在人際關係的社會倫理戒律上，仙君也秉持孔門「必也無訟乎」的訓言，以「戒訟」為條律，蓋官司訴訟，勞民傷財，若逢貪官污吏就有枉斷人命的事發生，古來民怨積累最深厚者莫過於此。故在〈不義門〉中明定：「教唆別人官門鬥訟，死刑為 30 過，徒刑為 20 過，杖罪為 10 過，笞罪為 8 過。」（頁 3588）

〈不仁門〉中，如果是親自計謀別人被判死刑者，給予 100 過的重罰；不成也有 50 過；謀人徒刑，成者為 40 過，不成也有 20 過；謀人杖刑，成者為 10 過，不成為 8；謀人笞刑，成者為 5 過，不成為 4 過。（頁 3586）

大體上，自作比教唆他人鬥訟的過律重。

(3)《太微仙君功過格》實施方法及其神用意涵

又玄子於序文末段明言實施方法：

> 凡受持之道，常於寢室床首置筆硯、簿籍，先書月分，次書日數，於日子開功、過兩行，至臨臥之時，記終日所為善惡。照此功過內名色數目，有善則功下注，有惡則過下注，不得明功隱過，至月終計功過之總數。功過相比，或以過除功，或以功折過，折除之外者，明見功過之數。當書總記訖，再書後月，至一年則大比，自知罪福，不必問乎休咎。

（頁 3582）

　　所謂自知罪福，乃一年大比得知功過多寡結果，己知之，天神考校亦知之，其神用的必然性，根源於長期以來，道經宣揚的「司命之神」的鑒察，以及功多則益算延年，子孫榮享的福祿；過多則奪其紀算，使之貧耗、又殃及子孫，終至破家亡身的惡報。

　　道教功過格實踐力大於儒學自省力，乃在於信仰「他力」超自然的賞善罰惡的能力。人或有不畏王法，沒有不畏鬼神；行惡或可不受陽律制裁，陰律則無不報之。故明代泰州學派後期弟子陶望齡有〈功過格論〉一文，內即云：

> 世有明功隱過於人者，未有明功隱過於神者也。我日為之，夜書而藏之，焚香染翰，幽獨無侶，四顧森然，鬼神滿目，以心蒞手，一點一畫周敢不誠而明功隱過乎哉？❸

　　陶氏像其他信仰超自然報應思想的儒者，祈求神用的令人畏懼的力量，來支持這功過格道德修煉的體系。蓋儒學倫理道德在下貫到社會各階層時，單憑自力的自覺內省是不夠的，因為那只有少數上等根器者才做的到，對大多數凡庶而言，則必須借超驗的他力來保攝：「人創造自己的道德就可以改變物質命運」的必然性。明清時期，有心於世教的儒者，都認清這個事實，也跟著道教的文本，

---

❸　明·陶望齡：《功過格論》，收入《道藏輯要》第 23 冊，頁 10351。《警世功過格》末附。

創造出更多的功過格體系的作品，這是此文本問世最大歷史意義。
其次，功過格隨時代各有不同的價值取向。在金元之際，其功能是
信心之士的行為準則，代替儒家在民間道德教化的工作。明以後，
則流通於上下階層，科舉之士，希望通過善行的累積來獲取社會地
位，實現向上階層流動的願望。對於那些少數社會菁英、官宦階層
者，則希望通過功過格的實踐來保攝住原有的地位；至於一般庶
民、商賈、地主、皂隸之流，則希望改善境況，或繼續擁有目前的
生活享受，以及後代子孫的福祿，其影響頗為深遠。

　　元代以異族入主中土不過百年（1279－1368 年），學風不盛，文
人淪為九流階層，僅優於乞丐；加上宗教政策傾向佛教，對道教發
展多有抑制，故此期間勸化世俗的善書不多，儒者編的或見於吳亮
《忍經》、馮夢周《續積善錄》等零星著作；道教勸善書則未見留
存。到了明清時期，大量的善書又再度編纂、流通起來；為了扶世
教，挽頹風，道教則頻頻以飛鸞降筆文書介入俗世的苦難，此即下
一章所要論述的課題。

# 第五章　明清時期
# 道教的勸善書

# 一、明清時期道教勸善書形成的時代背景

## ㈠統治階層的推動和支持

### 1.明代君主推動勸善的風氣之先

儒學道德教化在宋代是由儒道兩家菁英所主導，到了明清時期，則是由統治階層所推動。這是開國君主了解到儒家的倫理綱常及宗教信仰是穩定封建秩序的精神支柱。明太祖執政期間曾多次敕編善書及誥命，令天下臣民遵守。如：

⑴《資世通訓》：內容分 14 章，專門針對君臣之道，士、農、工、商、僧道日用的訓文，以及人民禍福的鑑戒和教子之方的警言。──《明實錄・太祖高皇帝》第 4 冊，洪武 8 年（1376 年）2 月丙午條。❶

⑵《精誠錄》：內容從經典史傳中類編古聖賢立教，有關敬

---

❶ 中央研究院歷史語言研究所集刊：《明實錄》（臺北：中央研究院歷史語言研究所，民國 56 年 9 月），第 4 冊，卷 97，頁 4。

天、忠君、孝親的思想而成，以期樹立臣民之道的修養。——《明實錄·太祖高皇帝》第 6 冊，洪武 16 年（1383 年）2 月己丑條。（卷 152，頁 2）

(3)《御製大誥》：內容欲使臣民知曉禮義，正綱常，明上下之分，莫敢犯分而撓法。——《明實錄·太祖高皇帝實錄》第 6 冊，洪武 18 年（1385 年）冬 10 月己丑朔條。（卷 176，頁 1）

(4)《御製大誥續編》：申明五常、孝道。——《明實錄》第 6 冊，洪武 19 年（1386 年）3 月辛未條。（卷 177，頁 4）

(5)《御製大誥三編》：再度強調官僚對司法和百姓對道德的遵守。——《明實錄·太祖高皇帝實錄》第 6 冊，洪武 19 年 12 月癸巳條。（卷 179，頁 7）翌年閏元月甲戌條，重申此三編大誥頒定的用心：

> 朕製《大誥》三編，頒示天下，俾為官者知則監戒，百姓有所持循。若能遵守，不至非為。其令民間子弟於農隙之時，講讀之。（第 6 冊，卷 182，頁 8）

《明實錄》洪武 24 年（1391 年）11 月己亥條下載其再頒示：令天下府州縣民，社學、里塾，每里置塾，設塾師，聚生徒，教誦〈大誥〉（第 7 冊，卷 214，頁 2）；洪武 25、26（1392-1393 年）年又再次申令，足見其欲將孝弟、忠信、禮義廉恥等儒家道德落實於民間的用心。稍後明成祖則更進一步敕令禮部科舉取士准《大誥》例於內出題。」（《明實錄·太宗文皇帝實錄》第 14 冊，卷 210，頁 1——永樂 17 年（1419 年）3 月丁巳條）。

(6)《彰善癉惡錄》、《續錄》：洪武 25 年（1392 年），命吏科收集有關為善受賞，為惡受罰的事例成書，作為里甲制下民眾教化的材料。——（《明史》卷 97〈藝文志 2〉頁 2399，著錄）

(7)《教民榜文》：洪武 31 年（1398 年）3 月 19 日，戶部尚書郁新等奉旨刊佈 41 條教民孝弟、忠信等儒學道德觀念，推行於里甲、村落。❷

明成祖時期也秉持太祖敕編善書化民的作風：

(8)《古今列女傳》：翰林侍讀學士解縉等奉成祖高皇后意所編，上卷歷代后妃，中卷諸侯大夫妻，下卷士庶人妻，有關貞烈美德事迹，書成於永樂元年（1403 年）9 月朔旦，成祖為之序。——《明實錄·太宗文皇帝實錄》第 10 冊，永樂元年 12 月甲戌朔條。（卷 26，頁 1）

(9)《勸善書》：內容 20 卷，每卷分嘉言、感應兩項，下收錄三教勸善嘉言以及古來感應事例。——《明實錄·太宗文皇帝實錄》第 11 冊，永樂 5 年（1407 年）秋 7 月乙卯條。（卷 69，頁 1）

(10)《為善陰騭錄》：內容 10 卷，乃成祖本人於政務暇時，披閱前人傳記有關為善獲報 165 人事例，命近臣輯錄，並加入詩的論斷。書成於永樂 17 年（1419 年）2 月丁巳——《明實錄·太宗文皇帝實錄》第 14 冊，（卷 210，頁 1）。同年 3 月 13 日親為之序，內云：

---

❷ 榜文 41 條收在明·熊鳴歧輯：《昭代王章》（臺北：中央圖書館出版，正中書局印行，民國 70 年 8 月，影印《玄覽堂叢書》本，第 17 冊），卷 4〈教民要款〉，頁 29 上－45 下。

朕惟天人之理一而已矣，《書》曰：「惟天陰騭下民」蓋謂
天之所以默相保佑之於冥冥之中，俾得以享其利益。有莫知
其然而然者，此天之陰騭也。人之敷德施惠于人，不求其知
而又無責報之心者，亦曰陰騭。且人之陰騭固無預於天，而
天之所以報之者，其顯著于天下。且令觀者不待他求，一覽
而在目前，庶幾有所感發，勉於為善，樂於施德，而凡斯世
斯民皆得以享其榮名盛福於無窮焉。故序。❸

　　成祖作是篇意圖以民間信仰報應思想中的現實欲求：求壽、求
嗣、求名、求利的誘因來教化百姓為善施德。

　　⑾《孝順事實》：成祖命翰林儒臣輯錄古今孝順事實 207 人，
成 10 卷；書成，親為之詩論斷之。——《明實錄·太宗文皇帝實
錄》第 14 冊，永樂 18 年（1420 年）夏 6 月辛丑條。（卷 226，頁 1）

　　⑿《五倫書》：本書原為宣宗於日理萬機餘暇，從經史百家采
輯有關君臣、父子、夫婦、兄弟、朋友五倫中嘉言善行，分 62
卷，書未成，由英宗命儒臣續編。《明實錄·英宗睿皇帝實錄》第
29 冊，正統 12 年（1447 年）3 月己丑條。（卷 151，頁 8）

　　以上《大誥三編》、《教民榜文》、《為善陰騭錄》、《孝順
事實》、《五倫書》的民眾道德教化曾實施於里甲、鄉約、社學等

---

❸　今此書為日本宮內廳書陵部所藏。書影見日本·酒井忠夫撰：《增補中國
　　善書の研究》（上以下簡稱《酒（上）》，東京：圖書刊行會，1999 年 2
　　月），圖版④—⑦。

民間基層結社。成化、弘治間一度廢弛，❹至嘉靖 8 年（1529 年）以後，戶部再度重申各州縣村落於每月朔日由社首、社正率與會村民捧讀《教民榜文》，若有抗拒者，重者告官，輕者罰米入義倉以備賑濟。❺監察御史唐錡指示要真正落實每鄉每里置木鐸老人的政策，每月六次持木鐸叫喚聖諭六言：「孝順父母，尊敬長上，和睦鄉里，教訓子孫，各安生理，毋作非為」使眾聞知，而達到勸其為善，毋犯刑憲的目的。❻

　　統治君主的主動敕編勸善書以化民成俗，自然上行下效，也會鼓動三教菁英投入此風潮，只不過嘉靖以前，中央政權尚未隳墮，仍有穩定社會秩序的力量，故民間儒道善書的著作不多。

　　在宗教政策方面，明太祖本人出身於民間佛廟，深知宗教信仰可以穩定人心和社會秩序，對於扶持世教也有不可忽視之功。但是鑒於歷史教訓：佛道的民間宗教別支，皆有蠹政擾民，鼓動流民作亂之嫌，對此，他採取兩手策略：一方面著說昭示天下：「佛仙之

---

❹　嘉靖 15 年間有監察御史唐錡考察太祖聖訓在民間教化的情況而言：「御製訓詞及三原王尚書註解，深切著明，人所易知易行，但日久者弛，有司者視為末務，木鐸者苟具虛名，民不知教，獄訟繁興，無怪其然也。……仰各揀選鄉中抵業篤實者，充為木鐸老人，使各整衣振冠，仍將御製訓詞碌碑金書，上刻聖諭，分刻王尚書註解於下，沿鄉勸諭。……又各置空白文簿一扇，付木鐸老人收執，每遇鄉中有善惡明白戒勸。仍將戒勸姓名實跡，隨即登簿。……季終赴各有司，查此申明戒勸，年終通行賞罰。」收入明·許讚著：《聖訓演·後序》，轉引自《酒（上）》，頁 67。

❺　明·申時行等重修：《明會典》（臺北：臺灣商務印書館，民國 57 年 6 月）卷 20〈戶部 7·讀法〉，頁 539。

❻　同註❹。

幽靈，暗助王綱，益世無窮。」如果棄絕之，「則世無鬼神，人無
畏天」王法就無所用武之地了。❼給予佛道兩教正面的肯定。另一
方面則出於疑懼之心，而對兩教發展多方裁抑，如洪武 6 年（1373
年）責僧道太濫，耗民財甚鉅，而「汰黜天下僧道，禁令頗嚴。」
❽洪武 24 年（1391 年）敕令天下僧道集中列冊管理，目的在於防範
僧道奸邪之民，借神道作亂。❾此政令在實施上有其困難，再加上
太祖以後的幾位繼嗣者亦多惑於道教齋醮祈禱的方術，明初對僧道
種種限制也漸成虛設。

　　至於對儒教，起初雖是採積極肯定的態度，但尚未到天下共遵
的地步，直至洪武 15 年（1382 年）夏 4 月丙戌，有刑部尚書錢唐和
侍郎程徐兩人提出諫言：

　　　　孔子以道設教，天下祀之，非祀其人，祀其教也，祀其道
　　　　也。今使天下之人讀其書，由其教，行其道，而不得舉其
　　　　祀，非所以維人心，扶世教也。❿

---

❼　明太祖撰，姚士觀、沈鈇編：《明太祖文集》（臺北：臺灣商務印書館，
　　民國 72 年，影印《文淵閣四庫全書》本，第 1223 冊），卷 10〈三教
　　論〉，頁 18。
❽　清·夏燮撰：《明通鑑》（上海：上海古籍出版社，1995 年 3 月，影印
　　《續修四庫全書》本，第 364 冊），卷 7，頁 25。
❾　《明實錄》第 7 冊，卷 209，頁 1，洪武 24 年 6 月丁巳條下載：「今之學
　　佛者，曰禪、曰講、曰瑜珈；學道者曰正一，曰全真，皆不循本俗，污教
　　敗行，為害甚大。自今天下僧道，凡各府州縣寺觀雖多，但存其寬大可容
　　眾者一所併而居之，毋雜處於外，與民相混。」
❿　同註❽，頁 24。

化解洪武獨尊天下之心，從原先止於曲阜一地的祭孔，下詔改為天下通祀。并云：「今朕有天下，敬禮百神，於先師禮宜加崇。」（同前引，頁 27）；後撰〈三教論〉，則明白表示天下無二道，聖人無兩心，必欲稱三教者，儒為先，釋、道暗助王綱為輔的態度。⓫

明代統治階層神道設教的對象，不僅針對下層民眾，也規範新任地方官吏。熊鳴歧所輯的《昭代王章》卷 4 記載一條宣宗宣德 10 年（1435 年）元月都察院丑字 626 號公文，申明禮儀事，奉旨准禮部頒各布政司、按察司、府州縣新官到任於城隍廟備牲醴以俟謁告；先在城外齋宿三日，第四日清晨，由地方父老導引入城，遍詣諸神祠，並致祭其文，曰：

> 某官某奉命來官，務專人事，主典神祭。今者謁神，特與神誓，神率幽冥陰陽表裏，予有政事未備，希神默助，使我政興務舉，以安黎民。予儻怠政奸貪，陷害僚屬，凌虐下民，神其降災，謹以牲醴致祭，神其鑒之。尚饗。⓬

地方官吏為下民父母之官，攸關生民苦樂與幸不幸，遠離政治核心之外，王力所不及察其良窳，故宣德以後，借神道幽冥的信仰以約束其枉法擾民之心。

---

⓫　同註❼。

⓬　明·熊鳴歧輯：《昭代王章》（臺北：國立中央圖書館出版，正中書局印行，民國 70 年 8 月，影印《玄覽堂叢書》本，第 17 冊）卷 4〈新官到任〉，頁 1 下－2 上。

同卷〈祭厲〉條則載一年三次在府州郡縣鄉里實施的「祭厲」，敕命有司以城隍主此祭，並移牒境內司過之神，依文施行鑒察善惡之職：

> 今某等不敢有違，謹設壇于城北，以三月清明日、七月十五日、十月一日，置備牲醴羹飯，專祭本府闔境無祀神鬼等眾靈，其不昧來享此祭。凡我一府境內人民倘有忤逆不孝，不敬六親者；有姦盜詐偽，不畏公法者；有拗曲作直，欺壓良善者；有躲避差徭，靠損貧戶者；以此頑惡奸邪不良之徒，神必報城隍，發露其事，使遭官府，輕則笞決杖，斷不得號為良民；重則徒流絞斬，不得生還鄉里。若事未發露，必遭陰譴，使舉家並染瘟疫，六畜田蠶不利。如有孝順父母，和睦親族，畏懼官府，遵守禮法，不作非為，良善正直之人，神必達之城隍，陰加護祐，使其家道安和，農事順序，父母妻子保守鄉里，我等闔府官吏人等，如有上欺朝廷，下枉良善，貪財作弊，蠹政害民者，靈必無私，一體昭報。（頁21上—22下）

其以道教天地司過之神，結合地方祭厲儀式，對官民實施儒學的道德教化，用心可說深切著明。

由於明太祖主張的三教合一的政策，使後代嗣位者秉持神道佐助王綱的作法，造成日後三教合流的普世化的完成，使三教菁英在撰寫善書化俗的用心上，泯除了彼此的界限，達到均善、融攝、互用的現象。

### 2.清代君主步軌勸善的作風

　　清朝以異族身分入主中土,國內反滿意識劇烈;入關前,已有儒士官員范文程協助太祖,太宗了解儒家文化有佐助王綱,扶持世道人心,穩定封建秩序的功能;以及信仰鬼神報應的宗教,並建議滿帝入關後,實施儒家政策和借助其他宗教力量來穩定人心。❸故順治、康熙朝亦步軌明朝作法,對民眾實施聖諭宣講的儒學道德教化的工作,並支持宗教性質的勸善書編纂、刊印、流通。如:

　　⑴〈六諭臥碑〉:《清世祖章皇帝實錄》順治 9 年 (1652 年) 2 月庚戌條下載:順治仿明太祖〈六諭文〉,以八旗臥碑文頒行各直省、民間各地。❹

　　⑵《勸善要言》:《清世祖實錄》順治 12 年 (1655 年) 正月庚戌條下載其博采群書之要,自六經子史以及百家之言,凡有當於勸戒者,彙成一編,冠以《勸善要言》,頒行天下,(同前引,卷88,頁 17) 所以化天下之為善,而勸天下之改過者,諄諄唯恐弗至於斯。根據日本內閣文庫藏本,康熙 33 年 (1694 年) 癸酉新鎸,勉善堂藏板的《太上感應篇圖說》,卷頭收有順治〈勸善要言序〉一文,得悉世祖以《太上感應篇》為天下第一種好書,將此文本中要語,選入編內,又命內院詞臣翻譯《感應篇》,引經徵事,刊刻頒

---

❸ 趙爾巽等撰:《清史稿》(臺北:鼎文書局,民國 70 年 9 月),卷 232 〈范文程列傳〉,頁 9350－9355。

❹ 《大清世祖章皇帝(順治)實錄》(臺北:華文書局,民國 59 年 6 月) 第 2 冊,卷 63,頁 3。

布。❺可知順治皇帝入關,採儒家經典及道教勸善陰騭思想作為民眾教化的材料。至康熙朝以御製聖諭踵繼其後:

⑶〈聖諭十六條〉:《康熙仁皇帝實錄》康熙 9 年（1670 年）11 月己卯條下載禮部題奏:「皇上弘敷教化,特頒聖諭十六條,以示尚德緩刑,化民成俗之意,應通行曉諭八旗,并直隸各省府州縣鄉村人等,切實遵行,從之。」（第 1 冊,卷 34,頁 21）

康熙本人也明白昭示:至治之世,不以法令為亟,而以教化為先;若徒恃法令而教化不先,是舍本而務末,云云。（同前引）起初聖諭宣講對象是府州縣明倫堂下學員,宣講人則由各級學官擔任。❻

康熙 25 年（1686 年）閏四月甲子,浙江提督陳世凱上疏奏請將宣講對象擴大到武職官員,「以昭一道同風之盛。」（《康熙實錄》卷 126,頁 4）

康熙 32 年（1693 年）,有浙江巡撫院陳秉直感朝廷化民之意,於每條聖諭下以通行俗文,能讓民眾易解衍義之理,撰成《鄉約全書》。（見《酒（下）》,頁 18 引）

康熙 43 年（1704 年）,廣東連山縣知縣李來章撰《聖諭宣講儀注》、《聖諭圖像衍義》;翌年又撰《聖諭宣講鄉保條約》。值得注意的是,在《聖諭宣講鄉保條約》內設置類似道教司功過之神,稽查人間善惡的簿記,分:記善、記惡、悔過、和處四簿,由鄉保

---

❺　日本·酒井忠夫撰:《增補中國善書の研究下》（以下簡稱《酒（下）》;東京:圖書刊行會,200 年 2 月）,頁 13－14。

❻　參見王爾敏撰:〈清廷《聖諭廣訓》之頒行及民間之宣講拾遺〉,中央研究院:《近代史研究所集刊》第 22 期下冊（民國 82 年 6 月）,頁 261。

約正、約副等人執行。為避免執行有偏差，執行官役必須在神明面前起誓：

> 如有善行，登記不周，或湮沒不彰，或揄揚過實者，天地神明，陰施誅殛；人有惡行，查訪不實，或飾詞遮掩，或罵詞陷害者，天地神明，喪其身家；調和處事，不度情理，或偏憎偏愛，或市恩市利者，天地神明，降施災禍；人肯悔過，不亟表揚，或微詞譏刺，或隱言敗毀者，天地神明，減其福算。（同前引，頁19-20、24）

聖諭宣講由原先純儒學道德教化性質，在官僚菁英增補下，其內容更接近庶民階層的需求時，自然帶入超自然報應的神道設教的色彩。

至雍正朝仍在〈聖諭十六條〉基礎上強化：

⑷《聖諭廣訓》：《清世宗憲皇帝實錄》雍正2年（1724年）2月丙午條下載：雍正對康熙御製十六條加以推衍發明（卷16，頁2）；使愚氓易於理解。（同前引，卷34，頁5：雍正3年7甲辰條）

乾隆2年（1737年）8月丁丑，有大理寺卿汪漋奏請各直省推行「聖諭廣訓宣講」，各府州縣城、集鎮、村莊，書寫告示。（《清高宗純皇帝實錄》第1冊，卷49，頁4）

其廣訓宣講不外孝、悌、忠、信、禮、義、廉、恥八字——清廷以儒學教條實踐於庶民教育的大端。陝西塩運分司著：《講解聖諭廣訓》第8條「講法律以儆頑愚」：

> 我今把這法律大意講與你們聽，自古及今，全靠著孝、弟、
> 忠、信、禮、義、廉、恥，撐持一個世界，若人人有這八個
> 字，這律也不消用了。（《酒（下）》，頁 33 引）

　　清朝儒士官員著作聖諭廣訓直解書，以此八字概括庶民教育的
道德內涵，在強制的政令宣導下，可說是滲入民間各基層角落。而
道德宣化由上向下層社會傳播時，內容會增添許多超自然感應類，
和因果報應類的善惡禍福的故事，原因是聖諭宣講頗具莊嚴性，吸
引不了凡庶，行之既久，則流於形式；即便是後來儒臣敷衍的廣
訓，直解，內容亦多聖賢經傳文雅之詞，非愚夫愚婦所能知之，感
之。於是有心於世道者，便添入了超驗的材料，以達到動眾化俗的
目的。

　　同治 11 年（1872 年）仲夏日，由羲都莊跛士，一位樂善堂書肆
老板兼田舍村塾的講師——捐資出版自編的《宣講拾遺》，便足以
佐證以上筆者的推論。

　　該書仿效潛江王文選的《宣講集要》，就康熙聖諭十六條題目
各舉事例以證之，行文散韻並用，仿六朝以來，佛教講唱文學的運
用，使之奉旨勸善，更生動地打入人心。此外，莊跛士在《宣講拾
遺》中加入了〈文昌帝君焦窗十則〉，〈武聖帝君十二戒規〉、
〈孚佑帝君家規十則〉、〈竈王府君新諭十條〉等神意降鸞文書，
（《酒（下）》，頁 47－48 引）此現象可證實：即使是聖諭宣講儒家
道德，在傳播過程中會因他力因素，摻入有神色彩，以收勸善懲惡
之功。所有善書在流傳，刊刻、重梓過程中，都會產生此結果，在
明清時期尤為顯著。有些是隔一個時代添加的；有些是作者同時代

的人補入的，沒有文獻資料著錄當時原作者對自己作品被增益成非原貌的看法，雖然彼時尚未有版權觀念，但似乎原作者或其後代子孫也默許此種改益現象，只有一種理由可以說得通，那就是：「勸善化俗不拘一己門戶之見」，如果不是三教合一觀念臻至成熟，斷不至有此寬容的態度。

從明清兩朝善書如雨後春筍，呈現蓬勃的景象可以看出統治君主和儒臣、士子的支持有很大的催化作用。

## (二)封建社會秩序鬆動的刺激

### 1.政治秩序的崩解

明代初期在洪武、永樂兩朝強勢的中央集權的控制下，尚能掌握政治及社會秩序，故此時期，三教善書著作沒有多大的建樹。到了仁、宣（1425－1435 年）兩朝，雖然史評家喻為周之成康，漢之文景。❶但昇平氣象下，已埋伏日後禍亂的根源。宣宗朝省刑罰，等於變相縱容權臣、諸藩王、勳戚，以及地方官僚的強占民田、置立莊園、私役民力的貪殘不法行徑，使土地兼併日趨嚴重，造成明末百姓流離為匪寇，劫掠四方的社會動亂禍因。

其次，宣宗於宣德 4 年（1429 年）設內書堂，對宦官勢力壯大，影響頗鉅。（《明史》卷 304〈宦官 1〉頁 7766）明初，太祖制，內臣不許讀書識字。從宣宗設內書堂，選小內侍，令大學士陳山教習之，遂為定制，從此內侍多通文墨，曉古今，逞其智巧，媚君作奸之徒。數傳之後，勢成積重，始於王振，卒於魏忠賢，考其禍

---

❶　清·谷應泰撰：《明史紀事本末》（北京：中華書局，1985 年，影印《叢書集成初編》本）卷 28〈仁宣致治〉，頁 68。

敗，去漢唐何其遠？故史傳記載明代「宦寺之盛，自宣宗始」
（《明史》卷164〈黃澤傳〉頁4441）是有其歷史定論的。

宣宗之後的英宗（1436－1449年）王朝，寵信王振，公然竊取皇
權，干預政治，廣植私黨，大除朝中異已，開啟內侍宦官專政之
門。

憲宗成化年間（1465－1487年）的汪直擅權，置西廠，勢力在東
廠之上，「自京師及天下，旁午偵事，雖王府不免。」（同前引，
卷95〈刑法三〉頁2331）其逮捕朝官，有權「不俟奏請」，任意擅殺
大臣，由是「直威勢傾天下」（同前引，卷304〈汪直傳〉，頁
7779）。汪直雖於成化晚期被罷黜，但宦官干政現象並未改變。

武宗（1506－1521年）王朝，君主縱欲淫樂，奢侈揮霍，朝政廢
弛，為劉瑾所擅，置內廠，對內剷除異己，和聚斂搜刮錢財；❸對
外控制天下軍權。瑾雖於正德5年（1510年）伏誅，然朝政亦落入
張永等佞幸之手。

從英宗正統的王振，到明季熹宗天啟3年（1623年）的魏忠賢
的提督東廠，宦官連連為禍，致使王綱鬆動，無力掌控政治及社會
秩序。故對內而言，朝廷陷入長期的政爭內鬥，正直之臣退仕，夤
緣者朋比為奸，吏治大壞，上所好，下所效，地方官吏亦趁機貪瀆
枉法、魚肉鄉民，社會階層之間矛盾和衝突日趨激烈。人心道德亦

---

❸　清·趙翼：《二十二史箚記》卷35〈明代宦官〉提到明代宦官擅權，其
　　富亦駭人聽聞，今見於記載者：「王振時，每朝覲官來見者，以百金為
　　率；……振籍沒時，金銀六十餘庫。」；又「瑾敗後，籍沒之數，……大
　　玉帶八十束，黃金二百五十萬兩，銀五千萬餘兩……。」（臺北：中華書
　　局，民國55年3月，影印《四部備要》本，頁15下－16上）

隨商業的暴發而日漸沉淪、頹廢。對外則消解安邊的力量。嘉靖、萬曆間（1522－1620 年），西北方韃靼、瓦剌屢犯邊界；北方有俺答；東南沿海則有倭寇侵擾；到了天啟、崇禎年間，東北有滿清建立金政權，並開始南侵。朝廷為了應付內憂外患，大量向人民徵收賦稅，原本受商業經濟衝激的農業經濟，狀況益形惡化，陝西、華北一帶，農民開始大量向外逃亡，或淪為賊匪，肆掠四方；或流為飢民，搶佔他省地田，衍生出更多的社會問題，幾耗盡國力，考其因皆肇始於宦官專權。在此天崩地解的時代，刺激了更多的善書的作品產生，尤其是道教大量以孚佑帝君、關聖帝君、文昌帝君等神意飛鸞降筆的勸世、警世的文書頻頻誕生，正所謂世道愈亂，三教菁英救世之心則愈亟，然而，終究無力抵抗外來入侵的滿族，而遭亡國命運。

　　滿族攻入山海關時，雖多採范文程建議：(1)為明皇、后妃發喪；(2)保障漢族地主及明朝王室貴冑的爵位、財產；(3)不行殺戮；(4)開科取士，籠絡士族，消弭其反異族之心，重用降官之臣。(5)不侵明朝皇陵；(6)減賦稅，改革明朝弊政。[19]但仍未消弭漢民族反滿的情緒，初期政權尚不太穩定，根據《民清史料》所載：[20]

　　順治元年（1644 年），天洋、滄州、南皮一帶，有李聯芳、張成軒的起義抗清活動；山東尚有李自成手下趙應元殘餘民兵佔領青州；又有謝遷在順治 3 年（1646）作亂。

[19]　鄭天挺等撰：《清史》（臺北：昭明出版社，1999 年 9 月）第 4 章第 2節〈清初的統治政策及其對漢族與其他民族的壓迫〉，頁 176－180。

[20]　中央研究院歷史語言研究所刊行：《明清史料丙編》（臺北：臺灣中華書局，民國 51 年 6 月），頁 414。

順治 4 年（1647 年），三河縣民婦張氏偽稱天啟張皇后，與西淀楊四海偽稱熹宗太子，一同起義。魯南滿家洞（今嘉祥縣）及曹州榆園農民起義，聲勢浩大，號稱百萬，由任七、張七為首領，界連四縣，周回二、三百里，穴有千餘，清軍屢屢敗績，直到順治 12 年（1655 年），始粘平。

在南方閩南一帶有鄭成功，以及南明政權福王弘光→唐王聿鍵→桂王由榔，殘餘勢力，後雖政權瓦解，江浙閩粵一帶抗清活動未曾止息，終順治朝未能勘平內亂。

後嗣君者賡續前朝消弭內亂的軍事行動：康熙 20 年（1681 年）平定三藩；22 年（1683 年）攻克臺澎；36 年（1697 年）平定西北準噶爾之亂；54 年起（1715 年－），西藏有策妄之亂；至康熙 60 年（1721 年）臺灣有朱一貴起義反清。

雍正 7 年（1729 年）西北方準噶爾部又亂，直至 12 年（1734 年）才平定。至此江山才算底定，奠下乾嘉（1736－1820 年）85 年的盛世基礎。過後，清朝如江河日下，一蹶不起，究其原因乃在於西方帝國主義入侵：在宣宗道光 20 年（1840 年）鴉片戰爭揭開序幕，中國遭到西方列強的軍事、經濟的侵略和掠奪，逐漸淪為次殖民地國家；咸豐年間的內部太平天國之亂又加重滿漢民族對立的危機，後雖被曾國藩父子平定，然而清朝已元氣大喪，更無力對抗外敵，屢訂割地賠款、關稅豁免的和約以苟延殘喘，喪失內政和經濟主導權，門戶洞開，西方商品、鴉片長驅直入，如入無人之境，傳統經濟面臨生存的威脅。統治階層無法有效掌控封建社會秩序，清王朝已搖搖欲墜，在此情況下，為扶持世教，挽救人心頹俗的善書又再度勃興起來，道教神祇頻頻降乩指示設立鸞堂於各地，以飛鸞文書

拯濟天下蒼生，力圖重建傳統的倫理道德於亂世。由以上所述可知，明清兩朝的中後期封建秩序的鬆動，才成為道教善書大量出現的催化力。

## 2. 土地兼併所帶來的社會問題

除了政治因素外，造成封建社會秩序解體的另一項因素是「土地兼併」的問題。商業迅速發展而導致土地變遷。16、17 世紀的明清社會，由於外國對中國絲織品、陶瓷的需求，造成進出口貿易發展，刺激了農業商品化、手工業的勃興。商人財富增加，改變社會原本的階層等級結構，商人不再是四民之末的下等人，他們可以支配經濟和政治；他們可以和士紳聯姻，也可以與官宦結成利益輸送的聯盟關係；或透過捐輸而獲得生員、監生的資格，再進入官僚體系成為其盟友。更嚴重的是，商業活動製造出許多新貴地主，其中有些是豪強縉紳家僕出身的遙領地主，也對土地兼併起了推波助瀾的力量。謝肇淛（1567－1624 年）在《五雜俎》中提到在他的家鄉福建，許多獲取功名後，仍然從事販賣的商業行為，退仕後更是專心致力於經營。㉑將所得的利潤，利用朝廷給予他們的免稅役特權，在各處購買大量的地產，並將地產交給自己的管家或奴僕管理，而自己則遷居到城市，以便直接參與商貿活動，再獲取更多的財富。如此而形成明代特有的「遙領地主」。16 世紀張居正（1525

---

㉑　明·謝肇淛：《五雜俎》卷 15，頁 51，收入《筆記小說大觀》（臺北：新興書局，民國 64 年 9 月）第 8 編，第 7 冊，頁 4485。云：「吾郡縉紳多以塩莢起家，雖致政，家居猶親估客之事。……」

－1582 年）於神宗萬曆年間完成「一條鞭」稅制的改革，❷是製造
更多「遙領地主」的主因。蓋「一條鞭法」雖然將名目繁多的力
役、差徭合併，一律改為徵銀方式，表面上減輕農民的束縛，但無
形中卻造成另一種商業的土地兼併。蓋田賦是按畝計銀，不管是佃
戶收入的十分之二、三，或地主十分之七、八均需以現銀繳納。對
豪富地主而言是不構成負擔；但是對佃戶而言，必須將收成田糧在
市場拋售，來換取現金以納稅。而彼時並無所謂政府保證價錢收
購，致使佃農的辛勤耕種的心血，在市場上被經商的地主壓低價
錢，致血本無歸。雖然「一條鞭」法可以促進商業發展，但是統治
階層並沒有相關配套，造成另一種剝削、兼併的弊端。或有納完稅
而家無餘糧者，再向地主借貸，如此惡性循環到土地變更成地主名
下以償債，自己則成為後者的佃戶；或是貧苦的農民，不得不放棄
自耕農的地位，把土地交由地主支配；或一些小地主把自己的土地
掛名依附於縉紳、豪貴、官宦之家，以求免稅。蓋張居正的一條鞭
法是對士宦階層鬆綁，免田稅，使他們更容易獲得土地田產，而工
商業者無田而免稅，無不啻助長遙領地主的形成。管家或私下背主

---

❷　據《明史》卷 78〈食貨 2〉載一條鞭法：「總括一州縣之賦役，量地訂
　　丁，丁糧畢輸於官；一歲之役，官為僉派募。力差則計其工食之費，量為
　　增減；銀差則計其交納之費，加以增耗。凡額辦、派辦、京庫歲需與存留
　　供億諸費，以及土貢方物，悉併為一條，皆計畝徵銀，折辦於官，故謂之
　　一條鞭。」其意旨在將名目繁多的各種力役、徭役合併一律徵銀。由官府
　　雇人應役，使賦役合併，向有田地主按地計丁，如此無地的佃戶就可免
　　掉力役苦勞，或於農暇時可受雇於官府，賺取工食之錢。用意雖善，卻造
　　成小農戶無法交納銀差，只好依附於縉紳豪貴之名下，以求免田稅，形成
　　另一種變相的土地兼併。

以放貸，坐收漁利，再回頭收購土地，由奴僕搖身一變為新興地主，❷脫離主家自立門戶，又繼續壟斷糧食市場，迫使貧苦地主賣地以繳力差，如此土地盡歸於賈人之手。李賢《古穰文集》卷 9〈吾鄉說〉內即云：

> 吾鄉地廉土肥，民亦竭力其中，而卒無千石之富者，何者？豈上之人侵漁？或下之俗侈靡耶？已而覘之，蓋非二者之弊，乃賈人斂之耳？❷

其併田方式是在新穀下種之初，散錢於民用者；穀未入囷，則息錢已倍徙於地利矣。農人如逮荒年，則無力償息，終歲勤苦，而田地盡為商人所有。如此便造成更多的遙領地主，以及受前者委託經營的地主。

晚明遙領地主忽視早先地主和佃農之間相互依存的合作情誼和道德承諾：張履祥（1611−1674 年）就是典型傳統地主出身的，他就抨擊這種心態：

> 貧者耕豪家之土，或食食受直而為之傭，或自力耕而輸其入

---

❷ 明代謝肇淛在《五雜俎》（卷 14，頁 32）提到此點：「今世流品可謂混淆之極，婚娶之家惟論財勢耳。有起自奴隸，驟得富貴，無不結姻高門，締眷華胄者。」又說：「主家凌替落薄，反俛首於奴之子孫者多矣！」（出版狀況見前，頁 4338）

❷ 明·李賢：《古穰文集》（臺北：臺灣商務印書館，民國 60 年，影印《文淵四庫全書》珍本二集）卷 9〈吾鄉說〉，頁 4 下。

之半授受出納，居然君民臣庶之義焉？予怪世人食其利，不
維其義，安於俗，不揆諸道，莫貸耕若也。㉕

　　既然地主視不勞而獲的契約，習以為常，當然就坐享其成，不
知稼穡之苦了：

今以卿士庶人，思不逮乎雨陽，趾不舉乎疆場，祁寒暑雨人
受之，水旱螟蟲人憂之，東阡西陌弗之辨，秫粳菽麥不之
別……。燕息深居，坐資歲入，幾不知稼穡為何事？面目黧
黑，手足胼胝為何人？（同前引，頁21上－下）

　　遙領地主喪失視佃戶為「租親」的傳統情誼，遇到天災，收成
不好，自然不恤佃農生死。張氏描述這些社會下層賤民所受的殘忍
遭遇：

予所見主人之與僕隸，蓋非復以人道處之矣。飢寒勞苦不之
恤，無論己甚者，父母死，不聽其縗麻哭泣矣；甚者，淫其
妻女若宜然；甚者，奪其資業莫之問矣；又甚者，私殺之而
焚之，莫敢訟矣。（同前引，頁25上）

　　豪強士紳家僕代替主人經營田產，不能將心比心，反恃其主家

㉕　明·張履祥：《楊園先生全集》（臺北：環球書局，民國57年3月）卷
　19〈貸耕末議〉，頁20下－21上。

權勢侵凌壓迫佃戶，表現出晚明人性沉淪最黑暗的一面。

　　除了商業活動造成對土地的兼併外，另一種兼併是來自於「莊田」的設置，明英宗天順 8 年（1464 年），開始立宮中莊田，自此以後，莊田遍郡縣。明代中葉以後，隨著中央對社會控制能力日益削弱，一些勳臣、內監寺、王公、皇室貴族等憑藉其政治及經濟上特權，大肆兼併土地，強佔民田，以武宗正德 9 年間（1514 年）為例。幾輔之內，皇莊佔地三萬七千五百九十五頃四十六畝。❷到了正德 16 年（1521 年），已有二十萬九百一十九頃二十八畝。❷這些莊田的擴大，大多是侵奪民田而來的。皇莊害民，成為當時一個嚴重的社會問題，一些關心民瘼的士大夫紛紛提出批判，如：何文簡於孝宗弘治 11 年（1498 年）上〈陳萬言以俾修省疏〉：

> 近莊田土，小民衣食之資，橫加侵佔，由尋及丈，跨畝連蹊求益不已。在莊旁者，產去稅存，微科之及，負累賠辦，富者以貧，貧者何能安養？民間馬牛羊豕，或誤逸莊地，即不可望得歸。有以近莊故，塚墓被其發掘，屋廬被其拆毀者，耕夫餉婦，稍不退讓，輒罹鞭笞。⋯⋯（《皇明經世文編》卷127，頁610）

---

❷　明·夏言：〈勘報皇莊疏〉，收入明·陳子龍等輯：《皇明經世文編》（上海：上海古籍出版社，1995 年 3 月，影印《續修四庫全書》本，第1658 冊），卷 202，頁 86。

❷　清·嵇璜、曹仁虎奉敕撰：《欽定續文獻通考》（臺北：臺灣商務印書館，民國 72 年，影印《文淵閣四庫全書》本，第 626 冊）卷 6〈田賦考〉，頁 36。

被強占民田的庶民地主還要繳納田賦，如何不積民怨？如何不流亡？

林俊：〈傳奉敕諭查勘畿內田地疏〉文提到官莊之人平時凌虐百姓擅作威福的情形：

> 凡民間撐駕舟車，放牧牛馬，採捕魚蝦螺蚌，莞蒲之利，靡不括取。……本土豪滑之民，投為莊頭，撥置生事，幫助為虐，多方刮尅，獲利不貲。輸宮闈者，曾無十之一二，而私入囊橐者，蓋不啻什八九矣。是以小民脂膏，吮削無餘，由是人民逃竄，而人口消耗，里分減併，而糧差愈難。卒致輦轂之下，生理寡遂，閭閻之間，貧苦刻骨，道路嗟怨，邑里蕭條，向使此弊不革，將見數十年後，人民離散，土地日蹙，盜賊蠭起，姦雄藉口，不知朝廷何以為國？……（同前引，卷88，頁185-186）

林氏準確般地預言了侵佔民田所帶來亡國危機。除了皇室勳戚直接掠奪民脂膏血外，一般官宦、勢要之族在明中葉兼併土地的風潮下，也扮演了重要的角色。

王邦真〈陳愚衷以恤民窮以隆治事〉文內云：

> 官豪勢要之家，其堂宇連出，樓閣沖霄，多奪民之居以為居也；其田連阡陌，地盡膏腴，多奪民之田以為田也。至於子弟恃氣陵人，受奸人投獻，山林湖泊，奪民利而不敢言，當此之時，天下財貨，皆聚於勢豪之家。（同前引，卷251，頁

602〉

　　除了刮取有形的財物外，更有甚者，草菅人命，《明史》卷
190〈梁儲傳〉載正德間大學士梁儲子梁次攄與廣東順德富人楊端
爭奪民田百餘頃，次攄遂滅端家二百餘人。（頁 5043）以今日視
之，非常駭人聽聞，而彼時不見地方官吏出面懲凶，足見明中葉以
後，吏治之腐敗，成為土地兼併者的幫凶。

　　土地兼併的劇烈導致社會矛盾和衝突加深，最後佃戶、農戶只
有走上流亡和暴動之途。自宣宗宣德年間（1426－1435 年），人民開
始流亡；英宗正統 3 年（1438 年）山西樂峙一縣，農民流亡泰半。
（《明英宗睿皇帝實錄》第 29 冊，卷 45，頁 7）；5 年（1440 年）北直隸
一帶 36640 餘戶流亡。（同前引，卷 63，頁 2）；景宗時，山東、陝
西流民寄食河南就有二十餘萬人。（《明史》卷 161〈彭勖傳〉頁
4384）；正統 12 年（1447 年）流民首度發難於南方浙閩一帶；憲宗
成化（1465－1486 年）、武宗正德（1506－1521 年）間，陸續都有規模
不小的農民抗暴事件發生，持續至神宗萬曆年間起（1573－1619
年），廣東、江西、湖南、江蘇、安徽、河南等地，有農民、流民
發起打富戶，搶奪官倉的暴動；甚至以手工業為主體的藍民、炭工
也發起反礦監、稅監的民變；至天啟、崇禎年間，終釀成大規模的
農民起義；南方的佃農也此起彼落地抗爭著，終至明朝國祚滅亡，
清人入關，數十年佃農和地主的衝突和仇恨尚未平息。

　　清初統治君主雖了解明朝滅亡肇因於土地兼併所產生的流民暴
動，但是，仍未能有效解決此棘手的問題。蓋清人入關時間倉促，
造成軍隊給養以及貴族、勳戚家眷居住安頓的困擾，於是產生圈地

政策，由多爾袞正式向戶部頒布「圈地令」：

> 我朝建都燕京，期於久遠，凡近京各州縣民人無主荒田，及
> 明國皇帝、駙馬、公、侯、伯、太監等，死於寇亂者，無主
> 田地甚多，爾都可概行清查，若本主尚存，或本主已死，而
> 子弟存者，量口給民；其餘田地，盡行分給東來諸王、勳
> 臣、兵丁人等。此非利其地土，良以東來諸王……等無處安
> 置，故不得不如此區劃。然此等土地若滿漢錯處，必爭奪不
> 止，可令各州縣鄉村滿漢分居，各理疆界，以杜異日爭端。
> （《清世祖章皇帝實錄》第 1 冊，卷 12，頁 12——順治元年 12 月丁丑
> 條）

　　此政策用意雖佳，然而在實際執行中，清貴族利用滿清分居的
種族隔離政策的口實，強行圈佔漢人民房、田產、奴僕，驅逐漢
人，造成始料未及的內部民族衝突。雖然順治 2 年（1645 年）2 月
己未（同前引，卷 14，頁 6）頒令補償漢人損失，已起不了作用，流
於政治口號，因為根據《實錄》：順治 4 年（1647 年）丁亥春正月
條所載：實行 11 次圈地，擴大到近畿以外的縣市計 42 州縣，共九
十九萬三千七百七晌。（卷 30，頁 3-5）此圈地政策，後雖經多爾
袞頒布永行禁止令，但貴戚私下圈地的行為，並未停止，一直到康
熙親政才嚴格禁止。但已引發人民大量流亡，相從為盜，劫掠四
方；不願逃亡的無土漢人則投充為滿人的奴佃；尚有一些漢人地
主，帶田投充，企圖藉滿人貴族勢力保障自己土地所有權；更有甚
者，仗勢反過來欺壓自己的同胞，也強佔其土地民房，形成為害一

方的惡霸，也造成逃亡潮。順治 13 年（1656 年）丙申 5 月丁未，頒定「逃人法」以懲治窩主，保障漢人貴族利益。❷奴佃逃亡只是為了回鄉和家人團聚，如此一來，逃人怕株連親人只好四處浪跡，成為流民，形成嚴重的社會問題。

圈地，掠人為奴、剃髮，文字獄等在在加深漢滿民族之間的矛盾，和當初入關時，儼然以一派仁義之師，解民於倒懸的救世主態勢，截然不同，可見政治的謊言，自古及今皆然。所謂改朝換代，只是換了不同的享受特權的統治階層，對於廣土眾民而言，他們長期以來，因土地被兼併、侵佔所帶來的深沉痛苦並未獲得解決。所以清初農民反清抗暴的起義也是此起彼落，此不啻為明朝皇莊占地的歷史翻版。後雖被鎮壓平息，然而，內部的矛盾、衝突的癥結並未消解，只等待清政權掌控政治秩序鬆動後，又再死灰復燃的爆發起來。

明清兩朝因土地兼併、農民流亡所帶來社會問題，催化了社會菁英編纂善書的風氣，尤其是道教的鸞書，和十多種功過格善書的刊印、流行，更直接反映出彼時社會失序，弱肉強食，道德隳墮時代的面向，提供精確的道德指導，鼓舞商人團體、地主階層的人作出利人利己的善行，❷來挽救沉淪的社會。釐清了明清時期勸善書

---

❷ 清·蔣良騏原纂、王先謙改修：《十二朝東華錄·順治朝》（上海：大東書局，無出版年月），卷 2，頁 25 上。

❷ 晚明東林黨員陳龍正，也是同善會會員，在一次的演講會中，警戒富貴之人不可太沉溺於求利，而忽視同胞所受的痛苦；必須利用自己的財富去幫助別人，才能確保自己的社會地位，和避免失去自己的福分。又提醒他的聽眾：有些貧苦的農民或為奸人所搧動，很容易變成土匪，妄圖奪取那些不願樂善好施者的不義之財。天道人情，不容富貴長久，農民暴動就是富

風行的時代背景，以下便進入彼時道教鸞堂及其勸善書等相關課題
的探討。

# 二、明清時期道教鸞堂乩降
# 勸善文書儒體神用的意涵

## (一)鸞堂概說

　　鸞堂又叫善堂或善壇，基本上以扶鸞方式作為人神溝通的媒
介。這一類宗教儀式的活動，最早起源於何時，則不可考，大抵上
可以說早期民間道教為世人治病、舉行符禳、除魅、解厄的儀式，
可看作是鸞堂活動的前身。自隋唐科舉取士制度開始，扶鸞也跟著
風行，士子為了自己的前程，往往借助扶鸞神意透露考題。姑且不
論其真實性如何，在歷史的演變中，可以看出鸞堂是文人學識和神
意交流之處。在鸞堂裏，文風鼎盛，形成宗教大量編造善書的開
端，但已無可查考何本善書是其第一本？從歷史發展的脈絡上來
看，明清時期是道教民間宗教結社的善堂扶鸞乩降文書最鼎盛的時
代，加上入了中外學者如酒井忠夫、包筠雅所稱的「善書運動」的
勸善風潮裏：除了實踐儒家世俗化的庶民道德外，鸞堂介入社會福
利的行徑，有賑濟飢荒、存恤煢獨，收養孤老、棄兒、廢疾，疫癘
設局施藥等淑世善行。

　　鸞堂愈鼎盛，三聖仙佛降筆愈頻繁的時代，也是人心世道最沉

人靈夢的開始。（見氏著：《几亭全書》明崇禎間刊本，卷 24，頁 4 下
－5 上，10 下－11 上）

淪的時代。《照心寶鑑》卷 2，純陽祖師乩降命侍壇弟子信靈作序強調神道設教的真實性：

> 際今世道澆漓，人心不古，性善習遠，奸詐百出，倫理徒喪，忠孝全無，視鬼神為迷信，見善書以具文，不思天理昭彰，循環果報，大限來時，悔莫及矣！……（《藏外道書》第27 冊，頁 461）

故其乩降文書以神明口吻傳佈儒家忠孝節義等道德觀念，以淨化人心，導頑化迷，拯濟世道為宗旨。純陽祖師又乩降命侍壇弟子明海寫序云：

> 夫神道設教，迺仙佛飛鸞說法，慈愍救世，天人相應，感應相通，其濟災濟難，警賢化愚，開悟迷人之茅塞，渡有緣而可修。……（同前引，卷 1，頁 420）

由以上序文可以了解這些鸞堂以勸善為主旨，修真出世的宗教終極信仰已落實為生命道德的完善，及社會秩序和諧的追求，達到人生圓滿的境界。其基本型態是以儒為宗，以神為教，稱之為「儒宗神教」。這個名稱是要到了 1936 年，關聖帝君在臺北縣三芝鄉智成堂降壇，為《儒門科範》一書作跋文才提出：「吾與呂、張、王、岳諸同僚，共擬儒宗神教，道統克紹真傳法門。」❸ 1956 年

---

❸ 《儒門科範》（臺北縣：三芝智成堂，民國 25 年）卷 1〈天部〉，頁 5。

《茫海指歸》又云：「神道設教，以儒道釋耶回五教為宗，教祖在天之靈，深懷救世慈悲，每奉天命造書，參贊序文，亦藉飛鸞傳真，故共立儒宗神教道統克紹真傳法門之稱號。」❸「儒宗神教」又稱「儒宗聖教」、「儒宗鸞教」，它的前身就是明清時期，民間宗教結社的善堂，或是文人乩壇。❸其成立的宗旨，乃弘揚孔孟聖教，以神意警頑化凶，導人從善去惡，重建一種宗教情懷的社會倫理道德秩序。由此可見道教鸞堂對儒家思想落實於中國群性的社會結構中，有深化的作用。

(二)鸞堂彙編乩降勸善文書儒體神用的意涵

明代鸞堂不見文獻資料所載，至於清代鸞堂彙集善書，收入《藏外道書》有《勸世歸真》、《起生丹》、《照心寶鑑》、《天律綱紀》四部；見於其他資料記載有《同善錄》、《回天寶籙》、《金科輯要》、《輪科輯要》、《天律聖典》、《救生船》、《勸善要規》、《迴瀾集》、《返性圖》、《苦海金隉》、《菩提岸》等書，茲分述於下：

1.《勸世歸真》

《勸世歸真》乃孚佑帝君在文宗咸豐初年（1851 年）降筆乩示於北京三聖觀青雲法化仙壇，及京南榆岱古鎮的西甕各莊設靈壇，名曰南北勸善壇，開壇闡教，由侍壇弟子彙集其三教仙佛降筆寶

---

❸　《茫海指歸》（南投：竹山克明宮，民國 35 年）上卷，頁 23。

❸　鄭志明教授在〈臺灣民間鸞堂儒宗神教的宗教體系〉一文中提到臺灣民間鸞堂歷史淵源有三：一是清代宣講制度；二是明清文人乩壇；三是明代以來的民間教團。收入《台灣民間宗教論集》（臺北：臺灣學生書局，民國 73 年 9 月），頁 92－93。

訓、格言、詩歌、雜詠成書，由帝君賜名：《勸世歸真》，其意據其卷 1〈序〉云：「蓋因世情尚偽，久失真詮，欲舉世返本還原，復其天性，仰賴壇教，……諄諄勸誡，炳如日星，雖片語隻詞，亦寓化導之意誠……」(《藏外道書》第 28 冊，頁 3)，明白地說，乃聖賢仙佛透過飛鸞顯化，勸誡世人，但願人人同歸善道，以救出苦海而衽席之意。其書分 4 卷，前 2 卷付梓刊印於光緒 12 年 (1886年) 丙戌 7 月；第 3 卷刻板於光緒 14 年 (1888 年) 戊子 11 月；第 4卷則成於光緒 16 年 (1890 年) 庚寅中秋。

降鸞之神，以孚佑帝君為主，亦有關聖帝君、八仙、元皇帝君、紫陽真人、普濟真人、碧岩大仙、社令大仙、東嶽大帝、北極大帝等；佛教有南海大士、地藏菩薩、濟顛禪師等；儒教則有王右軍、程明道、朱熹、顏回、蘇東坡等，可見鸞書乃三教合流的產物。卷首收錄孚佑帝君：〈靠天諭〉、〈印捨善書諭〉，文昌元皇帝君：〈陰騭文〉、〈治人心病良方〉，關聖帝君：〈覺世真經〉，朱子〈家訓〉，袁了凡先生：〈嘆世詞〉等勸善篇章，亦可證其推擴儒學道德教化，及其用世深切之心。

三教眾聖仙佛乩降不外乎以神意宣揚善惡禍福報應循環必然之真理，如：

碧岩大仙乩降七言勸世詩：「濟困扶危莫吝錢，陰功廣積種仙緣，逢人就用良言勸，大善三千福壽全。」(同前引，頁 17)

普濟真君乩降七言勸世詩：「莫謂仙神不管人，瞞心昧己害良民，時衰運敗遭殃禍，始信循環報應真。」(同前引，頁 18)

社令大仙乩降警世詩則明白昭告凡庶確有神明於冥冥中考察人間善惡功過：「書完黑冊又書紅，著筆無私秉至公，非是吾神多費

事，人心善惡不相同。」（同前引，頁 41）

孚佑帝君乩降勸世文：「人生天地之間，為善最樂，如能廣積陰功，多行好事，後世子孫，必然福壽雙全，永享榮華富貴，莫以吾言為虛語也。」（同前引，頁 44）

南海觀音大士乩降訓世詞也是一派儒教口吻：

> 名賢云：「心好家門生貴子」此語大有益於世風。世人如能以仁存心，以禮存心，則天良素著，上格蒼穹，天必賜福降祥，遣送賢明福壽之子，光耀門楣，世代簪纓、家聲丕振。天之報施善人，毫髮不爽。（同前引，頁 52）

神佛以超驗權威來保障世人行善必然獲致的福報，其內容皆中國人普遍渴望的現世價值觀。

其所勸善德，不外乎儒家孝弟倫常內容，以及濟急扶困的社會慈善仁心。如：

孚佑帝君乩降勸世詞：「孝子人人恭敬，弟兄莫要分爭，忠厚傳家讀與耕，信實交朋所事，禮拜諸佛眾聖，義存敬畏虔誠……」（同前引，頁 9-10）

關聖帝君乩降諭侍壇弟子文：「吾命爾等，先以孝道勸化世人，孝為百行之原，人能盡孝則即合乎義耳。」（同前引，頁 10）

普濟真君乩降訓世文：「吾勸世人，多行善事，廣積陰功，孝敬雙親，報恩養志，則人事盡而天運回，轉禍為福，天下共享太平，焉能有凶荒之憂乎？」（同前引，頁 85）

可見鸞書宣揚儒家道德觀乃建構在神意的基礎上。

2. 《起生丹》

乃關聖帝君在道光 20 年（1840 年）庚子，在青雲法化仙壇，開
壇闡教，❸至光緒間，由其鸞堂弟子彙輯眾聖仙佛乩降勸世詩文結
案成書，至於其書名，據《起生丹》卷 1，忠親王於光緒 12 年
（1886 年）丙戌 3 月朔日午刻降壇訓話，即道出開壇設教，命名原
由：

> 夫善人，人人得而親之；惡人，人人得而誅之；自然之理
> 也。然為善者本少，類惡者居多，豈盡得而誅之也？故於無
> 可如何之中，神聖飛鸞，施之以闡揚教化，欲令世人反惡為
> 善，此誠為萬世之良醫，群黎之造化。吾每思臨壇垂訓，若
> 無其由，今值生等，稟請願以群仙所降之詩訓，編輯成書，
> 刻印渡世，吾遂會同三帝，請命通明，命題其書，曰：起生
> 丹。蓋欲醫黎庶之沈痾，廣剔人民之流毒，從此共養長壽之
> 身，咸遵大中之道……（《藏外道書》第 28 冊，頁 573）

則知《起生丹》乃以聖賢仙佛勸世詩文為丹藥，治黎民道德沉
淪之痾。卷 2〈序〉由侍壇弟子圓明子奉神意寫序，更清楚地以儒
家道德為丹藥，用來救治人心之沉痾：

> 是書也，胡為而以《起生丹》名哉？蓋深見逆耳之良言，無

---

❸　《起生丹》卷 4，頁 37，武聖帝君乩降語：「想某前自道光庚子開壇闡教
　　以來，……」《藏外道書》第 28 冊，頁 714。

異於苦口之良藥也。良言足以挽世道之衰，正人心之壞。良
藥足以祛天時之外感，補人生之內傷。以藥醫人，沉疴頓
起；以書訓世，善念復生。此神聖仙佛，數十年降象飛鸞，
精採至理名言，切中時人弊病，丹成九轉，名曰：「起生」
無非欲使四海蒼生，各葆生理，各永生命，以慰上天好生之
慈心也。謹按丹中方藥，以仁孝為君，以慈愛為臣，以禮義
廉恥為佐使，消除其刻薄貪婪之邪思，調養其忠厚和平之正
氣。無論男婦老幼，遠年近月等症，果能空心服下，日無間
斷，自能起死回生，身登壽域，名列仙班。……（同前引，頁
612）

由上述序文可知鸞書確有推擴儒化的效益。

其書翻刻，並以新降詩文續入後篇，共分為 4 卷，第 1 卷刊刻
於光緒 12 年（1886 年）丙戌，卷首有文昌帝君序；第 2 卷刊刻於光
緒 14 年（1888 年）戊子，卷首有武聖帝君序；第 3 卷，首有濟佛於
光緒 17 年（1891 年）辛卯乩降的序；內收乩降文書光緒 24 年（1898
年）戊戌、25 年（1899 年）己亥、民國 7 年（1918 年）戊午；第 4
卷，首有民國 8 年（1919 年）己未首夏，孚佑帝君降筆序文。

《起生丹》編排異於《勸世歸真》之處，前有目錄條列出三教
聖賢仙佛較具代表性的降鸞勸世詩文；其次，卷前首列「聖祖仁皇
帝聖諭十六條」乃依忠親王乩降之命繕入，以誌聖祖勸善厚風俗之
盛德。（同前引，頁 571）

各降壇聖賢仙佛乩示詩文類同前書，仍以儒家孝悌倫常作為修
身立命之道，如卷 1，載光緒 12 年 3 月初 8 午刻，清虛真人降鸞

詩：「燒鉛煉汞想求仙，此等功夫未必然，聖教傳人惟孝弟，修心端在道之先。」（同前引，頁 575）；再如卷 3，載光緒 25 年己亥 3 月 18 日，韓湘子應壇弟子錦生之請，降筆作〈起生丹賦〉一篇，觀其內容亦多儒門設教之語：

> 勸世人勿逐欲海不返；安貧守分，不作非分營求；廣積陰功以修道德；敦行忠信而固根基。（同前引，頁 680－681）

又列舉比干剖心，顏杲卿斷舌之忠；李密陳情，伯俞泣杖之孝；杞梁婦之哭城，王凝之妻斷臂之貞節等，古人忠孝節烈之事蹟，以勉世人。（同前引）

以積善行功消劫災，保攝一己身家性命和子孫福祿，如卷 4，載孚佑帝君於民國 8 年 4 月初 1 日隨刻降鸞詩：「飛鸞渡徧界三千，不論寒天與暑天；宣教永朝復永夕，勸人經月又經年。倫常道德應遵守，心性功夫莫用偏；四海昇平劫運免，純陽方覺樂安然」（同前引，頁 707－708）。

此外《起生丹》內展現諸天神佛介入俗世，關懷世道墮落混亂的用心，非常人性化。如收入武聖帝君於光緒 12 年丙戌 8 月 22 日降筆於青雲法化仙壇的〈哭世詞〉，乃慨嘆世道人心沉淪引發一己感傷之語：

> 嗟夫！人心奸險，世道衰微，以致災殃迭見，劫運難消，萬不得已，乃共群仙飛鸞宣化，所望人民改諸惡而行諸善。詎料至今，奸險愈盛，老成愈稀，遂使某空有好生之心，實無

挽刧之術，某之一片慈心熱腸，惟有付之臨風一哭耳！（同
前引，頁591）

世界的浩刧是人心陷溺所形成的共業，非一己神力如武聖關公
所能挽回。明知無力回天，卻仍飛鸞遍佈三千界，無非是天上人間
仍一生命共同體。從道教神學的角度來看，天界環境形成的主因，
是來自人類心靈透過中國儒家道德的修煉與淨化，在天界的時空及
環境中就是由這些精神能場所合成的，如果人間惡多善少，妖氛熾
盛，正氣消退，小人充斥廟堂，君子在野，人類心靈愈趨於暗淡
時，反應在天界便是神消魔長，天宮震動，魔界的魔眾便會感應到
這股邪惡的念力，紛紛轉世到人間來，人間自然災刧降臨，故如文
昌、孚佑、武聖之流，乃以儒家入世精神，頻頻介入世俗的苦難，
以拯治人心，力挽狂瀾為己任。從此點來看，便可理解道教民間鸞
堂遍佈，諸神降鸞勸化的動機。故可知乩降詩文以世俗福祿效益勸
誘凡庶積德行善，無非是欲建構出一個道德完善的理想社會的人
間。

### 3.《照心寶鑑》

其書分 2 卷，在民國 5 年（1916 年）丙辰秋夕刊行；第 1 卷收
入光緒 16 年至 32 年間（1890－1906 年）的鸞書；前有武聖帝君及文
昌帝君降序；第 2 卷有純陽帝君於光緒 11 年（1885 年）乙酉降序，
書名是玉帝所命，其涵義，據孚佑帝君於此年春，降於萬緣別墅所
言：

因即道在人心，而心須時時省察之義，名之曰：《照心寶

鑑》，庶世人讀此，如對明鏡，如臨秋水，滌塵去污，刮垢
磨光，俾心復其真，道歸其本，……（《藏外道書》第27冊，頁
413）

武聖帝君則進一步降鸞指出：

以書中仙佛善言自鑑本心，非於書中求鑑，亦非於心外求
鑑，乃以己心鑑仙佛之心，而得心心相印，同歸於化。（同
前引，頁416）

至於《照心寶鑑》兩卷內容係抄錄自《起生丹》，且多有謬
誤，為青雲壇鸞堂弟子提出糾正，稟請其《照心寶鑑》當為刪舊增
新。（藏外道書）第28冊，頁569）

4.《天律綱紀》

是書乃廣善堂所彙編，卷首有玉帝降筆於宣統 2 年（1910 年）
庚戌8月望日序文，交代《天律綱紀》鸞書乩示原由：

朕以世界生靈，各有性天，性天之得，得之蒼穹。凡昧性
天，是為傷蒼穹；傷蒼穹，理昧良虧，難還蒼穹，只得靈地
界，罰報慘途。還蒼穹，理無他，時時明心地以處世，靈自
不昧，靈不昧，獲何果？朕差遣司律稽查世人，查善惡以定
因緣，稽功過以定賞罰。職賞天律，掌查稽責，靈不染，性
得定，合蒼穹而同壽，豈不快哉？朕不忍世人日日昧性，刻
刻黑良，特准廣善堂垂續天律綱目，以救世界之靈性，朕有

厚望焉，是為序。（《藏外道書》第 28 冊，頁 893）

由玉帝降序可知《天律綱紀》是屬於操作性功過格的鸞書，依託神意以確保鑒察善惡之必然存在事實，遙契《太上感應篇》所說的：「天地有司過之神」。

其書體例，分上下兩卷，每卷各有 16 位神佛職司人間生死、壽夭、名祿、疾厄、運數等，每司下列 10 條善惡具體事例。如：

祿位司，文昌帝君掌之。性命司，關聖帝君掌之。

疾病司，普濟真君掌之。運數司，贊育帝君掌之。

坎坷司，元妙帝君掌之。流落司，紫霞帝君掌之。

雷震司，桓侯大帝掌之。火炎司，火德星君掌之。

飢寒司，孚佑帝君掌之。淫亂司，靈佑帝君掌之。

奪魄司，靈妙帝君掌之。斬嗣司，宏教真君掌之。

智慧司，觀音大士掌之。離散司，紫虛真君掌之。

孤獨司，殷馬王趙四天君掌之。殘廢司，王趙廖胡四將軍掌之。……等。（同前引，頁 897）

泰半考核凡庶善惡條例，多為儒家孝弟及社會化的倫理道德。如文昌帝君職掌祿位司，凡世人有「孝順父母」、「恤孤寡、貧寒」、「全人骨肉、貞節」、「救人災難、性命」等善行，註萬功，增百祿，奏報上帝，聽候賞報（同前引，頁 898）。

在「運數司」裏第一條：事父母能盡天良，註通運五載；反之，註塞運五載（同前引，頁 900）。

在「坎坷司」裏也可以看到同樣的賞罰：凡世人能「修孝、修悌、修忠、修節、修義、修讓、修慈、修德、修福、修善」則元妙

帝君註百善，並使其獲人生坦平報；反之，則註記百惡，遭坎坷報
（同前引，頁 902）。

在「雷震司」裏，世人若有暴怒杖死雙親，判三世橫死的罪
罰。（同前引，頁 903）

大凡人性皆趨吉避凶，喜福惡禍，《天律綱紀》便針對此人性
共同價值觀，以超驗神力強調善惡禍福報應的必然性，勸世人去惡
行善，對儒學世俗化確有推波助瀾之功。

5.《回天寶籙》

四川西昌縣種善園鸞堂於咸豐 4 年（1854 年）甲寅 8 月刊行
《回天寶籙》，前有文昌帝君於該月 24 日乩降序，闡述此鸞書顯
世原由：乃在於人心變裂，累惡積孽至握髮難數，遍地皆然，鮮少
有存良心者，此令天地司過之神足痛力疲、彙冊呈報，不遑所錄，
玉帝震怒，敕令諸神遵循亂世用重典的天條：「人心作惡較倍，上
天加律尤倍」，對於謗神道、詆聖教、倡異端、廢人倫、亂綱紀、
壞人心、弒親長、廢正書者，皆犯天律不赦之罪，皆在殛誅之類，
註明刼數。故帝君一秉憫人之心，降《回天寶籙》以勸世人存心行
事皆憑陰騭德性以順天理，長保福祿。否則天罰匪輕，必滅乃已，
必絕乃清，非天必絕人，人自滅身。❸

其書體例分：勸士、勸庶人、勸正父道、勸盡子道、勸和夫
婦、勸睦兄弟、勸信朋友、勸僧道自重等 8 章，不外儒學五倫道德
教化內容，託以神諭口吻勸之，以強化其超自然報應的公平性。

---

❸ 臺北佛光堂學苑重刊：《文昌帝君回天寶籙》（高雄市：合信印經處，
1998 年 1 月），頁 642－643。案：此書與《天律聖典》合刊。

6. 《金科輯要》、《輪科輯要》、《天律聖典》

據酒井忠夫考查此書乃湖南省醴陵縣擂鼓橋誠盡林善堂於咸豐
8 年（1858 年）戊午降序，奉文昌帝君於咸豐 6 年（1856 年）乩示成
書，時值太平天國之亂；至曾國藩湘軍收復湖南，才成書。前有帝
君降序，內明白批判：自唐宋以來，朝廷以五經、四書經義文章取
士，使聖賢用心淪為功名之技，喪失德禮教化踐行於日用的真義，
世儒成為小人之儒；至清代考證實學盛行，則人心陷溺，古道不
復，盜匪異端滋起，故特乩示頒布《金科輯要》成書，以懲頑儆
凶，獎善掖良（同前引，頁 219－220）。

《金科輯要》在湖南成書，於同治元年（1862 年）壬戌春三
月，在湖北、江西、福建、廣東、四川、北京等地刊印流布（北京
流通本，今日本筑波大學藏）。

同治 3 年（1864 年）甲子，四川西昌種善園又編成《輪科輯
要》，前書言現生因果，而此書詳於中陰身再世報。

同治 10 年（1871 年）辛未冬，侍壇弟子又彙集諸天眾聖乩傳於
種善園的《太上感應篇》各篇章句為綱，孔聖逐加演繹為律，玉尊
判定善惡功過為法的文書，題為《天律聖典》1 卷。以世風愈趨於
下流，道運衰退，上天憂心，飛鸞降下木鐸金聲：以明「積惡禍之
門，多福善之室」的厥報常分明的天律昭昭，絲毫不爽。時人喻
《金》、《輪》兩科如車之雙輪，而《天律聖典》其軸也。此書於
民國 8 年己未重刊，前收有「無量洞天闡猷大帝興儒盛世天尊」降
鸞於西昌縣普光寺樂善園的序文，說明其書命名及意涵：

　　……身未犯而國律不及，則天律及之；心一動而人弗知，則

天律誅之；律之定自天也，天律也者，太上之法言也；聖人
之法言，在天為天憲，在冥為冥憲，在人為誅心之法。上至
帝王，下及庶人，旁周諸教，莫越夫感應之範圍。……是故
綱列其目，使條律有所主也；條列其報，使科罪有所別也。㉟

　　由於世人不見善惡有報，或妄言無報，使昧者弗識，狂者弗
畏，而惡縱不可戡。故諸天聖神降鸞乩示《天律聖典》使善惡報施
無所遺，不僅報之於當世，亦延罪及轉世報。玉尊在降序文中即
云：「轉世報不可見，以現在之鰥寡孤獨，乞討癃殘，冤債等事見
之；歿世報不可見，以現受之水火盜，疾病口舌，死喪諸事見
之。」（同前引，頁12）

　　由序文可知《天律聖典》於晚清降鸞於四川，針對時世人心陷
溺，道德良知沉淪而發，以神意口吻詳列現世及轉世報，以儆凡庶
知有所戒懼而去惡，回心向善。

　7.《救生船》

　　據酒井忠夫考查：《救生船》乃文昌梓潼帝君降鸞訓世之言，
同治元年（1862 年）壬戌，為楚蜀間某宗教結社所彙編；同治 13 年
（1874 年）甲戌，濟顛禪師降筆示意此書重刻刊行；翌年光緒元年
（1875 年）乙亥，於北京重刻第一版；2 年（1876 年）丙子秋，重刻
第二版。其成書時代背景，乃三聖仙佛鑒於庚子（道光 20 年）鴉片
戰爭，所引動的人間浩劫；緊接著，道光末年，咸豐初年（1850－
1851 年）的洪秀全領導的太平天國暴動，歷時 15 年的戰亂，中間

────────────

㉟　同前註，頁12。

又夾雜英法聯軍的兵災，此內憂外患，即武聖帝君，在咸豐 11 年（1861 年）辛酉，乩示所言的浩刧已成，（《酒（下）》，頁67引）蒼生陷溺生死流離的苦海中，特乩示飛鸞成書，以拯救之。

《救生船》以儒學道德為法船，作為拯濟時溺的工具。卷 2 有同治 2 年（1863 年）癸亥，武聖帝君命侍壇弟子序文，內容大抵言：斯世五倫五常，孝弟忠信，禮義廉恥殘滅，眾生墮落苦海，幸三聖仙佛悲憫，以五倫五常為柁櫓；以孝弟忠信為槳，以禮義廉恥為橈，作《救生船》，以拯救陷溺苦海者。（《酒（下）》，頁 66引），由此可知，晚清鸞堂彙編神佛乩降勸善文書，皆帶有儒學教化色彩，彼時奉宋明理學為安身立命的正統儒者，那一套「良知」、「天命」、「義理之性」已無法引導人心向善；所謂亂世人心無極，道德失序，無惡不作，無所不為。道教鸞堂以神諭口吻宣揚儒家道德來重整人間秩序，成為彼時引導人性，支撐五倫社會結構的力量，一種儒體神用的善書深入庶民階層。

8.《勸善要規》

據酒井忠夫考查：光緒 3 年（1877 年）丁丑，北京大興縣潞河區醉仙亭（一名積善齋、同善堂），雲龕祖師降壇乩示《勸善要規》成書。內容乃三教匯通，而歸於儒家倫理道德勸化，則知雲龕祖師類同於文昌帝君、孚佑帝君儒神的色彩。（《酒（下）》，頁222引）

除了以上 9 本鸞堂彙編善書，尚有《迴瀾集》、《苦海金隄》、《菩提岸》、《返性圖》等，見於鸞文提及。如《照心寶鑑》卷 2，收錄孚佑帝君於宣統 2 年（1910 年）庚戌 10 月初 6 酉刻，降鸞諭侍壇弟子敦靈等云：

吾飛鸞闡化北京，業已數十年矣，為濟世之壇甚多，請書之
壇甚少。青雲壇立有三十年餘，只請得一本《迴瀾集》；中
正壇請成二本《苦海金隄》；其餘《起生丹》、《菩提岸》
亦有全稿已成，半途生變，亦有人不努力，半途萌廢，言念
及此，良可傷也。……（《藏外道書》27 冊，頁 493）

宣統 2 年往前溯三十年餘，則約在同治末年至光緒初年間。北
京青雲壇和中正壇鸞堂曾彙編成《迴瀾集》、《苦海金隄》二本善
書，或由於內亂外患戰火波及，不見刻本留下。此外《起生丹》卷
3，載青霞元君於光緒 25 年（1899 年）己亥 3 月初 8 日降筆訓詞
曰：

歷年以來，為挽末俗，各處臨壇宣教，其所出各種勸世之
書，名目紛雜，不知凡幾，就其最要者言之，所著《返性
圖》，欲人讀之，明性修身，無奈多被繁華迷亂，其性難返
者有之；即稍有明性理，復被異端所攻者，亦有之；設以
《救生船》思拯其溺，則望洋而歎，不肯登船者，有之；已
登而復溺者，亦有之……（《藏外道書》28 冊，頁 679）

由上述神降序文可知，除了《返性圖》外，尚有「名目紛陳，
不知凡幾」的鸞書流布，足見天上聖神仙佛頻頻飛鸞木筆勸化之苦
口婆心，其介入俗世情懷，實無異孔教精神。

(三)鸞堂依託神意單篇降筆文書儒體神用的意涵

明清時期，民間宗教結社頻頻扶鸞乩降文書以渡化世人，其中

以信仰文昌帝君、孚佑帝君、關聖帝君為主神，介入俗世的情懷最為深切，茲分述其勸善文書意涵如下：

1.文昌帝君的信仰，及其降鸞文書儒體神用的意涵

文昌神在漢代原為星辰信仰，主司命、司中（災咎）。但自魏晉以降，道教興起南斗註生，北斗註死的司命信仰，民間又保留泰山府君主年壽的說法，並以灶君為各戶司命之神，故文昌神主司命的信仰漸被取代。然據《雲笈七籤》記載，在道教諸神譜錄中，仍以文昌星神為主司命，但是在民間信仰的影響力已趨於衰落。故宋真宗時，有造出九天司命保生天尊的神祇。至於掌管天下士子功名利祿的文昌梓潼帝君的信仰是源於道教造出《梓潼帝君化書》而來的。該書敘述帝君原為張亞子，生於周初，七十三化累為士大夫，後於西晉末，降生於越之西嶲，長而仕晉，戰歿於川蜀，人立廟祀焉，遂成為蜀地方守護神，屢有神靈顯蹟；唐玄宗狩蜀，追命左丞。僖宗封其為濟順王；宋真宗咸平中，佐王師平亂有功，追封英顯王。宋代開始，民間士子入其廟謁拜，而或中式者，自此，流傳其主掌人間祿籍。宋元之際，道教便利用此信仰，便造成：「文昌星明，文運將興，上帝命張氏子掌文昌府及人間祿籍。」的降筆鸞書。宋理宗景定 5 年（1264 年）封「神文聖武孝德忠仁王」；至元仁宗延祐 3 年（1316 年）封其為輔元開化文昌司祿宏仁帝君，㊱簡稱文昌帝君，元以後，衍化為極富道德倫理色彩的儒神。

---

㊱ 以上參見《清河內傳》、《梓潼帝君化書》（《正統道藏》第 5 冊），及呂宗力、欒保群編：《中國民間諸神》（臺北：臺灣學生書局，民國 80 年 10 月），〈文昌神〉，頁 101－128。

　　明清時期，依託其名的飛鸞文書不一而足，有〈文昌帝君陰騭文〉、〈文昌帝君勸孝文〉、《文帝孝經》、《文帝救劫經》、《文帝延嗣經》、《文昌帝君功過格》、〈文昌帝君戒淫文〉、〈文昌帝君曉世文〉、〈文昌帝君戒士子文〉、〈文昌帝君蕉窗十則〉、〈文昌帝君修身立命說〉等諸篇文書，茲略述其中較有影響力數篇以見其儒體神用意涵：

　　⑴〈文昌帝君陰騭文〉（簡稱陰騭文）❸

　　文昌帝君乩降鸞文均帶有極濃厚的儒學道德色彩，其中以〈陰騭文〉影響最深遠，明清儒林份子紛紛為此書作箋注，圖證。道教列其文為三聖經之一。此文乃帝君自述累化為士大夫以道德救濟群黎的功行，故其宣教對象為士宦、官僚，並旁及庶民階層，勸此輩人：「欲廣福田，須憑心地。行時時之方便，作種種之陰功。」（同前引，頁 10179），由此羅列正面利他善行，計 26 條，30 事：

> 忠主孝親，敬兄信友，濟急如濟涸轍之魚，救危如救密羅之雀，矜孤恤寡，敬老憐貧，措衣食周道路之飢寒，施棺槨免屍骸之暴露，家富提攜親戚，歲饑賑濟鄰朋，奴僕待之寬恕，豈宜備責苛求。印造經文，創修寺院，捨藥材以拯疾苦，施茶水以解渴煩，或買物放生，或持齋而戒殺，舉步常看蟲蟻，點夜燈以照人行，造河船以濟人渡，剪礙道之荊榛，除當途之瓦石，修數百年崎嶇之路，造千萬人來往之

❸　收入賀龍驤校勘、彭文勤纂輯：《道藏輯要》（臺北：新文豐出版公司：民國 75 年 2 月，再版），第 23 冊。

橋，垂訓以格人非，捐資以成人美。（同前引，頁 10182－
10189、10195－10196）

在反面戒惡上，則提出 7 條：

斗秤須公平，不可輕出重入，禁火莫燒山林，勿登山而網禽
鳥、勿臨水而毒魚蝦，勿宰耕牛，勿棄字紙，勿謀人之財
產，勿妒人之技能，勿淫人之妻女，勿唆人之爭訟、勿壞人
之名譽，勿破人之婚姻，勿因私讐使人兄弟不和，勿因小利
使人父子不睦，勿倚權勢而辱善良，勿恃富豪而欺窮困，不
可口是心非。（同前引，頁 10187、10189－10195）

以上勸善止惡諸條可說是會通三教，尤其是佛教尊重生命觀念
的灌輸，以及尊重下等奴僕的人格的平等觀的建立。

此外，〈陰騭文〉最大的特色乃以神意保證此世陰德善行的福
報：「諸惡莫作，眾善奉行。永無惡曜加臨，常有吉神擁護。近報
則在自己，遠報則在兒孫。百福駢臻，千祥雲集，豈不從陰騭中得
來者哉！」，對於積德成仙，則隻言未提，更可見其淑世色彩，而
其對儒學道德世俗化的推擴則散見於勸善戒惡的教條中。

(2)《文昌帝君功過格》❸

根據前序得知此勸善文本是雍正 2 年（1724 年）2 月 2 日飛鸞

---

❸　袁嘯波編：〈文昌帝君功過格〉，《民間勸善書》（上海：上海古籍出
版，1995 年 11 月），頁 200－265。

所降。其意在於彰明「善惡之念慮一萌，神鬼早已洞見肺腑」的天律誅心的確然性，故勸凡庶「檢束身心，防閑性命」，而其積功懲過之法，莫過於此書。（同前引，頁 201）

　　自《太微仙君功過格》成書以來，發展到此功過格文本，分類更細微，適應的對象更廣泛，幾乎設計了各階層人士善惡行為的規範，其體例內分：倫常、敬慎、節忍、仁愛、勸化、文學、居官、閨門 8 類 35 門，其功過條例約《太微仙君功過格》7 倍；從其內容來看，已超出道門修真的限制，而 35 門下細分的善惡功過條列，多為儒學道德教化色彩。例如：第一類倫常，下分父母、兄弟、妻妾、子姪、宗親、師友、僕婢 7 門，涵蓋了同宗親族、姻親、及無血緣的僕婢。觀其勸善之要，在於孝、慈、敬、睦、忠、信、仁、恤、寬、和；違者，過皆重於同門功格。對父母功過格的孝道倫理上，帝君看重積極的化親為善，如晨昏定省，致敬孝養的人子責任、或代親勞苦、或順親心、聽親言，一次（或一日）一功；如果勸導雙親也能行仁積善就有百功的註記。反之，教唆親作惡，一次就百過。（同前引，頁 206－207）而在閨門類裏，身為婦女能「事父母」則有千功；「孝事舅姑」為無量功。（同前引，頁 255）足見帝君重視婦人的道德良窳，蓋婦德影響一家成敗，推而擴之，至一國成敗。故帝君對閨門性行均給予較重的功過計量。

　　其次，此功過格的功過量平均重於《太微仙君功過格》，後者至多不過百，而前者動輒百千，甚至無量功過。在 8 類中，以第 7 類居官功過律最重。此類下分內輔、外憲、將帥、牧令 4 門，即明清儒道兩教善書所關注的「官戒」。地方官吏代天子行政令於州縣，稍有不慎、濫用職權，勾結地方豪強，掠奪民田，枉斷人命，

即有冤死、屈殺的民怨，積累到極點，則如洪水猛獸，一發不可收拾，明末的吏治敗壞即加速國亡的主因之一，故菁英分子皆不約而同編撰此類功過格善書，以警戒那些掌兵權的將帥，及行政力的官吏。而帝君亦深知人間禍亂根源於此，特飛鸞降下此文本，對為將、為官，善者動輒千功、無量功；反之則千過、無量過。如「內輔功格」：

　　「不舉苛刻議」、「奏減重斂」、「維持常道正法」、「闡明聖賢道旨」、「為社稷久遠計」等，註記為無量功。蓋一言一行皆有助於生民，澤及天下，當然功不可計數；反之，一言一行足以禍亂天下，陷蒼生於無止無盡的水火痛苦中；或枉殺人命，則過亦無量矣！如：

　　「執拗貽害」、「任意殘殺」、「攻城屠戮，縱兵擄掠姦淫」等為無量過；而「擅自力派錢糧，使小民永受賠累之苦」、「催徵無法，任吏役書班重刑敲朴，使百姓不寧。」等行為則是千過。（同前引，頁 249、253）所謂公門好修行，即指涉官僚階層在起心動念，言行舉止的影響面，小至州縣，大至天下百姓，功過皆以數百千萬計，不可不慎。

　　對於奉行此功過者，帝君降鸞敕諭「勿冒功而勤寫」、「勿文過而停善」，須知天不可欺、不可瞞，只要每日誠心考察，行之既久，自然幾於有功無過之地。屆時，帝君以神意保攝：「慶期頤，膺爵祿、蔭子孫」等長享福祿於無窮的福報。（同前引，頁 201）

　　⑶文昌帝君勸孝鸞文

　　文昌帝君既是一位以德備圓通，位證仙果的民間信仰的儒神，當然其降鸞文書極富儒教道德色彩，尤其是在孝道方面的勸化，有

《文帝孝經》（收入《道藏輯要》第 23 冊，頁 10158－10165）、〈文昌帝君勸孝文〉、〈文昌帝君勸孝功例〉（《全人矩矱》卷 1，頁 33－34、40，收入《藏外道書》第 28 冊，頁 322、325）以及散見於其他勸世寶訓中的片言隻語。

在〈勸孝文〉中開宗明義強調「孝」乃人間第一事，捨此一事，並無功業，無學問可言。（《藏外道書》第 28 冊，頁 322）

在《文帝孝經》中分列 6 章，首章〈育子章〉，內容脫化於唐以後民間流傳的〈十恩德歌〉，敘述母親懷胎十月辛苦，以及育子成長的艱難；次章〈體親章〉戒告天下為人子女者，當以「二親體我心者，還體親心」，從身體髮膚，到言行舉措，不危辱二親；出入必告，定省溫清，以慰親心；擴及到兄弟、宗親叔伯、子孫後裔、妯娌姻婭、朋友、君臣，及至日月星斗，天地神祇等對應，無不以敬、以和、以忠、以信、以育、以恤、以戒、以懼，總期歸善，以成親德。（《道藏輯要》第 23 冊，頁 10159－10160）

第三〈辨孝章〉：首在辨明口體和心志之養；次在擴大孝的意涵，從親到疏，從人到物：「我孝父母，不敬叔伯，不敬祖曾，於孝有虧；我孝父母，不愛子孫，不敦宗族，於孝有虧；我孝父母，不和姻婭，不睦鄉黨，於孝有虧；我孝父母，不愛人民，不恤物命，於孝有虧；我孝父母，不敬天地，不敬三光，不敬神祇，於孝有虧；我孝父母，不敬聖賢，不遠邪佞，於孝有虧；我孝父母，財色妄貪，不顧性命，知過不改，見善不為，於孝有虧。」（頁10161）也就是說孝順父母，但不做傷害人、物，或愧對良心的事。反過來說，「奉行諸善」，但是不孝雙親，終是小善；只有兩者皆備，才是至善。（同前引）

第四〈守身章〉：內發揚曾子「如臨深淵，如履薄冰」的戒慎之義，並附以神道設教的口吻：

> 父母之前，聲不高屬，氣不鹿暴，神色溫靜，舉止持祥，習久自然，身有光明，九靈三精，保其吉慶；三尸諸厭，亦化為善；凡有希求，悉稱其願。（頁10162）

第五〈教孝章〉：內帝君告誡世間父母為子女慎擇賢良之師。孝之大德，雖性具本有，然而世人多不孝，皆因習染，又無善師教化其凶頑，終流為越禮犯紀、妄作無忌之徒，故移風易俗，全在師儒之教。（同前引）

第六〈孝感章〉：帝君以總結口氣，大張神道設教旗幟：

> 吾今行化，闡告大眾：不孝之子，百行莫贖；至孝之家，萬劫可消。不孝之子，天地不容，雷霆怒殛，魔煞禍侵；孝子之門，鬼神護之，福祿畀之。惟孝格天，惟孝配地，惟孝感人，三才化成。惟神敬孝，惟天愛孝，惟地成孝。水難出之，火難出之，刀兵刑戮，疫癘凶災，毒藥毒蟲，冤家謀害，一切厄中，處處祐之。……（頁10163）

世人不孝或可逃避王法制裁，卻難逃天降下災咎的神譴。南宋流傳民間的勸俗文本：《名賢集》內即言：「人間私語，天聞若

雷。暗室虧心，神目如電。肚裏蹺蹊，神道先知。」❸❾人間的一切都難逃神的鑒察，所謂天網恢恢，疏而不漏，天律誅心，不枉縱一惡，不虧損一善，以此凜凜超驗的神威，降文勸凡庶行孝去惡，效力當強於傳統儒教端賴人心自覺的萌發。〈孝感章〉強調孝與不孝的善惡行為會招感福禍的果報。在此，帝君指陳孝德是趨吉避凶，消災除厄，一切有情的護身符。由此可見《文帝孝經》是道教宗教倫理入世轉向的產物。以至善神的名義推動儒學家社會道德的教化。

在〈文昌帝勸孝功例〉更以肯定的口吻曉喻大眾：要盡孝、勸孝，神將給予數百，數千，甚至數萬的重功：

> 吾今行化，闡告大眾，眾等守之，流傳廣勸，勸一人孝，准五百功；勸十人孝，准五千功；自身克孝，當准萬功；事後母孝；准萬萬功。親亡，事祖如孝父母，准萬萬功。（《道外道書》第 28 冊，頁 325）

文帝在雍正 2 年（1724 年）甲辰降筆的《功過格》中已涵蓋孝悌的倫理，此又降鸞重申自身行孝，及勸人行孝的功律，足見其儒神的特質。

⑷〈文昌帝君戒士子文〉（收入《正統道藏》第 5 冊，頁 3345－3347）

---

❸❾　《名賢集》，收入韓錫鐸編：《中華蒙學集成》（遼寧：遼寧教育出版社，1993 年 11 月），頁 1886。

天下士子莫不祈願於文昌神廟，冀一朝登上龍門。帝君特降下戒士子文，以德導引群迷，闡告士子毋舍本逐末，其言：「毋厚仙釋，而薄於父母；毋敬於鬼神，而慢於師資；苟有負於吾言，端不逃於天憲」（頁 3345）親自降鸞說法，破除世人迷信偶像，而不能反躬修人道的謬誤。正如《石音夫功過格》內所言：「任爾燒錢化紙，磕破額頭，天天拜佛，時時念經，不能解也。爾想正直佛神豈肯受賄？」❹

在第二篇〈戒士子文〉中明白指陳科舉取士，有司定文章優劣，而天卻斷之以德。其言：「一以陰功孝行為上；次以處己謙和為賢；苦學者，則酬其勞；高才者，則遂其志；傲忽者，未免黜落；輕薄者，姑示勸懲。」（頁 3346）完全以道德為判準，來決定世俗的功名利祿。故其言：「修身勵行者，天必降之百祥；而反道敗德者，神亦奪其五福。」（頁 3345）在在表明福善禍淫的神意。

(5)〈文昌帝君蕉窗十則〉（《全人矩矱》卷 3，頁 8—11，收入《藏外道書》第 28 冊，頁 379—381）

帝君降此鸞文乃在指陳善惡與富貴貧賤之間必然的報應性，不可以凡夫肉眼拘泥之；凡庶或見善得貧賤，或見惡而得富貴，而心生不平，動搖行善去惡之心，此乃過去善惡因所致之現世果報，至於今世的善惡行為，則將形成來世之果報，故帝君云：「善者得貧賤，焉知不富貴於萬年；惡者得富貴，焉知不貧賤於千古。」（頁379）並以「五戒」「五勸」勉世人以誠實心、恆久心，由勉而入安，自下而達上。不用希功，但祈寡過；不須求福，但祈免災。如

---

❹　《石音夫功過格》收入《藏外道書》第 12 冊，頁 95。

此行之既久，自然功德圓滿。（頁 380）

其五戒：一戒淫行；二戒惡意；三戒口過；四戒曠功；五戒廢字。五勸：一勸敦人倫；二勸淨心地；三勸立人品；四勸慎交友；五勸廣教化。（頁 380－381）

觀其條目不外乎儒家誠意、正心、修身的心性工夫，以及三綱五常的倫理修持，和遇下等人說因果，多刻善書，化民成俗的外王功業。

(6)〈文昌帝君修身立命說〉（《照心寶鑑》卷 1，頁 37；收入《藏外道書》第 27 冊，頁 447）

此文乃帝君於光緒 32 年（1906 年）丙午 2 月 20 日辰刻，降筆於青雲法化仙壇，旨在發揚孟子立命之說。言人富貴、貧賤、疾病、生死、吉凶、順逆、窮通、壽夭等皆有天命，而天命不虛行，端視人事為轉移。並告戒世人，須務本，本立才道生；所謂「本」，即指人道之修煉，而人道便是以忠孝為核心，通篇皆是儒學色彩。

(7)《元皇大道真君救刧寶經》（收入《道藏輯要》第 23 冊，頁 10165－10169）

晚清民間宗教結社的善堂以文昌帝君作其信仰主神。見世風日下，浩刧將起時，依託文昌帝君之名乩降善書，將其救世思想與末世危機結合，企圖借助超驗的神力，預告刧運降臨的災危，以勸世人重整道德，回心向善，冀庶幾可免，以見其關心世道興衰的情懷。該經序文即表達降鸞此《救刧寶經》的用意：

……吾愍刧運之臨，世人造惡無有窮已。今遣十惡大魔三百

萬，飛天神王三百萬，神兵神將一千六百萬，以五道雷神主
之，收取惡人；又大風、大雨、大水、大火、大疫並作，以
收惡人，用充劫運，罪罰不遠，深可哀憐。吾今為度脫眾
生，私露天機，略具善惡簿中曾有功過者，以為生人警戒。
今勸世人每日侵晨持誦：「玉皇大天尊玄穹高上帝」、「尋
聲赴感太乙救苦天尊」、「九天應元雷聲普化天尊」、「玉
虛師相玄天上帝金闕化身天尊」四位聖號；朔望誦《救劫
經》，並《太上感應篇》一遍，以消罪愆。先當遵此六章修
行，庶持念聖號、靈篇，得以感應，如此則自然福祿無量，
子孫榮昌，……若不遵此六章修行，徒口誦經，欲免罪愆，
名曰瀆天，其罪尤重，愈不可解。吾今降下此經，流傳於
世，所在之處，以三千神兵衛之，其誦讀此經而不信受，與
前信受後有悔心者，仰飛天大神，即時收取，以充劫
數。……（頁 10165－10166）

其宣告末世劫難口氣頗類似四世紀末的《太上洞淵神咒經》；
序文中亦提出救贖之道，在於奉行帝君降下《救劫經》的六章：
「天下通行警戒章第一」、「天下通行孝感章第二」、「天下通行
士行章第三」、「天下通行日用章第四」、「天下通行官守章第
五」、「天下通行道釋章第六」。

主要是批判末世時期，社會人心、風氣敗壞：一般凡庶「人子
不孝於親，弟不敬於兄，下不順於上，婦逆於舅姑，子弟凌師長」
的倫常失序；知識分子「有虧讀聖賢書的實行，徒恃文章法度而
已」；地方官吏「恣意貪暴凌苛下民」；僧道修行者「不負起正人

心、勸善導愚的責任，而流於誑俗敗道」的劣行；四民不安其業，農趨末作工，競相浮華等亂象。（同前引）帝君訴之於嚴峻的超驗報應手段，在每一章的後段，以現實社會敗德事例強調上天罪罰的不赦；而以積善修德的事例，保攝其身的壽祿，及子孫榮顯登科的福澤。

以神明的權威性來建構末世社會的道德秩序，便是此民間宗教結社飛鸞降筆的用心。

由以上諸篇鸞文，可以看出文昌帝君是一位人間儒神，以神意的口吻來勸戒世人行善去惡，所勸內容大抵上承孔孟聖學餘意，並不以成仙正果誘之，僅以世俗福祿導之入至善之門，則其對儒學道德世俗化的推擴之功，可說不言而喻了。

2. 孚佑帝君的信仰，及其降鸞文書儒體神用的意涵

孚佑帝君俗姓呂諱嵒（一作巖），字洞賓，根據《呂祖本傳》所載：祖籍世為河中府永樂縣人，先祖三代仕唐，出身於儒宦世家。後三舉進士不第，46 歲遊長安酒肆，遇鍾離權（正陽帝君）點化，遂棄儒修道，獲傳上真祕訣，及靈寶畢法；俄而奉玉帝諭呂祖留住人間，修功立德，當可升天歸位。然呂祖自誓欲度盡眾生，方願上昇。自是呂祖斬妖除魔，扶弱濟困，宋元以後，隱顯變化四百餘年，遊行濁世，利濟群生，雖凡愚世人，罔不聞名起敬。因而屢受歷代君王封號：

宋徽宗政和年間（1111-1117 年），呂祖顯靈助上除宮禁邪祟，遂詔天下有呂仙香火處，封「妙通真人」；金朝全真教奉他為純陽祖師；元世祖時，特追封「純陽演正警化真君」；元武宗加封「純

陽演正警化孚佑帝君」；明代則封為「純陽帝君」❹其遊化人間故
事，多載於文人筆記小說。入清後，頻頻飛鸞木筆顯化於京師各地
壇口，足見其人間性格極濃的神仙，今依託其名的垂世鸞文甚夥，
有《十戒功過格》、《警世功過格》、〈孚佑帝君求心篇〉、〈呂
祖師訓世文〉、〈孚佑帝君靠天諭〉、〈孚佑帝君印捨善書諭〉、
〈孚佑帝君敬惜字紙善惡錄〉、〈孚佑帝君正人心論〉、〈孚佑帝
君崇正教以敦行論〉、〈孚佑帝君解迷信賦〉、〈孚佑帝君講禮樂
大旨〉、〈孚佑帝君養心說〉、〈孚佑帝君崇正去邪說〉、〈孚佑
帝君廣渡篇〉、〈孚佑帝君修持戒律〉、〈孚佑帝君勸修持論〉、
〈孚佑帝端人心以正風俗〉、〈孚佑帝君生死論〉、〈孚佑帝君修
身論〉、〈孚佑帝君嚴求放心論〉、〈呂祖戒淫文〉、〈呂祖師孝
誥〉、〈純陽祖師警世文〉等諸篇文書，今擇其最具儒家勸化色彩
文書，分述於下，以見其儒體神用意涵：

(1)〈孚佑帝君求心篇〉（收入《道藏輯要》第 23 冊，頁 10339－
10340）

該文乃呂祖為《警世功過格》降乩的序文，頗具儒家色彩：

> 孟子曰：「學問之道無他，求其放心而已矣！」今之心若亡
> 羊，然盍歸而求之。求心之道無他，屏諸幻想，除諸惡念，
> 獨置力於倫常而已。（頁10339）

---

❹ 參見《呂祖志》，《正統道藏》第 60 冊，頁 48643－48653；劉體恕彙
 輯：《呂祖全書》，《藏外道書》第 7 冊，頁 62－73。

　　內引孟子求放心之論，以勸世人存善去惡；以此擇善之心，落實於日用常行的倫理道德，則「見人善事，聞人善言，生企慕心；見人惡事，聞人惡言，生警省心；……見人失意，生悵惘心；見人得意，生歡喜心；見人才高，生欽服心；見人饑寒，生憐憫心；見人勤勞，生體恤心；……舉念之間，無非忠信，上焉可以入道成真而證果；下焉亦長保其福祿而蔭及子孫矣！」（頁 10339－10340）。

　　反之，如常起怨嫉、妒疑、忿恨、貪淫等惡心、惡念，事雖未彰顯於言行，而心已先觸怒於鬼神，將罰在其身，並流禍子孫。（同前引）

　　以上可以看出純陽帝君將儒家心性修養內涵擴大到一切人事的對應，並摻入超驗的鬼神福善禍淫的報應思想，增強宣化的震懾力和影響力。

　　⑵〈呂祖師訓世文〉（《全人矩矱》卷 3，收入《藏外道書》第 28 冊，頁 382－394）

　　為帝君在康熙 33 年（1694 年）甲戌清和月，降筆於文成書院，序文中闡明降八勸八戒的動機乃肇因於世人皆有病，且痼疾沉痾。而此非指燥風濕火，傳經附絡，針砭可攻，湯藥可療的生理之病，而是指人性沉淪的病。呂祖以悲天憫人的心腸為世人對病下藥，開出八味藥方，勸之宜服：

　　　「孝弟」：味甘，極和緩，補骨肉，健手足，培養根本，充足先天。「信義」：味辛，直而不曲者佳，能通肺腑，實腸胃，正心壯氣，服之，始終盡一。「讀書」：味苦，有回甘，能通心竅，利眼目，益聰明，強胸腹，去鄙俗。「教子」：

味苦，亦有回甘，能滌汙去邪，旺血脈，馨香悠久者最良。
「積善」：味甘，能寬中，除惡氣，去腹毒，多服延年，其
益在後，不拘大小，愈多愈有功效。「知命」：味淡，能定
心，去躁，妄息，無根火，寧魂魄，甘食安眠。此八味藥者
治病之良劑也，世人不可不服，故勸之。（同前引，頁382）

以德作為治世人之病的良劑，呂祖又提出八條有妨生命的禁
戒：

「淫」：味雖甘，有大毒，能走精損神，瘦飢肉，喪魂魄，
多服必死；出之不正者，尤不宜服，服之其患蔓延。
「性」：味烈，大熱，能升火動氣，令人發躁，若無溫和平
緩之藥制之，必致發狂。「貪」：味似甘實苦，能昏神惑
智，令人迷不知返，若服之不止，則大患生焉。「殺」：味
辣，有大毒，能傷元氣，促壽命，求補反削，富貴人喜多
服，服必有大損，損亦在後。「心術」：味鹹，有暗毒，令
人心腹生蟲，其狀如蝎，或如蛾，從暗中飛出，螫人、射
人，人苟中之，不禍則傷，故不可近。「口罪」：味酸，叩
之有聲，其毒在聲，能令人舌強齒利，喜中傷人。「刀
筆」：味辣，有小毒，有大毒，能黑心肝，壞臟腑……。
「爭訟」：味大苦，能損心神，苦皮肉，生疼痛，益憤
懣……。此八藥者傷人之酖毒也，世人不可不忌。（同前引）

呂祖八勸八戒內容太多宣揚儒家正心誠意的道德修養，以此作

為濟世良藥，庶幾人性沉疴，其有瘳乎！

(3)〈孚佑帝君靠天諭〉（收入《藏外道書》第 28 冊，頁 4）

為帝君乩降於光緒 12 年（1886 年）丙戌文書，言自古忠臣義士，聖賢明儒無非靠天吃飯。天何以靠之呢？孚佑帝君言：

> 存好心，說好話，辦好事，作一個好人，多多作善，上合天心，即是靠天也。天必賜之福，受享榮華富貴，後世其昌，何也？天心所愛者，忠臣義士，孝子賢孫。人惟先能盡孝，方知盡忠；孝為百行之原，能盡孝而本先立，本立而道生；能盡孝，即順天心，順天者存。不能盡孝，是逆天也，逆天者亡。吾勸世人須明靠天理，可以無大過矣。（同前引）

闡告世人身口意三業行善便可獲致超驗的天的庇祐與賜福。以神意推擴儒家孝道，及仁心外王的事功。

(4)〈孚佑帝君治家十則〉（收入《藏外道書》第 28 冊，頁 47－49）

為帝君乩降於光緒 14 年（1888 年）戊戌青雲法化仙壇的文書。提出十項儒學齊家的守則：「和睦為齊家之本」、「循禮居家之本」、「讀書為起家之本」、「力田為成家之本」、「殷勤為興家之本」、「儉用為積家之本」、「安分為守家之本」、「肅閨幃為正家之本」、「積德為保家之本」、「修身為治家之本」等，作為世人處世及安身立命之良方。

(5)〈孚佑帝君講禮樂大旨〉（收入《藏外道書》第 27 冊，頁 464－465）

為帝君於光緒 32 年（1906 年）丙午 3 月 25 日午刻乩降文書。

內闡明孔門聖教禮樂大旨，並批駁世人事神徒以鐘磬鏗鏘，山珍菓肉供品佈列，然平日其心則淫僻邪侈，其事多乖違正道，如何能獲得神明的福祐？故帝君提出禮樂之本乃在於：

> 起居隱微之時。一念之敬即是禮，一念之和即是樂。須知神明不遠，洋洋乎，如在其上，如在其左右，羹牆僾影，皆是至禮；和順清平，皆是至樂。平時以之修身，而身以正，臨事以之事神，而神以饗。……然後謂之禮樂不備矣！（同前引）

簡而言之，即平日行事存心皆順天理，敬天命，就等於在事神了，福祿是不祈自得的。

(6)〈孚佑帝君養心說〉（收入《藏外道書》第 27 冊，頁 471－472）

為帝君乩降於宣統元年（1909 年）閏 2 月初 9 日午刻的文書。內發明孟子「大體」、「小體」的深意：

> 人須以身養心，莫以心養身。何謂以心養身？口之所嗜，身之所聞，目之所視，意之所感，心不能制而反為形役，終日奔競，陷溺罔極，此即以心養身也。何謂以身養心？五官四肢，或動或靜，均聽命於心，而無或亂妄，此即以身養心。
> （同前引，頁 471）

則知帝君所謂「以心養身」之心是耳目感官之心；「以身養心」之心是義理之心。前者心為物役，則「魔障叢生，天靈盡沒」

（同前引），人則淪為禽獸，四處刼掠肆殺，終釀成禍亂，致使生
靈塗炭。故帝君於此晚清末期，已預見人間兵災將起，特飛鸞闡告
世人，要涵養那義理之心，此心作主，不為感官物欲所役使，故其
身天君泰然，可「作聖作賢，成佛成仙」（同前引）小至個人福田
孽海，大至一國治亂興衰，皆生於此二心，豈可不慎。

(7)〈孚佑帝君廣渡篇〉（收入《藏外道書》第 27 冊，頁 481）

為帝君於宣統元年（1909 年）己酉 9 月 24 日戌刻降筆文書。內
發明孔聖「己欲立而立人，己欲達而達人」之意旨：

> 人己同體，物我無間。渡人非渡人，即自渡也；自渡非自
> 渡，即渡人也。夫然後可與天地同體，作無上之尊。（同前
> 引）

這種以渡人作為解脫的法門，是直承道教積德成仙的精神，也
暗合儒家的盡己成物的贊天地化育的外王功業。

(8)〈孚佑帝君修持戒律〉（收入《藏外道書》第 27 冊，頁 482－
483）

為帝君在宣統 2 年（1910 年）庚戌 11 月 12 日戌刻降筆文書。
提出四綱六目，專為有志於修道者入門之用。所謂四綱：

一綱：須積德行善。首以自善善人為重，如自己孝悌，見人不
孝悌者，如同自己不孝悌看，如此便須設方勸導之，或教誨之，必
使之感悟改過而後已。次以多行方便，或以言勸人；或以力救人；
或以財濟人，均是方便。

二綱：須平心下氣，戒爭勝爭先，破除人我之見。如此才能生

出同體大悲的心。

三、四綱：乃戒凡塵有聲有色之物，此二種伐性之斧，敗心之蠹，世人迷痴，多以此送盡春秋。（頁482）

所謂六目：

一曰謙；二曰恆；三曰儉；四曰勤；五曰柔；六曰悲。（頁483）

此四綱六目乃混儒道兩教修行德目，內以成己，終以成物、度人為正果，仍然是以入世修行做為出世的法門。

由以上對孚佑帝君降鸞勸善文書作擇要的論述，可以看出帝君是一位人間化的儒神，其渡化世人的言論均為一般人耳熟能詳的儒家世俗化的孝悌倫常。

3.關聖帝君的信仰，及其降鸞文書儒體神用的意涵

關聖帝君，俗姓關，諱羽，字壽長，後改雲長；出夏大夫關龍逢之後。生於東漢桓帝延禧 3 年（160 年）庚子歲 6 月 24 日。幼英秀奇偉，讀父書不輟，猶深諳左氏春秋。年 17，娶胡氏，生三子，長曰平，次曰興，曰索。漢末與涿郡張飛佐劉先主備起義兵，志在復漢討賊。先主命關公為荊州牧，中呂蒙計，公乃不屈節而亡，時獻帝建安 24 年（219 年）己亥 12 月初 7。葬於玉泉山，土人感其義，立三郎祠，歲時奉祀之。❷

關帝在歷朝的封號，最早是漢獻帝建安 24 年，漢中王劉備奏封「前將軍漢壽亭侯」；後主景耀 3 年（261 年）諡「壯繆侯」；隋

---

❷ 《關帝明聖經全集‧世系圖》，收入《藏外道書》第 4 冊，頁 230；及呂宗力：《中國民間諸神下冊》（出版狀況見前），頁 657－667。

開皇 2 年（582 年）敕封「忠惠公」；唐高宗儀鳳元年（676 年），六祖慧能建利玉泉山，立為「伽藍之神」；自魏迄唐，民間祀關帝，尚以人鬼視之。

　　入宋以後，屢有顯迹。宋徽宗崇寧元年（1102 年），以平解州蚩尤妖鬼有功，封「崇寧真君」；至大觀 2 年（1108 年）加封「武安王崇寧真君」；宣和 5 年（1123 年）加封「義勇」二字；宋孝宗淳熙 14 年（1187 年）誥命加封「英濟」二字。道教約在此時，將其納入神仙譜系，成為三界重要的護法天神。元文宗天曆元年（1328 年）9 月，加封為「顯靈義勇武安英濟王」；明神宗萬曆 18 年（1590 年）封「協天護國忠義帝」；42 年（1614 年）宮中顯靈單刀伏魔，敕封「三界伏魔大帝、神威遠震天尊、關聖帝君」，自是始有「關帝」之稱；明崇禎 3 年（1630 年）加封「真元顯應昭明翊漢天尊」。清初一入關，即敕封關公，足見關公在民間宗教信仰的地位，才會引起清人的注意，並借此信仰心理，作為籠絡安撫人心的手段。清順治 9 年（1652 年）壬辰，加封「忠義神武關聖大帝」；乾隆 21 年（1766 年）丙子，加封「靈佑」；嘉慶 18 年（1813 年）癸酉加封「仁勇」；道光 8 年（1828 年）戊子，加封「忠義神武靈佑仁勇威顯關聖大帝」❹；至光緒 5 年（1879 年）己卯，封號累積至 26 字：「忠義神武靈佑仁勇威顯護國保民精誠綏靖翊贊宣德關聖大帝」。民間另有「協天大帝」及「南天文衡聖帝的神號」，意謂協助玉皇大帝維持人間秩序，綜理萬事。

　　明清以來迄今，中土民間對關帝爺信仰立廟祠遍天下香火不

---

❹　同前註，〈歷朝封號〉，頁 230－231。

絕，或與文聖孔子並列，稱文武聖廟，凡庶祈福，又甚於孔子。據余光弘在民國 71 年的調查，單單臺灣一省，主祀關聖帝君的廟堂共 356 座，若加上儒宗神教（即民間宗教結社的善堂）的恩主公信仰，及陪祀玉皇信仰的廟堂在千座以上，在民間宗教活動中，居於重要地位。❹而關聖帝君同文昌、孚佑兩帝君一樣，是一位人間性很強的聖神，在明代末期，關聖帝君信仰與民間宗教結社合流，飛鸞木筆屢降乩壇渡化群迷，拯濟時局，最早依託其名的一部扶鸞善書是《三界伏魔關聖帝君忠孝忠義真經》，這個稱謂應是萬曆 42 年以後的作品；❺入清以後則有〈關聖帝君覺世真經〉、〈關聖帝君顯應戒士子文〉、〈關聖帝君訓孝法語〉、〈關聖帝君濟世救急文〉、〈關聖帝君戒陰險論〉等勸世文書，現擇要分述於下：

⑴《三界伏魔關聖帝君忠孝忠義真君》（收入《藏外道書》第 4 冊，頁 272－280）

明末以恩主公為信仰主神的民間鸞堂，企圖以關帝生前忠義的儒家理想人格，和死後成為三界降魔伏妖的超驗神力推廣宗教式的道德教化，特依託其名降下此經，內分二部分：一為《三界伏魔關帝忠孝護國翊運真經》（簡稱《忠孝翊運真經》；二為《關聖帝君濟世消

---

❹ 見余光弘：〈台灣地區民間宗教的發展——寺廟調查資料之分析〉，《中央研究院民族學研究所集刊》第 53 期（民國 71 年），頁 90－91。

❺ 《關聖帝君忠孝忠義真經》最早收入清康熙 32 年盧湛所編的《關聖帝君聖蹟圖誌全集》，後收入《道藏輯要》、《藏外道書》；該序文以為由北宋孫奭編述，南宋張守訂梓，但就其封號，此鸞書不會早於萬曆 42 年，是民間好事者借古自重心理所致。鄭志明教授對此亦持同樣觀點，詳參氏著：《中國社會與宗教》（臺北：臺灣學生書局，民國 78 年 11 月，2 版）第 13 章〈明代以來關聖帝君善書的宗教思想〉，頁 286。

災集福忠義經》（簡稱《濟世忠義經》）。兩者同文昌帝君《救刧寶
經》一樣將末世刧難危機與救世思想結合，宣告刧運降臨是肇因於
世人道德敗壞共業所召感而至的。在《忠孝翊運真經》內云：

> ……爾等眾生，或賤或貧，或夭或亡，或遭水火，或斃雷
> 擊，或廢於疾病，或死於兵革，或殍於飢荒，或陷於罪罟，
> 或戕於猛獸，或墮於地獄。皆緣夙世悖倫亂紀，大逆不道，
> 或罵父母，或欺君長，以是義故，種種煩惱，種種蝟褤，曾
> 為逆報。……（頁273）

在《忠義經，慾界章第16》也提出末世刧難的宣告：

> 吾觀慾界眾生：無情，不忠不孝，不義不仁，作多惡業，全
> 無悔心，綱維圮裂，大數自傾，兵火肆起，玉石俱焚，凶荒
> 洪火，苛政煩刑，備諸苦惱，生意滅絕，人道將窮。……
> （頁277）

末世刧難和滅世說常常是一體兩面的。
在〈關聖帝君濟世救急文〉便呈現如此面向的宗教神話：

> 光緒二年元旦，帝駕親臨天闕查勘，果見眾生都是不敬天
> 地，不禮神明，不祀祖先，不孝雙親，不和親族，不敬老
> 人，不守法紀、不存良心，明瞞暗騙，利己害人，恃強欺
> 弱，敬富欺神，宰牛殺人，買賣不平，見善不許，見惡稱

心，其中有善可錄之人，百無一二，污聲遍地，惡氣沖天。帝回殿大怒，傳旨收滅眾生，吾見不忍眾生之苦，再三懇切哀求，幸蒙天尊慈允，飭准善惡區分，敕命十大魔王，雷雨風電，蟲蝗瘟疫，豺狼傷人，除盡奸惡，以警人心。此後若仍不改，將來屍橫滿地，枯骨成林，那時則悔不及。眾生從此速速改惡從善，毋蹈前轍，吾嘗演說之《濟世真經》云⋯⋯㊻

　　滅世是天降災咎、疾疫、蝗蟲、飢旱、水潦等自然力摧毀大地生靈；人間惡多善少，道消魔長，小人猖獗，君子退隱在野，將引動干戈兵災；二者總歸於天譴，將蕩盡一切凶惡，若眾生仍不畏懼此滅世預言，肆行奸惡，在《翊運真經》中關帝則以嚴峻口氣誓告：挈風掣電，轟雷霆，將百萬神兵，誅妖孽，斬邪源。（頁274）「先奪其魂，後殺其體」（《濟世忠義經·世道章第四》，頁276）這些強硬、恫嚇的末世劫運、滅世譴告的宣言後面是緊接著救世思想，強調遵行關帝寶訓之言，勤行孝道，敦修倫紀，盡忠秉節，改惡從善，一可免除淪亡的命運；二可獲百神日夜守護，災消禍減，百福咸臻的福報。

　　借他力超驗神明的權威性來引出人類道德的本心，正是將孔門道德教化予以神學化，以達到改善人心，重整社會秩序的效果，是

㊻　轉引自鄭志明教授：〈明代以來關聖帝君善書的宗教思想〉，收入氏著：《中國社會與宗教》（臺北：臺灣學生書局，民國78年11月，2刷），頁293-294。此鸞文開頭言始於光緒2年（1876年）。

有其神道設教的文化意義。

(2)《關聖帝君覺世寶訓》、《關聖帝君覺世真經》（《藏外道書》第 28 冊，頁 320）

約撰成於明末，清人孫念劬收入《全人矩矱》卷首「經訓必讀」中，兩文合併，內容仿《太上感應篇》、《文昌帝君陰騭文》。從其所列倫理條目來看，更富於儒家教化色彩。《覺世寶訓》開頭即言：

> 人生在世，貴盡忠孝節義等事，方於人道無愧，可立於天地之間，若不盡忠孝節義等事，身雖在世，其心已死，可謂偷生。（同前引）

聖人立人道之極，垂訓教化，行之久遠，至末世流於科舉記誦之學，士子借以獲取功名的手段，已喪失對社會教化的主導力，凡庶逐漸失去本性，綱紀倫常廢弛，人間災難由此而至。三教聖神，皆從人間修養忠孝節義而來，凡塵尚有其後裔子孫、親友，鄰坊，當會觸動天界眾神的悲憫心，以天志與神力來維持社會秩序與正義，強調個人只有從自身道德的修煉，來恢復有靈性，才能化除劫難。依天的意志實踐道德，才能消除宿業，獲得福崇。不是透過人自身道德主體性的自覺所建構出的理想社會，這就是鸞堂依託神力所形成的道德宗教化。在〈覺世寶訓〉中便將儒家的「慎獨」由內收攝功夫，轉為依傍他力的限制：

> 凡人心即神，神即心。無愧心，無愧神。若是欺心，便是欺

> 神。故君子有三畏四知，以慎其獨。勿謂暗室可欺，屋漏可
> 愧。一動一靜，神明鑒察。十目十手，理所必至，況報應昭
> 昭，不爽毫髮。（同前引）

　　在天理昭昭，報應毫髮不爽的超自然鑒臨下，抑制凡庶不道德
的行為和意念，在消極上，達到止惡的效果。而在積極上，以現世
消災減禍，長壽、康寧，子孫登科的福祿之保攝，勸凡庶開展其
「本心」、「良知」——即善心於日用常行上。在《覺世真經》中
提出 34 則善條：

> 敬天地，禮神明，奉祖先，孝雙親，守王法，重師尊，愛兄
> 弟，信友朋，睦宗族，和鄉鄰，別夫婦，教子孫，時行方
> 便，積陰功。救難濟急，恤孤憐貧，創修廟宇，印造經文，
> 捨藥施茶，戒殺放生，造橋修路，矜寡拔困，重粟惜福，排
> 難解紛，捐資成美，垂訓教人，冤仇解釋，斗秤公平，親近
> 有德，遠避凶人，隱惡揚善，利物救民，回心向道，改過自
> 新，滿腔仁慈，惡念不存。（同前引）

　　對以上一切善事，能信心奉行的人，上天必賜「加福增壽，添
子益孫；災消病減，禍患不侵，人物咸寧，吉星照臨。」（同前
引）的現世效益。反之，對那些不修片善，行諸惡事的眾生，則以
水火盜賊、惡毒瘟疫，官司口舌，殺身亡家，近報在己，遠報在子
孫的報應臨之。
　　由神力的權威意志，規範世人共同遵守的家庭、社會倫理，並

進一步開展出道德實踐的社會慈善行為，和遏止惡心惡行的運作，以達到深化人心、穩定社會秩序的效力。

(3)《關聖帝君應驗桃園明聖經》（簡稱《桃園明聖經》）

該書由關聖帝君於嘉慶 25 年（1820 年）11 月 28 日降序；刊行年代為咸豐 5 年（1855 年）乙卯歲上元日。光緒 10 年（1884 年）甲申孟秋、20 年（1894 年）甲午夏重梓；民國 19 年（1930 年）庚午，上海宏大書局金友生石印重刊，收錄《靈驗記》、《戒淫言行彙選》、《世系圖》、〈供神銜式〉、〈告文式〉、《周將軍寶誥》、《明聖經》原文、註解、〈關聖帝君訓孝文〉、《關聖帝君覺世真經》、〈關聖帝君戒士子文〉、〈關聖帝君寶誥〉、〈聖函〉、〈聖帝補訓〉、〈聖籤〉等篇合為《關帝明聖經全集》，收入《藏外道書》第 4 冊，今臺灣奉恩主公的關帝廟，皆有翻刻其中《明聖經》，尾附上〈關聖帝君聖籤〉出版，足見此鸞書在民間流傳的深遠影響。

此經乩降時間在嘉慶晚年，次年便是進入道光，清代統治階層對政治社會秩序的主導力開始鬆動，內部有西方傳入的毒品肆掠民生，外國人從中劫取的經濟利益，每年數千萬兩，❹中國社會遭逢

---

❹ 據鄭天挺等編：《清史》（臺北：昭明出版社，1999 年 9 月）考查，在 18 世紀 20 年代初期，英國輸入的鴉片，每年只有 200 箱，到了 1838 年，就達到 40200 箱；吸食人口 200 萬人，流毒達十餘省。鴻臚卿黃爵滋在道光 18 年（1818 年）戊戌上奏言：「自道光 3 年至 11 年，歲漏銀一千七八百萬兩；自 11 年至 14 年，歲漏銀二千餘萬兩；自 14 年至今，漸漏至三千萬兩之多。」（頁 577－580），這些入超的銀兩，泰半是購買鴉片的錢。

前所未有的變局，引動天上聖神的關切，再次降鸞匡君救民，「以公善之心望世，此《桃園經》之所以現身說法」（《藏外道書》第 4 冊，頁 243）。故關聖帝君在此經中強調「人心」的道德本源：

> 日在天上，心在人中。心者，萬事之根本，儒家五常，道釋三寶皆從心上生來。仁莫大於忠孝，義莫大於廉節，二者五常之首，聖人參贊化育者此而已，仙佛超神入化者此而已。自有天地以來，這個無極太極之理，渾然包羅，古今長懸，諸帝王、聖賢、仙佛，萬經千典，祇是明此理，成此事而已。（同前引）

將宋明理學家「發揚本心」的道德主體性的根源，歸於宗教神學的「天心」，如此儒家的心性修行便依附於天志之下，由天的權威力，以及善惡禍福的制裁力，來導引凡庶回心於人倫的日用常行的實踐。關帝進一步闡明經題之意：

> 《明聖經》三字，經者，常也。所言無非人生日用常行道理，可以常傳萬古。人能恭敬身心，時時不忘乎根本，刻刻常存乎孝弟，謹敬這個心田，勿貪勿淫是也。……（同前引）

聖意所謂發揚本心，即落實於人生日用常行的孝悌，躬行孝悌便可以印證天心，上體天道，獲得諸神的護佑；違之，則禍災降臨：

勿謂善小而不做，勿謂惡小而可行。天網恢恢分曲直，神靈
赫赫定虧盈。孝弟忠信人之本，禮義廉恥人之根。爾能聽吾
行善事，定有祥雲足下騰。吾受三天門掌握萬神啟奏吾先
聞。善者加祿、加官爵；惡者遭殃絕子孫。報應遲速時未
到，昭彰早晚福終臨。休道天高無耳目，虧心暗室有遊神。
（頁240）

以神道演繹孔門聖教心法，以赫赫天志強調道德良窳的必然報
應，其用意乃在於提昇凡庶潛伏的善性，使一己行為順天理，來達
到救世目的。

(4)〈關聖帝君顯應戒士子文〉（收入《桃園明聖經全集》內，《藏
外道書》第4冊，頁267－268）

古者士有擔負文化傳承及社會教化的使命，同文昌帝君一樣，
關帝也關心士子的品性，借神道掌控功名祿位的權柄，乩降勸天下
士子，敦修人倫，勤守道德以保有科名。故開頭即言：

夫四民之中，惟士居首；百善之內，孝行為先。余叨職司文
教，糾察賢愚。凡遇選士場闈，查考善惡：德行優而吉神
護，可保成名；冤累重而仇孽隨，難期發達。苟一念之未
純，雖窮經而何益？聊述往事，以訓諸人。（頁267）

接著關帝以前朝士子善惡報應事例作為訓戒材料，更具有感染
力。在孝道方面，於性有虧而失去功名的事例有：

王用予，太原諸生，祈保妻疾病癒，不祈母壽，降罰三科。

俞麟，對父言面從，心不從，文昌黜其科，削除五福。

陳杲，父歿未葬，兩試科考無名。

鄭文獻匿母喪赴考，為天雷擊死。

竭盡孝道者，而獲取科名的事例有：

熊舌耕，養繼母，私塾所得館金不私分文，生子翰林。

陳栓，以善養繼母，名標鄉榜。

顧鼎臣，以母疾求神，願減自身壽命以延親壽，而首魁黃甲。

在立節修身，不犯淫戒，而獲得科名事例有：

周吉，自祖至其父，三代不淫女色，及其身掄元。

曹鼐，夜讀書，鄉婦夜奔就之，曹書不可，及入試，闈官閱卷，欲置之，神於空中大呼：「不可！不可！」乃中元。

徐性善，有相其貧死，友人楊宏欲奸一女，徐力阻之，後乃中元。

尚有不棄糟糠、病妻，護生戒殺，濟人之困等善行，而位至三公，或福蔭子孫。

其他如犯貪黷欺瞞、譏訕口業、戲謔婢女、殺生食牛、犬肉等罪而被削除名籍云云。（頁267-268）

關帝言：

> 勿謂無知，神將默記；勿謂不報，影必隨形。……功名之事，寧無據歟？去取之間，必有驗焉，……惟求黽勉積善，以迓天庥；不可倚仗夤緣，而干國法。淫殺妄盜，字字書紳；貪黷欺瞞，時時省察。……由此留心積德，矢志潛修，則甲第蟬聯；不負予言之勉勸，聲名烜奕，……凡為士者，

各宜勉旃！〔同前引〕

　　善書最具渲染力的就是以現實生活中已發生的善惡禍福報應的
事件作為教化材料，關帝以超驗的神力飛鸞降筆，更能佐證：天鑒
察人間功過是非，是無所不知的事實！當然在無神論的眼中，或認
為是侍壇弟子裝神弄鬼的愚民之法，但是從勸善止惡，化民成俗，
而達到社會和諧的效益來看，此神道設教自有其文化價值的一面！

　　(5)〈關聖帝君戒陰險諭〉

　　為關帝在宣統 2 年（1910 年）庚戌 10 月初 5 日戌刻，乩降文
書，見於《照心寶鑑》卷 2（收入《藏外道書》第 27 冊，頁 490－
491）。

　　由於末世時期，邪風肆虐，競相趨於末流，人心敗壞，奸險偷
刻，為達目的，不擇手段，關帝為端正人心，屢屢降筆。正如其鸞
詩所說的：「忠心義膽凜如冰，奸黨猖狂自不平，千古常存此正
氣，伏魔到處顯威名。」（同前引，頁 490），對關帝而言，在他歸
真成神前所見的漢末亂世邪惡充斥景況，和清末時期是沒有兩樣
的，都是妖孽橫行，賊氛猖狂，故此文以嚴峻的口氣警告彼等宵
小，不可藐視天報：

　　　可嘆！世人貪圖目前之利，習為陰險，或笑中有刀，或暗裏
　　放箭，損人利己，貪昧妄行。似此之輩，真同鬼域邪魔，暗
　　逞手段，較之恃剛妄為者，尤為可怪，尤為難除。吾……豈
　　肯坐視此輩，殘害良善？用特垂訓示：凡習為陰險者，速自
　　痛改，尚可為善，若不凜吾言，仍蹈前非，吾必加以懲創！

（同前引）

以神力申明斬妖伏魔的決心，恫嚇陰險狡詐之徒，速自回心向善，否則報應臨頭，悔之晚矣！

由以上所論述的諸篇勸善文書來看，明清以來，信仰關帝恩主公的民間善堂，依託其名，製作鸞書宣揚儒教忠信孝弟的思想，以淨化人心，重整社會道德秩序，對儒學社會教化的推擴，有不可忽視的力量。

## (四)明清鸞堂乩降勸善文書的入世特色

道教入世轉向，以明清鸞堂的成立，具體的實踐。從以上鸞堂彙編成書，及依託神意的單篇勸善文論述來看，可以歸納出以下五點入世特色：

### 1.會歸三教聖人的勸善思想

鸞堂可說是道教長期宣揚三教合一思想下所形成的產物，以現有的文獻資料來看，北京三聖宮青雲法化仙壇及榆垡古鎮的南北勸善壇所彙編的鸞書：《起生丹》、《照心寶鑑》、《勸世歸真》等書來看，降筆中三教聖神仙佛以道教神靈最多，有玉帝、帝君、元君、天君、星君、大帝、真人、大仙、仙子、元帥，將軍、鎮壇公等神官；其次是儒教聖賢：自孔子以下，有顏回、曾子、子思、孟子、程朱等聖賢；佛教有釋迦佛、觀音大士，地藏王菩薩為主。三教聖人均栖遑於世間各處鸞堂，降下警世勸善的金玉良言，企圖力挽狂瀾、救拔沉淪的人性，可謂用世之心深切。

### 2.三教聖神均宣揚儒家道德觀

三教聖神垂訓乩降文書，大抵皆儒家道德倫常之言。如《勸世

歸真》卷 1〈序〉內云：

> 伏思訓諭詩詞，不外堯舜禹湯文武周公孔孟之道，神教亦聖
> 教也，神諭即聖諭也。（《藏外道書》第 28 冊，頁 3）

《起生丹》卷 3，侍壇弟子奉濟佛乩示作序，內云：

> 上帝猶不忍聽天下生民遭茲塗炭，故有鸞壇垂訓，教人以崇
> 道德，重綱常為當務之急，不惜金聲玉振之音，施以苦口良
> 言，用勸懲為方，以規模作藥而救人心之懵懂，庶消刼海之
> 沉淪！（同前引，頁 652）

光緒 3 年（1877 年）丁丑，北京大興縣潞河區醉仙亭（別名：積
善齋、同善堂）雲龕祖師降壇乩示《勸善要規》成書以化導愚蒙，書
分 6 卷，末卷即為儒學色彩濃厚的〈敦倫立本文〉，內即明言：人
為萬物中最靈，以其靈於知曉孝悌忠信、禮義廉恥云云。（《酒
下》，頁 223－224 引）

成立於晚清京師的青雲法化仙壇，其壇規戒律末條即明言：

> 必先孝悌為重，忠信為誠，莫論人非。凡同善之人，各當洗
> 心滌慮，厥氣涵性，凡事和藹，克己復仁，隨時存心，濟災
> 扶難，矜孤恤寡，敬老尊賢，以領會仙機……（《照心寶鑑》
> 卷 1〈壇規弁律〉，《藏外道書》第 27 冊，頁 428。）

　　侍壇弟子皆內修儒家孝悌忠悌之德，外立矜孤恤寡、濟災救難之功，以應天理。正如《石音夫功過格》所言：「不論儒釋道三教，俱要從孝弟忠信，禮義廉恥做起，言天官豈有不孝弟之真宰！洞府無不忠義之神仙。」（《藏外道書》第 12 冊，頁 92）既然天上神仙真人皆從人間修孝悌忠信諸道德而來，當其介入俗世情懷時，自然也會宣揚儒家道德來作為救渡群黎的法船。

　3. 以神意強調修聖道可以安身立命

　　儒者以仁存心，以禮立身，以義行事，皆出於自覺，且以此作為訓俗之本心，不依傍神道設教。然而聖道可以策賢，不能儆愚氓，故道教鸞書皆以神道附之，強調道德非唯可以安身立命，在現世的效益上也可以消劫免災，子孫受享福祿，以此中國社會，人人企盼得到普世價值觀，來勸誘凡庶積德行善。如《起生丹》卷 4，載民國 8 年（1919 年）己未 4 月初 8 申正，釋迦佛降筆於青雲法化仙壇，論〈三教歸源解〉一文內即明言此理：

> 如遵循孔門傳授之心法，則知以禮義廉恥為重，非分不貪，非法不取，非心不生，非道不進，而恐怖顛倒夢想一切苦厄，自然遠離，豈非極樂世界在於眼前。（《藏外道書》第 28 冊，頁 711）

　　同書卷 3，載光緒 25 年（1899 年）己亥 3 月 18 日，孚佑帝君降筆詩一首：「年來專為救人忙，想徧消災濟世方，心術休因貧賤壞，念頭宜教子孫強。善勸廣積福能大，陰騭多修壽便長，即此自然除病患，無須服藥可安康。」（同前引，頁 678－679）

　　《勸世歸真》卷 1 載八仙之一張果老乩降七絕詩一首：「勸化
庸愚要孝親，世間根本重人倫；歸家敬奉高年老，真有天良百福
臻。」（《藏外道書》第 28 冊，頁 16）

　　如果人人皆能勸修道德，以此集體善行的共業，將可免除刧
運，達到四海昇平，圓滿的人文世界。

　　4. 天律誅心，善惡果報，絲毫不爽

　　世人或謂神道幽遠難測，果報不足據哉：三教聖神，頻頻降筆
示意；陽律或可逃匿，天律誅心，無所遁逃。所謂「人間私語，天
聞若雷；暗室虧心，神目如電；肚裏蹺蹊，神道先知。」（《名賢
集》句）人或可用盡心機欺瞞天下人；卻無法欺天、瞞天，這就是
鸞堂借助扶乩的宗教信仰力量，以鑒察人心善惡的公正性和權威性
的意志，來掌控和維持人間秩序及倫理的和諧。如關聖帝君在其
《覺世真經》的結語所說的：

　　　　近報在身，遠報子孫，神明鑒察，毫髮不爽。善惡兩途，禍
　　　　福攸分；行善福報，作惡禍臨，吾作斯語願人奉行。（《藏
　　　　外道書》第 28 冊，頁 320）

　　以及《桃園明聖經》親言：「天地無私，善惡昭彰，順天者
存，逆天者亡，神道設教，藉此以傳。」（《藏外道書》第 4 冊，頁
243）

　　神道設教將儒學道德宗教化，雖混亂其道德主體的自覺性，然
而在匡俗濟世上卻有某種程度的影響力，之所以能深入民間，在下
層社會流傳，就是牠所強調的「善惡報應，如影隨形」、「天網恢

恢，疏而不漏」的思想。

　5. 以神道設教作為末世刼運的救世思想

　　鸞堂乩降文書最具儒教入世色彩的，即是諸神介入人間苦難的淑世情懷。由於天上神仙乃由人世忠臣、孝子、義士、節婦等道德完備者之所歸位，如今俯見下土世風敗壞，人心陷溺，共業所召感的刼災，自然牽引眾神悲憫之心，頻頻河沙木筆飛鸞遍布三千界，正折射出彼時世局的動盪，及道德的崩解下，一種末世應刼而生的救世思想。

　　武聖關公在光緒 12 年（1886 年）丙戌 8 月 22 日，乩降一篇〈哭世詞〉其救世情懷真切而動人心弦：

> 幾十年來枉將教化宣，可歎是，欲挽俗情到底難！可歎是，人民難免遭塗炭！可歎是，刼運終歸何日完？可憐是，看那些黎民到了危難臨身的時節，兢兢戰戰，悚懼恐惶的情形實可慘。可恨是，禍患一消，那作惡的心腸依舊如先。某獨坐宮中，何日不心關？何時不是淚潸潸？（同前引，頁 591）

　　武聖帝君不是冷眼視世情，高高在上享天福天爵的神仙，其介入人間的苦難，同古來聖賢用世之心是一樣的。欲挽刼海狂瀾於一身，奈何眾生善少惡多，其性剛強，難調難伏，即便萌悔過之心，不久又重蹈故惡，致使諸神枉費頻頻勸化的苦心。但說歸說，嘆歸嘆，「哭盡一腔血，掏出一片心」還是繼續勸化下去：

> 只要著天下的人民行忠孝，存廉恥，學聖賢，莫學奸，免教

某愁眉淚眼意難安。也可以稍舒某的為民擔憂念。又何需高燃巨燭，滿斗焚香，酒果來呈獻？（同前引，頁 592）

只要世人能行忠孝、積善德就可以慰天上聖神之心了，毋須假世俗的酒果珍饈來諂媚，以德回應天心，即順天理行事。

光緒 15 年（1889 年）己丑 9 月 15 日，海蟾劉仙乩降〈丹功迴文〉一篇也表達了同樣的汲汲於渡世的情懷：

> 仙神飛鸞降筆，教化世人，原為草野愚夫愚婦費此苦心耳。……惟此下民為風氣所染，失其本然之性，入於惡習之中，不明孝弟忠信，禮義廉恥，任意胡為，傷天害理。及陷於罪，然後從而刑之，笞杖、徒流、大辟，生遭五等之誅；地獄、惡鬼、畜生，沒受三途之苦，可慘！可傷。上帝婆心，憐憫下民，命群仙眾聖降壇垂訓，諄諄命誡，搖傷木筆，畫破沙盤，日夜奔忙，飛鸞顯化數十年，塵凡勞苦，不憚風霜，不嫌污濁，代天宣化，為國救民，此則予之苦衷……（同前引，頁 89）

晚清時局的動盪，人心的敗壞，有一部原因是來自吏治的腐敗；另一部分則是西方帝國主義的侵入，其中影響至鉅的是鴉片的輸入，仁宗嘉慶 18 年（1813 年）癸酉，首度頒禁令；道光朝再重申禁令，並派林則徐駐粵，查辦海口禁煙事件，道光 19 年（1839 年）己亥，禁燬鴉片，次年便引發中英戰爭，清廷戰敗，被迫簽訂南京條約。在政治、軍事及王權無法遏阻鴉片的輸入時，神權便透過飛

鸞降下警世戒煙文書。如《起生丹》卷3載光緒17年（1891年）辛
卯2月16日未正，西華帝君乩降〈煙雲魔障歌〉一文，觀世人因
吸鴉片到家財蕩盡，甚且嚴重到魂斷藍橋，命喪黃泉。再以苦口良
言降筆以歌謠體勸世：

> ……恐怕是偌大的家私因為吸煙敗，最好的人品暗被煙毒
> 傷。我勸那吸洋煙的人兒，快快聽我勸，急發狠心腸，若要
> 是戒了煙，我許你神清氣爽，身強壯，壽命亦能長也。免得
> 財消家敗聲名喪也；免得充口無食，遮體少衣裳；更保你四
> 季安然身無恙，闔家歡樂美譽傳揚。（同前引，頁662）

以超驗的神意保攝世俗福祿壽康的效益，可謂用心深切。第二
件神權關心世道的是光緒26年（1900年）庚子5月，白蓮教倡導的
義和團入北京暴動，燒燬洋人公館及教堂，殘殺教民，此舉引動八
國聯軍攻陷北京的兵災浩刧，在前一年，天上聖神已知道人間禍亂
將起，基於天機不可洩露，只頻頻降下警世文，勸世人早回心向
善，或可免一場兵燹浩刧，而不致淪胥以亡。如《照心寶鑑》卷
1，載光緒25年（1899年）己亥正月18日戌刻，西華帝君乩降〈正
心務本說〉提到世道人心的變壞：

> 吁嗟乎！世道衰微，邪之害正！未有底止也。強凌弱，大欺
> 小；貪心生，良心死；彼陷我喜，人得我嫉；機巧變詐，精
> 神同入渺茫。放蕩邪侈，綱紀將歸淪棄，豈大道之不明哉？
> 亦人心之未正耳。……辛遇好善諸生設壇濟世，秉虔信以扶

持，感神仙而化導，慨時事之難言，滔滔流水，勸人心之向善，……作中流之砥柱，莫逐狂瀾而俱逝，庶幾大道有昌明之期，而不致淪胥以亡也。（《藏外道書》第27冊，頁440）

奈何凡庶對聖神勸世箴言視為藐藐無稽之談，終遭刧運魔障。此次義和團事件幾釀成亡國之禍，稍早，孚佑帝君於該年 4 月 13 日午刻，降於青雲法化仙壇，題為〈正人心論〉以與拳教劃清界限，表明心迹，端正視聽，避免受到牽累：

> 本壇自開創以來，於今已及廿載。推原設壇之旨，原為勉人學善行去邪念起見，兼以救急濟難，垂藥活人，並非競尚怪奇，淆惑人之耳目，不過庸言庸行，數大端而已。庸言庸行之要不過忠孝二字而已；盡忠盡孝不過一心而已；所以修善之道，先在一心。……有此大端，則本壇之飛鸞宣教，所以能歷久不輟者，其故不辨可知。乃近來外間，假請壇以為名，而陰以濟其行險作亂之心，甚至愚昧無知之輩，隨風響應，一唱百和，倘不若為分明，勢必邪正難辨。……本壇既以勵善祛邪，救急濟難為第一要義，則予之心，自得大白於斯世。現擇於本月十八日起，無論何人，均不准叩事。本壇諸弟子尤當謹行慎言，外間有何新奇議論來壇均不准傳述談及，以免物議。……此年五月，壇事停止。（同前引，頁441）

天上諸神已知道拳匪會帶給鸞堂的傷害，特早先一步降筆敕告侍壇弟子停止壇事以避禍，直到光緒 32 年（1906 年）丙午，才稍稍

解禁。協天大帝於此年二月 9 日午刻，降〈警世文〉針對庚子事變
刼難作事後的反省：

> 嗚呼！於今世道大變，人心搖搖，強者肆其鯨吞，弱者甘為
> 奴隸；智者逞其詭謀，愚者憑人播弄；富者視財如命，貧者
> 棄品不修；貴者妄自尊大，賤者枉自攀援。以致上干天怒，
> 下積魔障。庚子之年，神拳大肆殺掠教民，殃及無辜。嗚
> 呼！下民何罪竟遭此報也。《書》曰：「上天孚佑下民。」
> 又曰：「民之所欲，天必從之。」又曰：「天視自我民視，
> 天聽自我民聽。」由是觀之，可知天心即在民心，民心向
> 善，天即降祥；民心向惡，天即降殃。太上曰：「禍福無
> 門，惟人自召，善惡之報，如影隨形。」愚民不知此義，性
> 情易遷，……誘之以惡則惡，引之以善則善。神拳之起，大
> 半盡村夫愚氓，不知天高地下，海闊山深。橫行一時，殺人
> 刼財，虛假神聖之威，以啟敵國之兵；妄託仇教之名，以遂
> 殺掠之志。……小民呼號無地，控訴無門。四郊無人，橫尸
> 滿野。下民不知自省，猶復怨天罵地，萬口同聲。際此時
> 艱，人心尚不能挽回，天亦無可如何矣！夫刼由魔生，魔由
> 心起，浩刼之來，在數難逃。……天心不忍坐視人民陷溺，
> 於咸同之間，屢次示警，無奈魔障已成，不能打破，蘊蓄愈
> 深，毒氣愈烈，遂於庚子年，魔障潰為神拳，以致禍結兵
> 連，大加懲創，亂已至極。……世人莫怨神佛無靈，此乃造
> 化循環一治一亂之樞機。……吾今追想當時，不禁悲歡欲
> 絕，故陳述往迹，思以勸世，及時為善，量力積德，莫再蹈

> 此覆轍，則吾言不致空費筆墨，而世人亦獲無窮之福矣！
> （同前引，頁442）

所謂「國之將亡必有妖孽，國之將興必有禎祥」。禎祥與妖孽端繫於人心之正邪，人人心存正道，則自然收魔退刧，開創新運；否則，一同沉入生死苦海，仙佛亦莫可如何。宏教真君也在此年 4 月 12 日午刻，應弟子請壇降筆提到此事變對鸞堂社會教化的衝擊力：

> 話慨自庚子之亂，時勢忽更，神道設教之說，將泯於天地間矣！當此風波不測之時，各秉至誠，恭請仙訓，實為罕見。況生等屢遭危險，能不變其初志，是真人神所共欽，而天地所垂祐者也。……（同前引，頁465）

並嘉賞侍壇弟子能一秉行善、勸善之初衷，敦請仙佛再降鸞賜書，以續已斷之緒，垂不刊之論，將可獲福無量勉之。

由鸞書五點特色可以看出明清時期道教以鸞堂作為介入俗世，重建社會道德秩序的甬道，透過神諭，宣揚儒家倫理道德，對儒學下貫到世俗朝神學化發展確實有正面的推擴之功。

# 三、明清時期道徒編撰
# 勸善書儒體神用的意涵

## ㈠道徒撰寫紀事性的勸善書

　　隨著道教鸞堂進一步的入世化、民間化的加深，便有以紀事性故事方式來宣揚因果報應的勸善書出現，其中較有名的是道士董清奇在嘉慶 18 年（1813 年）癸酉以章回小說形式撰寫：《除欲究本》、《指淫斷色篇》二部勸善書。可能受到明清以來，儒者為道教勸善書作圖證、圖說，附以事例方式，使其更通俗化的影響，董氏也以近庶民階層的口語、俚語，加上日常生活化人物善惡禍福的事例來宣揚倫理道德，達到更深入下層社會，使之化俗成善的目的。董氏在《除欲究本·自序》中即言：

> 赤腳道人終日托鉢十方，功德無可酬答，編一部《除欲究本》的俚言，奉勸世人。只因三教經書理同而取名不一。儒有學門，釋有機鋒，道有異名，文深義遠，人難盡曉。余編此書，少學問，短機鋒，無名，言簡路捷，易於醒悟，即是全不識字的人聽之亦與身心有益。……（《藏外道書》第 28 冊，頁 100）

　　這一段話可以看出彼時有心於世風教化拯濟者已經了解對庶民的勸善，不能走高層次的心性思辨，必須依傍鬼神的因果報應通俗事例，才能深入人心，此董氏撰寫此兩書目的。茲分述於下：

1.《除欲究本》的主要內容

《除欲究本》刊於嘉慶 18 年桃月（3 月）；齊仁清作序文，即明白揭示其篇題之意：

> 除欲者，除其舊染之污；究本者，究其本然之性。……是書言雖簡而路捷，詞雖淺而易醒，覽之者，勿謂妄誕之論，而嚼之自有旨味也。……庶乎邪者可以歸正，惡者可以化善。
>
> （同前引，頁 102）

該書共分積、聚、成、全、圓、滿 6 卷。卷 1：「積」和卷 6：「滿」是總論人性善惡，是非、禍福報應，及天道昭彰之理，以歌行體形式為之，頗易於口誦流傳。四言勸世歌，如卷 1：

> 忠臣孝子，感動天地。省察覺悟，自問自己。秉心無愧，常存天理。諸神護祐，暗裏提攜。遇難成祥，逢凶化吉。（頁 104）

五言勸世歌，如：

> 惡人有天罰，惡滿天報應；善人有天憐，暗裡有感應。（頁 106）

> 光陰似閃電，瞬息死到期，一步足踏錯，披上畜生皮，再想得人身，只怕莫日期。（頁 107）

又：

> 上天取人物，其妙不同尋。任公千般藝，謀略驚鬼神，相貌
> 比人強，才高壓萬人，這些都不取。單取正直心，心好行為
> 好，天纔保佑君。（同前引）

又：

> 善人天養他，惡人天殺他；生殺雖是天，善惡由自家。殺斬
> 無親疏，有賞也有罰；不公不是天，公與天一家。（頁 108–
> 109）

六言勸世歌，如：

> 世人多有任性，任性必要遭橫；君子多肯遵理，遵理近乎賢
> 聖。理性都由君揀，善惡由君自定。（頁 113）

七言勸世歌，如：

> 師徒二人講杳妙，說的高興懶睡覺；徒弟問師何物貴，師曰
> 莫過德與道。（頁 115）

又：

古來英雄好修內，忠孝節義常不昧，四般得一能凝神，神聚
自然登神位。……一靈真性人人有，不必居官皆可為，匹夫
匹婦傳多少，振起三綱扶四維。世人都肯行忠義，上天從來
虧過誰？（頁 117）

又：

天生天滅都由天，作善作惡自己做，惡人迴念存心好，上天
賜福又添壽；福祿之人把心壞，折盡福祿不到頭。（頁 120－
121）

又：

積下陰德鬼神欽，修下陽德人道好；二德能以閉惡風，飛來
橫禍不來找，今生安分不為奇，來生處處緣法好。（頁 127）

又：

當初出家去求神，求神保佑出苦門，後遇高人親說破，神佑
無非是好人，好人不求神自佑，多福少禍超出塵。（頁 132）

如卷 6，五言勸世歌：

性命交與天，自有天安排。禁止起邪念，邪起身有害。家中

生逆子，日久家必敗。心上存下邪，邪發身必壞。去邪要認
真，除盡天理在。心中存天理，不欠苦海債。（頁270）

又：

世人教世人，善惡兩下存；把善擺臉上，把惡存在心。得此
做人法，富貴榮自身；此法與人教，閉塞賢聖門。聖賢教心
學，善惡一處存，心口不如一，一定是匪人；心口如一，纔
是賢聖心。（頁272）

六言勸世歌：

天地一大父母，人物裡面隱伏。生養無有不疼，人把天心辜
負。處事不按天理，仁義道德全無。因此天發殺機，遭譴人
難防顧，若能反本還原，講理自然安服。有說數定難逃，改
過自能免無。（頁274）

七言勸世歌：

萬惡滔天總是心，順心作孽似海深；心要回頭登彼岸，超凡
入聖亦是心。（頁293）

由以上擇錄的勸世詩歌內容可以看出董氏自撰的勸善書，雖然
沒有乩降的神祕色彩，然而仍依傍超驗的天理推行人間道德教化，

在本質上，和鸞堂的作法沒有不同，都是將道德宗教化，都是以現世福祿的效益來牽引出凡庶潛在的善性、良知。

卷 2 至卷 5，仿章回小說形式為之，每則故事開始以二句七言作回名，接著以一首七絕總括故事旨趣；後便是正文故事；故事說完，用一首詩作為贊語收尾。茲舉卷 2 第 2 則故事為例：

回名：「孝心感動百靈敬，積善降祥神鬼欽」

詩題：「剋己施財已早年，生平抱負被人憐，為親割股純陽佑，孝子賢名百世傳。」

故事本文：「乾隆四十年間，余在津門曾聞人云：有邵姓名耆興者，生平為人，居心最慈，甘淡薄，厭殺生。凡廟宇庵觀，一有頹廢，即力募補修，己亦傾囊施濟，從無退縮，形賴以完善者，不一而足。每遊郊外，見棺槨暴露無後裔者，輒倩人隨往，親為鋤瘞；又設嬰兒藥局，延醫生高復震者，董其事。……」（頁 135）

故事大抵敘述邵耆興的善行，以及為療母疾，割股作羹，以供其母，遂獲痊癒。又念祖母桑榆垂暮，願減己壽以益之，後竟享大年。早年有相士占其不壽無子，後遇之，則邵耆興面相改異，地閣頓闊，寬而上兜，此乃陰騭所致。嘉慶 14 年（1809 年）己巳，董道人遇之長安，驗之其人善行，知時人所言不誣，彼時渠年逾六秩，有子六人，皆成家立業。一生曾三遭洋盜，毫不加害；行舟嘗逢颶風，前後舟皆沉溺，獨彼安然無恙。董道人於是書其人，志其事，尾以詩贊曰：「蒼天不昧苦辛人，作善降祥知必真；即令今生未享受，福祿帶去報來生。」（頁 137）

《除欲究本》就是以此講故事方式，寓藏勸善積德的思想，由於是董道人行腳四方，所耳聞眼見實人實事的轉述，特別容易深入

下層社會的人心，其影響力遠超過三教深奧的經典。

2.《指淫斷色篇》的主要內容

此書刊於同年菊月（9 月），作書目的乃針對同道修行易犯的魔障，然而也可勸化普通人。

書分 13 回，形式仿《除欲究本》，以章回小說故事方式撰寫，各回情節獨立，非長篇連貫。董清奇雖為正一派道士，本書卻具有濃厚的全真派禁欲思想。主要是言情小說如《株林外史》、《昭陽趣史》等，咸同以後，社會道德沉淪，淫風熾盛，狹邪、煙粉小說充斥市井，如《品花寶鑑》：60 回，陳森刻於咸豐 2 年（1852 年）壬子；《花月痕》：52 回，眠鶴主人（魏秀仁）編，序寫於咸豐 8 年（1858 年）戊午，至光緒 14 年（1888 年）戊子始有刊本流通；《青樓夢》：64 回，題為慕真山人（即俞達）著，成書於光緒 4 年（1878 年）戊寅；《海上花列傳》：64 回，題為花也憐儂（韓邦慶）著，光緒 24 年（1894 年）戊戌刊行：《風月夢》：32 回，無名氏撰；《繪芳錄》：80 回，無名氏撰；《海上塵天影》：60 章，鄒弢撰；《淚珠緣》：陳蝶仙撰；《海上鴻雪記》：20 回，李伯元撰；《最近嫖界祕密》：20 回，嫖界個中人撰；《名妓爭風傳》佚名。❹以上這些亂人心眼目的刊物雖在董道人撰此二書之後刊行，然而，在彼時已有徵兆出現了，蓋儒道二教菁英，早已洞燭機先，頻頻撰戒淫文以警世人。❹然而董道人此篇

---

❹　參見：孟瑤：《中國小說史》（臺北：傳記文學出版社，民國 59 年 12月），第 4 冊，頁 660−670。

❹　孫念劬編的《全人短牘》成書於乾隆 55 年（1790 年）庚戌，其卷 2《戒淫集說》，即彙集之前神訓及先儒戒淫文。

內容有脫陽說、和尚妓女同澡說，寡婦偷姦說等，皆喻戒淫、戒色
於淫穢故事中的反面教材，恐下愚之人，無法以指見月，見月而忘
指；得兔而忘筌，反而有見指不見月之弊。董道人於序文中亦有自
知之明：「第世之人，愚者多，賢者少，恐認談風流樂事，不幾為
人反害人乎？」（《藏外藏書》第 27 冊，頁 844），雖然寓寄淫蕩之說
於修煉之中，然下愚之人恐有執著穢目情節，而忘撰者之用心，明
代笑笑生的《金瓶梅》即是一個失敗例子。如此看來《指淫斷色
篇》欲勸凡庶斷色戒淫，則不可得矣！

### (二)道徒彙編說理性的勸善書

#### 1.《同善錄》

　　除了以上道徒自撰的勸善書外，尚有有一種彙編三教聖諭，或
先哲警世文章的勸善書。如康熙 57 年（1718 年）戊戌，由吳興同善
堂眾信公（即鄉紳、地主，基於同宗教信仰而結社的信眾）所彙輯刊行的
《同善錄》，其內容據徐元正序言：

> 倣朱子小學之法，纂古今嘉言懿行，分為九條，合成一
> 集……凡持身應世之道，齊家治國之方，靡不畢具，而揆其
> 大意之所在，無非願世間做好人、行好事，得好報，如是而
> 已。……（《酒（下）》，頁 174 引）

　　從以上序文可以看出，彼時儒者對道教的庶民教育的勸善是採
取一種肯定和支持的態度。

　　卷末有「吳興閔道跋」：

余垂髮時，見先君日誦《太上感應篇》……，康熙丁酉（56
年）歲，郡城諸友有十餘人，同道同心行善事。又謀刊崇善
去惡之書以廣同好，來商於余……於是彙為上下卷，付之剞
劂，名曰：《同善錄》，乃吾友不欲私其善於己，而必公諸
天下之心也。（同前引，頁175）

　　由序跋可知《同善錄》內容多採集先儒嘉言懿行，內分為九
條，彙為兩卷。據酒井忠夫介紹；此九條分為：《感應篇註證》、
君臣、脩身、涉世、勸善、戒惡、寶訓格言彙纂等。《感應篇註
證》條，多收入清儒的各家註本；「勸善篇」收《袁了凡先生四
訓》、熊弘備：《不費錢善事例》、陳宏謀：《訓俗遺規》、《家
寶全集》等宋明清儒的道德書。「寶訓」收入〈文昌帝君陰騭
文〉、〈文昌帝君蕉窗十則〉、《許真君寶訓》、〈長春真人方便
文〉、〈蓮池大師慈訓〉、〈戒殺文〉等。（同前引），則可知
《同善錄》內容是三教合一，以儒道居多。道以信仰文昌帝君為主
的一些勸善文。

　　此書在乾隆 11 年（1740 年）丙寅，有侍壇弟子杜自新重刻刊
行，補入「上元天官紫微大帝」降筆於雍正 4 年（1727 年）丙午菊
月重九日的序文，勉同善堂諸人力行善道：

如果能行持，久久將見士行自敦；士行既敦，將見民風日
化，其邀天眷介厚福，真不待旋踵而至。爾諸士其廣行流
布，無負吾意；（見《酒（下）》圖版⑨⑩書影）

　　至於那些泯昧良知、徒逞陷溺獸心者，則為淫霖、惡風、烈火、毒水、疫厲、刀兵、慘刑下收此輩，以充運劫之數云云。（同前引）以彰顯天地鬼神賞善罰惡的必然性；乾隆 24 年（1759 年）己卯，同善堂同人重刻刊行。補上《同善錄》殘脫部分，書版貯存於天醫道院。（同前引，頁 177）

　　2.《三教公書》

　　光緒 15 年至 20 年間（1889－1894 年），山西五臺山極樂寺方丈普濟老宗師弟子孫蓮善彙輯成《三教公書》，上下二卷，其內容收入《陰騭文》、《感應篇》、《玉皇心印經》，附錄《金丹大道》、《性命雙修》；儒典方面，收《大學》、《中庸》，力說孝弟忠信，禮義廉恥，智仁勇等德目。由於時逢庚子年義和團事變，延宕至民國 8 年歲次己未才初刻刊行。（《酒（下）》，頁 223 引）

　　不管是乩降鸞書或是道徒自撰、彙編的勸善書，都對儒學世俗化造成某種程度的影響。清代的民間宗教結社更進一步刊印儒者的勸善書，使之更為廣布流通，這等等宣揚儒學倫理道德教化的作法，終於打破儒道之間彼此存在的門戶之見，正統儒者也不避諱鬼神色彩，樂於主動為道教勸善書寫序，作注、作圖證，補上靈驗記以強化果報必然性；儒道兩教菁英彼此的交流，促使道教入世後更具有宗教倫理化的傾向；反過來看，也使儒學在道德世俗化過程中，染有神道色彩；這是以下筆者所要論述課題。

# 第六章　民間宗教結社對儒學世俗神學化的推擴暨儒者對道教正面的肯定與支持

## 引　言

　　民間宗教結社的善堂除了以依託神意的乩降鸞書對世俗進行神學式的道德教化外，在另一方面則積極捐貲贊助重刊儒者編纂的勸善書，其中或增入一些神道設教的文書，形成儒道合流的現象，使儒學在世俗的道德教化過程中，更進一步朝神學化發展。

　　由於道教宗教倫理的入世轉向，長期地以勸善書宣揚儒家倫理道德，重建社會人文秩序的努力，獲得大多數儒者正面的肯定與支持，紛紛為其書寫序，作箋註、圖證、撰靈驗記以證經文之意；甚至在編纂勸善書時，也收入一些神訓文章。這些都是在均善的目標上，趨於合流的結果。基於以上的概念，筆者將區分成二節論述之。

# 一、民間宗教結社對儒學世俗神學化的推擴

　　民間宗教結社的善堂對儒化的推擴最具體的作法就是出資重刊學者所編纂的勸善書，使之更廣為流通。這也是筆者在前面的論述的，儒士不為官宦的，較多安貧樂道者，有用世之心，然乏用世之資。而道教民間結社成員多來自地方財主、大姓、商人以及官吏，彼此基於信仰共同體而結社，財貲自然較儒者個人雄厚，故此民間善堂能長期對社會進行濟貧救危，矜孤恤寡、施藥、捐棺、助印善書等慈善工作。

　　民間善堂重刻儒者所編善書，其刊本流傳下來的不多，端賴酒井忠夫所見日本內閣文庫的藏本的論述；有《敬信錄》、《得一錄》、《暗室燈》，茲分述於下：

## ㈠重刊周鼎臣的《敬信錄》

　　儒者編纂的勸善書，最獲得民間善堂青睞，而一再予以重刻流通的是：周鼎臣（字心畊）的《敬信錄》，在乾隆 14 年末－15 年（1749－1750）初刻流通，16 年辛未（1751 年）再刻；26 年（1761 年）辛巳 3 刻，增入《關聖帝君寶訓》二十餘篇；32 年丁亥（1767 年）4 刻；35 年（1770 年）庚寅 5 刻；38 年（1773 年）癸巳 6 刻；41 年（1776 年）丙申，周氏歿，其子周厚田繼第 7 刻，44 年（1779 年）己亥，第 8 刻，板存蘇州閶門楊舖。據酒井忠夫對《敬信錄》的流布考查，儒道兩教民間善堂、書坊仿刻此書，至十數刻，如乾隆 33 年（1768 年）戊子，鎮洋善士據周氏第 4 刻板，分刊第 5 刻。此鎮洋板至嘉慶 24 年己卯（1819 年），由山西瑞五堂金重刊時已第

12 刻；乾隆 40 年（1775 年）乙未，楊君信善士據周氏第 6 刻板，分刊第 7 刻，42 年（1777 年）丁酉，分刊第 8 刻，板存崑山正義鎮，此崑山板至乾隆 57 年（1792 年）壬子，由文會齋分刊第 16 刻。

　　道光 16 年（1836 年）甲子，文郁齋據武林四教堂板重修第 8 刻，等等不勝枚舉。（見《酒（下）》，頁 189–193）酒井忠夫所列出的善堂有：「四教堂」、「信善堂」、「三畏堂」、「福皆堂」、「鴻于堂」、「思教堂」、「培德堂」、「集善堂」、「崇慶堂」、「承啟堂」、「普濟堂」、「鳳藻堂」、「德成堂」等。（同前引）多半為文人結社，其中有些是道教的民間宗教結社的善堂，如：普濟堂、四教堂，不管是儒教的結社或是道教的善堂，吾人所要思考的是：為何《敬信錄》在明清善書翻刻分刊次數中最多？從日本內閣文庫收藏《增訂敬信錄》目錄來看、該書收入三教勸善篇，其中以道教居多：

　　《太上感應》（附敬灶君篇）、《文昌帝君本願真經》（下收《陰騭文》、〈勸孝文〉、〈救劫寶章〉、〈蕉窗十則〉、〈勸敬惜字文〉），《文昌帝君聖願》（附《東嶽回生寶訓》）、〈斗姥勸世文〉、《玄天上帝金科玉律》、《關聖帝君寶訓》、〈魏元君勸世文〉、〈蓮池大師放生文〉（附〈純陽祖師延壽育子歌〉）、《袁了凡先生立命篇》、《俞淨意公遇灶神記》、《太微仙君功過格》、《呂叔簡先生居官戒刑八章》、〈遏淫說〉、〈戒賭十條〉、〈勸戒溺女言〉、〈感應篇靈驗〉、〈陰騭文靈驗〉、〈損子墮胎異報〉、〈救急五絕良方〉、〈胎產良方〉、〈附經驗瘧疾方〉、〈不出天花經驗奇方〉）等篇（同前引，頁 182）。尾附加藥方，是

明清時代廟寺善堂刊印善書都會附加上依神意乩示藥籤、藥方，屬於其社會救濟的項目之一。

周氏是江蘇雲間地區治心學（王學）的儒者，觀其所編纂的《敬信錄》屬於儒家本色的有四篇，而佛教的只有一篇，餘皆為道教色彩濃厚的勸善文，在乾隆至道光間，不斷翻刻的民間結社的善堂成員多屬儒道之徒，足可證明在彼時兩教菁英基於勸善化俗的目標，已趨於合流，其所列善惡果報事實，足以悚動人心，故深獲儒道兩教民間善堂的青睞，而不斷重梓流通。

㈡余治《得一錄》的翻刻

道光 29 年（1849 年）己酉，余治（蓮村）採擇古今各種善書章程，足資仿辦者，彙成一輯，名為《得一錄》。內分 8 卷：親親、仁民、愛物、養生、送死、興利、除弊、移風易俗八項。蓋取得一善，拳拳服膺之意。（《酒（下）》，頁 160）

該書刊刻未完成，遇太平天國兵燹，版毀過半。同治 8 年（1869 年）己巳，重刻刊行，版存蘇州得見齋。光緒 11 年（1885 年）乙酉，由湘人募款交付鐵道人携回長沙「寶善堂」刊行。卷首附地方守護神「永鎮定湘王之神」，以彰神道設教。

㈢《暗室燈》的翻刻

不詳作者，據卷前〈凡例〉第 2 條引用先儒之言：『居大臣之位，不讀《春秋》，則昧於是非，其心雖正，多有誤受其過，流惡名於後世者。』（《藏外道書》第 28 冊，頁 461），可推定本書出自儒者之手。觀其目錄，儒道兩教勸善文篇兼收，可見其信仰多元化。酒井忠夫考訂其成書年代在嘉慶 20 年（1815 年）乙亥，同治以後，才大量流通。（《酒（下）》，頁 196）

　　內容編排分上下兩卷。上卷收入道教三聖經及靈驗記；下卷為原作者自撰的善惡因果報應的實例，形式上仿顏茂猷《迪吉錄》、官鑑、公鑑形式，立「敬天鑑、孝親鑑、兄弟鑑、夫婦鑑、忠君鑑、朋友鑑、師弟鑑、言語鑑、慈愛鑑、貞淫鑑、寬忍鑑、善德鑑、謙虛鑑、刻薄鑑、陰險鑑、刁訟鑑、詐騙鑑、戒殺鑑、地理鑑」等 19 鑑。此書在重刻流傳中，內容不斷增益，已非今日所見收入《藏外道書》本之原貌。孚信之在嘉慶 24、25 年（1819、1820 年）重刊時補入：〈戒溺女文〉、〈補述戒溺女文敘〉；道光 19 年（1839 年）己亥，菴元續刻時增入：《般若波羅密多心經》、《高王觀音經》、《觀世音菩薩靈感神咒》；道光 22 年（1842 年）壬寅，紀守青重刊續增：〈呂祖師戒淫文〉《俞淨意公遇竈神記》、《袁了凡先生立命篇》、〈戒淫文〉、〈廣孝文〉、〈孝思歌〉；至光緒 19 年（1893 年）癸巳，湖南長沙寶善堂善士曾毓衢捐貲付梓重刊，增入〈文昌帝君功過格序〉、《太微仙君功過格》、《關聖帝君覺世真經》、〈關聖帝君顯應戒士子文〉，卷末附上〈應驗良方〉。書版封面題：「誠心諷誦、靈驗如神、敦甫敬閱、丁酉（光緒 23 年）6 月，定湘王廟印送。」（同前引，頁 197－198）

　　長沙寶善堂也是基於勸善化俗的用心，極力贊助翻刻流通儒者的勸善書。由以上筆者所舉之例可以看出道教民間宗教結社的善堂推動儒家道德教化的不遺餘力，除了基於均善的目標外，最主要的明清時期，儒者所編纂的勸善書多涉入鬼神報應色彩，或編入一些屬於道教本色的鸞文，因而使兩教之間的門戶樊籬打破，呈現合流面目，也因此得到道教的善堂熱心助印。反過來看，道教即便將儒學道德神學化，但無形中也成了儒學世俗化的推手，長期以降，至

明清時期，終於普遍獲得儒者的正面肯定與支持。順此概念便導入下一節的論述。

# 二、儒者對道教正面的肯定與支持

儒者對道教正面的肯定與支持表現在以下六個作法：1 稱許其推動儒家道德教化；2 為之寫序贊揚；3 為之作箋註、圖證，以廣解其義理；4 為之補述靈驗事例，以明因果報應；5 了解儒道兩教勸善的殊途同歸性，編纂善書時，收入神訓文書；6 出資刊印道教勸善書。現分述於下：

## ㈠儒者對道教正面的肯定

### 1.肯定道教宣揚儒家道德的貢獻

儒者正面肯定道教教義，以及在宣揚儒教道德上的貢獻最早是自宋代開始的。據日本學者秋月觀暎的考查，宋朝有 26 位學者：王安石（1021－1086 年）、黃庭堅（1045－1105 年）、真德秀（1178－1235 年）、洪邁（1123－1202 年）等都曾為淨明忠孝道教派寫文章贊揚過。❶王安石在宋神宗元豐 3 年（1080 年）〈重建旌陽祠記〉一文中更認為儒者應該看到許真君派致力於減輕人民痛苦這一實際儒學教化的目標，並且批判後世之儒糜爛於章句訓詁之末，而號為穎拔俊秀者，不過是利其藝，以干時要祿而已，其所尚者非聖賢之道

---

❶ 秋月觀暎：《中國近世道教之形成——淨明道之基礎的研究》（東京：創文社，1978 年），頁 119、126、139。

也；所謂道應澤及百姓，為民除災解患云云。❷

　　元代御史中丞趙世延為《淨明忠孝全書》寫序，也贊賞此教宣揚忠孝，保存了儒家的精神：

> ……綱三綱，常五常者，其惟忠孝乎？嗚呼！堯舜之道，孝弟而已矣！夫子之道，忠恕而已矣！是知大道至德之要其在茲乎？太史憤世，高鶩虛玄，徒事清談，未能力踐，去大道愈闊也。於是秉彝之固有，開簡易進脩之徑，以化民範俗，言近旨遠，厥惟休乎！……道家鍊神養性，吾斯未臻歟艷，導民忠孝有胸乎大中至正之道，故為之書。❸

　　以上是對儒學化的淨明忠孝道的揄揚。

2. 為其勸善書寫序

　　至於對道教的勸善書寫序，亦自南宋開始。由於理宗賜禁錢百萬，命工刊刻《感應篇》，使朝野儒士紛紛為之序跋以襄贊其事，有紹定6年（1233年）癸巳，陳奐子序；端平2年（1235年）乙未，真德秀序、龔幼采跋；端平3年（1236年）丙申，葉應輔序；嘉熙2年（1238年）戊戌，陳天昌、鄭大惠序、先挺跋。❹

---

❷ 宋・王安石：〈重建旌陽祠記〉，清・金桂馨：《逍遙山萬壽宮志》卷15，頁6−7，收入《藏外道書》第20冊，頁841−842。

❸ 元・黃元吉編：《淨明忠孝全書》序第1−2，《正統道藏》第41冊，頁32880−32881。

❹ 以上序跋，收入《進太上感應篇》表第1−10，《正統道藏》第45冊，頁36199−36203。

陳奐子認為《感應篇》可以警悟人心，有功於治化。❺

真德秀認為「此篇指陳善惡之報，明白痛切，可以扶正道，啟發良心。……至其言有涉於幻怪，要皆為警愚覺迷而設。」❻

龔幼采認為《感應篇》言善惡感應禍福之理，天下愚夫愚婦易知易行。❼先挺也持同樣看法。

陳天昌稱讚該書「有功於輔教者」（同前引，頁36203）

到了明清時期，由於統治君主敕撰善書，因而帶動起勸善的風潮。無形中鬆動了程朱學派的正統儒者視鬼神為無物的價值觀。明代東林學派成員之一高攀龍（1562－1626年），早先攻擊袁了凡將善惡主體行為依傍於超自然鬼神的說法，但是在為其友屬端銘重刻《感應篇》寫序時，就認為感應之說非道教所特有，聖賢載之儒典，且以此會通佛教因果說。其云：

> 凡世人所受一飲一啄，莫不前定，皆應也；命之不易者也。凡世人所作一善一惡，各以類分，皆感也。命之自我造者也，惟即感為應，故即人為天。不然，是有天命無人事，聖賢脩道之教皆贅矣！或以為是近於佛氏因果之說，而諱言之，不知佛氏因果之說，即吾儒應感之理。……佛氏以因果如是，懼人之果報之說，所以為利，其端之殊，在杪忽間耳。

❺　同前註，《正統道藏》第45冊，頁36201。
❻　南宋·真德秀：《西山文集》（出版狀況見前），卷27，頁12。
❼　同註❺。

今懼涉於佛氏因果，并不察於感應之實然，豈不謬哉？ **❽**

　　奉程朱哲學為正統的儒者，除高氏外，尚有顧憲成、陳龍正、
劉宗周、張履祥，他們之所以反對佛道因果報應，不是反對其理，
而是反對以禍福利害誘導凡庶行善戒惡，在他們認為只有不考慮個
人利益，不祈求上天回報的善行才是真善。但是高氏也察覺到這種
道德主體自覺的善行不是下階層凡庶所能做到的，必須以現世福
祿，或子孫科名的效益誘之，才能勸他們行善。高氏以漢儒感應觀
點去會通佛道兩教的因果報應之說，即表示他接受勸善可以分上下
層次，序文中正面承認道教勸善書在正人心，翼教化的貢獻。

　　　端銘屬君重刻《感應》、《救劫》等篇，使人知感應之實，
　　　而誠於為善，其功大矣！吾特明感應者，皆鬼神所為；鬼神
　　　者，皆人心所為；天地之道，為物不二者也。（同前引，頁
　　　45）

　　這是明儒肯定道教勸善書的理由之一。

　　高氏在〈合刻救劫感應篇序〉中也承認聖賢言義理而寓藏吉凶
於其中，而世人不知，又「汲汲然開之，引而之於善，以救其焚，
拯其溺」故曰：「吉凶與民同患」，而世人不信也。則高氏在此，

---

**❽**　　明・陳龍正編、高攀龍撰：《高子遺書》（臺北：臺灣商務印書館，民國
　　　75 年 3 月，影印《文淵閣四庫全書》本，1292 冊），〈重刻感應篇序〉
　　　卷 9 上，頁 44－45。

不得不承認佛道兩教示以鬼神吉凶禍福之說的效力。（同前引）

泰州學派的後期弟子楊起元（生卒年不詳，明神宗萬曆 5 年進士，約萬曆 20 年前後在世）也為此篇作序，內容大抵言《感應篇》所言禍福吉凶之說與儒教經典相同，而「田夫野婦目不知書，然一聞福禍報應之際，即凜然畏憚者。……而聰明識道理者，反指之為庸愚。」此完全不知聖人吉凶與民同患之理，若能讀誦奉行，則鬼神降福祟，且功德無量云云。❾和楊起元同年登科進士的一位文學家屠隆（生卒年不詳），以相信天地間有鑒察人世善惡的鬼神的信仰，也為《感應篇》作過序：

> 夫太極純和，有善無惡；五行雜揉，有陰有陽，純駁和盭，善惡生焉。而禍福刑賞，上帝實主之。于是有檢察之吏，有司過之神。黑白之簿，掌於真宮；劫運之書，校于九皇。壹隨人善惡之輕重，而為之低昂。賞罰或報其身，或報其子孫，或報其現生，或報以宿世乎？……是《太上感應篇》之所為作也。讀是篇者，當洗然而信，悚然而畏，伐毛滌髓，回心易慮。❿

此序文佐證了晚明時期，佛道兩教善惡因果報應之說已深入士階層。連文儒也深信不疑。

---

❾ 明·楊起元：《證學篇》（上海：上海古籍出版社，1995 年 3 月，《續修四庫全書》本，第 1129 冊），卷 4〈太上感應篇序〉，頁 38－39。

❿ 明·屠隆：《鴻苞集》（臺南縣：莊嚴文化出版社，1995 年 9 月，影印《四庫全書存目叢書》本）卷 42〈太上感應篇序〉，頁 14－15。

　　另一位思想極端的泰州學派後期弟子李贄（1527－1602 年）早年反釋、反儒、反道，不信鬼神；中晚年後也開始相信因果，他曾經和焦竑（1541－1620 年）同梓《感應篇》，**⓫**並為之寫序：

> 天下之理感應而已。感者必應，應復為感，儒者蓋極言之。且夫上帝何常之有作善降之百祥，作不善降之百殃？故曰：「獲罪於天，無所禱也。」天人感應之理示人顯矣！彼談性命者，以福祿壽為夢幻，縱欲樂者，以殺盜淫為天性，不能脩慝辨惑，而謂報應非聖人之經；不能愛物仁民，而謂去殺乃惑世之語。……聖人豈導人于殺乎？愛物如此，仁民可知，此大德者，所以必得其位，必得其祿，其名與壽也。始感應之理為誣，聖人何用諄諄焉，明五福以勸之，而為是斷然必得之語哉！是篇言簡旨嚴，易讀易曉，是以破小人行險僥倖之心，以陰助刑賞不及。……（《酒（上）》，頁302引）

　　此序一面破奉程朱學派為正統，高談性命，視鬼神吉凶為無稽者之謬；一面肯定《感應篇》對抑制人心邪惡，佐王法不足的效力。

　　至清代，三教合一已成普世思潮，儒林士子紛紛為道教三聖經作箋注、圖解、以發明某因果之義，言不避佛老。則可知彼時儒者

---

已破除內心樊籬，樂見其廣為勸善之心，而為之寫序，以共襄盛舉，同歸於勸善化俗的風潮裏。如康熙 32 年（1694 年）癸酉，蔡方炳為許鶴沙的《太上感應圖說》撰序文內云：

> 閱是書，而凜凜於諸惡莫作，眾善奉行之訓，則刑罰不用，
> 禮樂不去，於世道豈曰小補？或謗之曰：「為善不必蒙福，
> 為惡未遽蒙禍，詎曰鬼神有知？」嗟哉！狂夫！何專求報應
> 於鬼神耶？應者在鬼神，感者在己，有其感，斯有其應。禍
> 福將至，善不善必先知之，則鬼神固在我一念間耳。一念之
> 誠，即鬼神之不可掩，詎不與禮樂異用而同揆哉！（見《酒
> （下）》圖版⑥書影）

蔡氏認為《感應篇》鬼神設教有補於世道人心，並且功同儒典的禮樂教化。

康熙 45 年（1705 年）丙戌，陳廷敬序《太上感應篇集註》，表示此篇用之警世動俗，可以勉進於正，而懲創其邪僻，與儒典六經所載勸善禁惡，導吉避凶之旨無異焉！其言鬼神之降監，刖有裨於儒教立誠，不愧屋漏，不欺暗室之學。（《道藏輯要》第 6 冊，頁 2299－2300，亦收入《藏外道書》第 12 冊）

雍正元年（1723 年）癸卯，吳派漢學大師惠棟（1697－1758 年）為母疾發願作《感應篇注》，後母疾果瘳，因念此書感應之速，欲公諸同好而未果，適其友楊石漁見此注，嘆曰：「此書得此注，不惟可以勸善，且使後世道家知魏晉以前，求仙之本，初未嘗有悖於聖人，反而求之忠孝友悌仁信之間，而致力焉，是亦聖人之徒

也。」（同前引，頁 2267）

此書在乾隆 14 年（1749 年）己巳出版，楊氏求序於惠氏，惠氏將注此書來由寫入序文。值得吾人注意的是惠氏本人宗漢學，精於訓詁考據，是道道地地的正統派儒者，他必定受《感應篇》靈驗記實的影響，才有類似祈求消母疾的作法，且果如其願，令惠氏大為震驚，願意冒著被同道譏刺而現身說法，以彼之學術地位，公開作注寫序，其影響儒林學界可謂深遠。

乾隆 20 年（1755 年）乙亥，黃正元自序所編的《太上寶筏圖說》內云：

> 一經文雖出道藏，所言皆格致誠正之功，齊治均平之理，並無鼎爐修煉之習，與四書、六經相為表裏，人能全而體之，則可希聖希天；得其緒餘，亦可謹身寡過，觀者慎勿視為道書而忽之也。（《藏外道書》第 27 冊，頁 594）

這是將此篇視同儒典，才有可能為其刊刻、作注、圖說以推廣其書，黃氏觀點正是清儒正面肯定道教勸善書理由之一。

乾隆 44 年（1779 年）己亥，潘心庵重刻此書時，冒頭附上二篇文章：〈善書流通十四法〉、〈阻施善書辨〉。在後文內云：

> 且古聖人憂天下後世人心不正，於是垂訓以遺後世，雖不能強人人皆尊聖訓，然千萬人中必有一二身體力行者，……厥後又因人心險薄已甚，《六經》、《四子書》只可望之有志之士，不能入凡庸之耳。於是有《感應篇》、《陰騭文》、

　　《覺世經》及因果報應諸善書出，使人聞賞善罰惡之言，近
　　而可行，切而易曉，庶知有所顧忌，而不敢為惡，有所希冀
　　而樂於為善，是亦神聖不得已之作。所謂遇平等人說因果是
　　也。（同前引，頁596）

　　潘氏承認聖人經訓勸人為善去惡的教化不能入凡庸之耳，必須
仰賴神道的力道，這是清儒正面肯定道教勸善書的理由之二。

　　孫念劬在乾降60年（1795年）乙卯，為所編的《太上感應篇纂
註》寫序，內言：

　　吾儒以存理遏欲，立趨吉避凶之本。《太上》以趨吉避凶為
　　存理遏欲之助。其示人為善去惡，務在發意之始，必審其
　　幾，返照回光祇是頃刻，人獸關頭，所爭在此。今大夫士
　　庶，莫不家有是書，然非徒誦習之已也，必凜凜然知天非冥
　　漠寥廓之天，即日在我方寸之中也。鬼神之能為吉凶禍福，
　　非鬼神之為鬼神，乃吾心感應之為鬼神也，是則理數相協之
　　機·即身心交治之道，《太上》之訓言與聖經無二旨矣！⓬

　　序中言士庶人家中皆有此書，可見《感應篇》在清代社會的普
及性。又以感應道交會通鬼神禍福報應，這是清儒正面肯定道教勸
善書的理由之三。

---

⓬　清·孫念劬：《全人矩矱·感應篇并言》，收入《藏外道書》第28冊，
　　頁306。

同治 11 年（1872 年）王申，俞樾（1821－1906 年）為《太上感應篇纘義》作序言：「夫餘慶餘殃之說，著於《周易》、天人相應之理，備於《春秋》。此篇雖道家之書，而實不悖乎儒家之旨。」（《藏外道書》第 12 冊，頁 229）

宣統 3 年（1911 年）辛亥，呂海寰為《太上感應篇合注》寫序，文中亦持相同看法：認為此篇實與儒典五經相輔而行，可裨助王化，若能案頭各置一編，朝夕循省，正心修身，齊家治國之道，不外是矣。（《酒下》，頁 102）

由此可見，清代學者已視此篇和儒典經史無異。至於其他的道教勸善書如《陰騭文》、《覺世真經》也同樣受到儒者的推崇。康熙 27 年（1688 年）戊辰，王修玉為顏廷表的《丹桂籍註案》作序，內云：

> 福善禍淫之說，吾儒竊嘗言之，但其義約而該，不言徵應而徵應自見。若夫臚分條析，昭然著幽明報驗之不爽，俾智愚賢不肖可規繩而履蹈者，則莫如《太上感應篇》、《文昌陰騭文》二書。是二書者，繁簡雖殊，勸懲則一，要之與孔孟言大德必得，禍福自求之語、炳若合符，故吾儒恆敬之式之，不敢以非六經、四子之書而置之也。（《藏外道書》第 12 冊，頁 680）

從王氏序文可以佐證有心於世教的清儒已視道教三聖經與儒典無異。

咸豐元年（1851 年）辛亥，有潘恩浩重刻姑蘇彭氏的《覺世經

註證》本，於末有自序，表明一己年已周甲矣，猶以內顧多憂，依人作謀生計，撫今思昔，判若兩人，良可難也。因而夜夢其亡父告其刊布《關聖帝君覺世真經》以廣福田。越二日果於其友王穗畬案頭處見此刊本，隨捧而讀之，認為此「足以發蒙振聵，興起善心」，便遵冥囑量力刊布，俾使人人知為善之不可以已也云云。（《藏外道書》第4冊，頁164）

潘氏身為儒者，一生困頓不得志，而後受其亡父夢中點醒：以刊佈流通善書來增廣福田，改變現世的命運。然而一見此書，深覺其理足以誘發凡庶興起善心，有功於世教，便欣然刊印，此亦可證潘氏已接受神道設教的社會效益。

除了三聖經外，《玉歷至寶鈔》在清代也頗受儒者推崇。乾隆59年（1794年）甲寅，有李宗敏作〈攷核玉歷誌〉佐證傳此書的淡痴、勿迷確有其人，其入冥事雖屬玄虛，不無警世之意，故乃以學者身分擔保《玉歷》的真實性，可見其勸善戒惡用心。其友朱墉為之誌曰：

> 與其告以修德行仁，全忠盡孝，未必人人能聽，何如《玉歷》之顯然報應，使之動魄而驚心。是書也，淺視之，為勸戒之文，深原之，即存養之道，牖民覺世，其功詎出儒書下哉？（《藏外道書》第12冊，頁804）

朱氏在誌文中已明白揭示，聖賢道德之教，下貫到庶民階層中，未必人人能入其心，踐其仁；未若《玉歷》以地獄苦毒罪罰之神道設教，來得能震懾人心，就是基於此點的認知，明清儒者才會

公開支持道教的勸善書。此書在明清時，屢有重刻翻印，今文獻資
料上可見的，只有收入《藏外道書》的石印本，由李經在光緒 16
年（1890 年）庚寅，以其乳母周艾氏臨終遺志，託以其餘貲刊印
《玉歷》2000 本，公行於世，藉修來生之福。李氏為之作序，內
表明一己雖不信陰陽鬼神，卻未嘗不信陰騭、果報：

> 蓋為善之道，論其理之是非，不論其迹之真幻；問其心之誠
> 偽，不論其事之有無。苟合乎天理，順乎人心，雖在聖人，
> 有所弗廢。（同前引，頁 768）

則可知李氏亦承認地獄神道設教的合理性，以及其所以救聖教之
窮，補王法之所不及的價值。

　　由以上序文可以了解宋元明清儒有心於世教者大都已承認孔門
聖教儒典也有善惡禍福徵應之說，並以此來比附道教勸善書，便是
建構在天下無二理，聖賢無二心的認知上；加上認清神道設教對下
愚凡庶的教化力量優於聖人經訓。如此才能正面的去肯定道教在入
世勸善上有導愚警頑，正人心，佐王綱的效益。也由於此點的共
識，儒者才紛紛為其善書進一步作注證、圖說。

### (二)儒者對道教的支持

#### 1.其勸善書作箋注、圖說

##### ⑴在《感應篇》方面的支持

　　道教勸善書中就以《感應篇》流傳最廣，自南宋刊行以來，歷
經元、明、清、民國至今，不斷有善堂或善心人士捐貲刊刻流布。
其中用心於世教的儒者，更進一步為此篇作註證、圖說以廣解其

義，使之更為通俗化。從文獻資料來看，最早的當是替李昌齡注
《感應篇》本作贊的鄭清之。

　　其次是元泰定帝泰定元年（1324 年）甲子，陳君實作《太上感
應篇圖說》，清順治 13 年（1656 年）丙申，敕旨刊刻此書；光緒
23 年（1897 年）丁酉，有丁丙重刊序。據其自序所言，乃因為傳贊
《感應篇》的文字過為冗長，不能接於心目，遂使此篇束之高閣，
形同具文虛設，無法達到福善禍淫的設教效果，特為之區別其類，
總 26 門，纂集成圖，俾使閱者一見則警乎其心；又懼覽之者憚繁
故簡易其文，昭著其義，苟因筌而得魚，則同歸於至善，是其所
望。（《藏外道書》第 12 冊，頁 100）。由此可了解儒者為道教勸善書
作圖說、註證一方面已承認神道設教的效力；一方面則是借一己注
解或圖說，使彼書更廣為流傳，期欲達到道德社會化的目標。

　　明代儒者，不管是經儒或文儒有為此篇作序，然未見大量注
證、圖說，可能和時代學術風氣有關。至清初入關，對滿漢人民進
行道德教化，除了聖諭宣講外，也尋求宗教善書的社教途徑。在統
治階層強力推行下，儒者也投入此工作，加上學風漸轉為樸學，自
然也反映在道教勸善書上，從初期到晚清，儒者紛紛為之疏證，廣
解、圖說。茲條列如下：

　　《太上感應篇經傳》：不詳作者，明神宗萬曆 32 年（1604 年）
甲辰刊行。

　　《太上感應篇經傳輯要》：明朝劉夢震編，清初刊行。

　　《太上感應篇圖說》：許纘曾於順治 14 年（1657 年）丁酉，彙
輯刊行；馬俊於康熙 33 年（1694 年）甲戌重編，王繼文寫序，由勉
善堂新鐫印行。許宮允為之引經徵理，張桂齋附論斷，冒頭有康熙

32 年（1693 年）癸酉，蔡方炳序；乾隆 3 年（1738 年）庚申，郝玉麟校讎增益，重付剞劂；44 年（1779 年）己亥，有潘心庵重刻此書流通；同治 7 年（1868 年）戊辰，汪植庵捐貲欲重刊，託毛金蘭為之增補寫跋。（此書收入《藏外道書》第 27 冊，頁 117－296）

《新訂太上感應篇注疏》：徐天行等在順治 17 年（1660 年）庚子作，康熙 3 年（1664 年）甲辰刊行；日本內閣文庫有藏本。（《酒（下）》，頁 125 引）

《太上感應篇通解》：王夢蘭編於康熙 3 年（1664 年）甲辰。

《太上感應篇疏衍》：不詳作書，於康熙 6 年（1667 年）丁未刊行。

《太上感應篇新注》：王家楨撰於康熙 15 年（1676 年）丙辰。

《太上感應篇注》：王硯堂撰，有康熙 21 年（1682 年）壬戌，朱振序；嘉慶 2 年（1797 年）丁巳，俞振璜重刊，並附自序；光緒 25 年（1899 年）己亥，吳氏有福讀書堂重刊。（收入《藏外道書》第 2 冊，頁 270－372）。

《太上感應篇贅言》：于鐵樵撰，康熙 22 年（1683 年）癸亥序。

《太上感應篇箋註引經圖說》，沈溥纂於康熙 34 年（1695 年）乙亥。（《酒（下）》，頁 109 引）

《太上感應集注》：不詳作者，由陳廷敬和查澹遠出貲重刊於康熙 45 年（1706 年）丙戌，冒頭有陳氏序。（收入《道藏輯要》第 6 冊，頁 2298－2300）

《太上感應篇引經箋注》：惠棟撰於雍正元年（1723 年）癸卯；乾隆 14 年（1749 年）己巳，其友楊石湖捐貲刊行。（收入《藏外

道書》第 12 冊，頁 160－228）

《太上寶筏圖說》：黃正元於乾隆 20 年（1755 年）乙亥下元日竣稿，12 月付刻，並為之序。（另有雷仁育、楊志道兩人作序。光緒 15 年（1889 年）己丑，聶仲芳購得此版，託施少欽重刻，另以「寶筏」名之，有許樾身序。（收入《藏外道書》第 27 冊，頁 582－842）

《太上感應篇纂注》：孫念劬編於乾隆 60 年（1795 年）乙卯，為之序，且收入《全人矩矱》（《藏外道書》第 28 冊，頁 306－315）

《太上感應篇匯注》：彭紹升（1740－1796 年年）輯。彭氏在乾隆 34 年（1769 年）己卯，進士第，選知縣不就，後涉獵佛道兩教經典，此書約在此年以後所編。（收入《壽世慈航》卷 1，《藏外道書》第 28 冊，頁 751－776）

《太上感應注》：姚學塽撰於道光 3 年（1823 年）癸未，並為之序。（收入《藏外道書》第 27 冊，頁 2）

《太上感應篇注證合編》：王泥增編於道光 23 年（1843 年）癸卯。

《太上感應篇合注》：陳廷經於道光年間，合惠棟、姚學塽、于鐵樵三家之註刊行，宣統 3 年（1911 年）辛亥，呂海寰重刊此書，並為之序。（《酒（下）》，頁 102 引）

《太上感應篇續義》：俞樾撰於同治 11 年（1872 年）壬申，並為之序。（收入《藏外道書》第 12 冊，頁 229－267）

《太上感應篇集傳》：王燕樵（君前）於光緒 26 年（1900 年）庚子，合惠棟注、俞樾續義、姚學塽注、于鐵樵贅言四家書成 4 卷，冒頭有四家序；後附光緒 25 年（1899 年）己亥，張義澍，及

26 年，李審言的跋文。（收入《藏外道書》第 27 冊，頁 1－115）

此外另有一種《太上感應篇直講》的廣義，乃是儒者配合朝廷聖諭宣講，對州縣鄉里人民進行道德教化的產物。此書不詳作者，據乾隆 42 年（1777 年）丁酉，黃硯楷序中云：去冬購字紙廢簏焚化時，拾得此書。其篇首列「講法六條」、「增訂七條」，形式分類同聖諭宣講；乾隆以後，聖諭宣講內容加入〈文昌帝君蕉窗十則〉、〈武聖帝君十二戒規〉、〈孚佑帝君家規十則〉等道教神訓文書。顯見《感應篇直講》出自有宗教信仰的儒者之手，為了方便直講者對庶民階層進行勸善講說。向來注釋多文言，聽者、閱者難解，故撰者採宋儒語類，仿白話編寫講說的底本，冀人人都曉。又以十種講說利益，和奉行福報事例也穿插在正文中，使人信服。縱觀宋代以降，至明清朝，近一千年的善書運動，儒者欲深化儒學世俗化的時空，都沒有比此書來得普及。

此書最初刊行康熙朝，至乾隆 60 年（1795 年）乙卯，葉夢宇又重刻；道光 12 年（1832 年）壬辰，蘇州府劉子綱孝善堂翻刻；17 年（1837 年）丁酉，青霞齋主人因版字模糊重刻；19 年（1839 年）己亥，書又重刻。（以上參見《酒（下）》，頁 131 引；收入《藏外道書》第 12 冊，頁 375－401）

⑵在《陰騭文》方面的支持

儒者對道教三聖經之一《陰騭文》的注釋，始自清代時期，有何士璮作《陰騭文箋注》4 卷。潘成雲：《陰騭文句領》、彭啟豐：《陰騭文註證》、凌魁炳增訂之。以上書目著錄於道光 19 年（1839 年）己亥，李承福編成的《同善錄全書》中。（見《酒（下）》頁 210－211 引）

康熙 16 年（1677 年）丁巳，顏生愉編《丹桂籍注案》，冒頭附有康熙 27 年（1688 年）戊辰，吳昌祺，28 年（1689 年）己巳，王修玉、許纘曾、謝履厚四人題詞，及 58 年（1719 年）己亥謝漣後序，並附上靈驗事例。光緒 25 年（1899 年）己亥，吳氏有福讀書堂重刊。（收入《藏外道書》第 12 冊，頁 683－767）

康熙 58 年（1719 年）己亥，趙如升撰《陰騭文像注》，其書是在每句話下附若干圖畫和故事，俾使目昧一丁及孺子者，由觀像而警醒。（《藏外道書》第 12 冊，頁 429）。

乾隆初年，有周夢顏居士撰《陰騭文廣義》2 卷，內容多出入三教，後收入《安士全書》，此善書至今屢有翻印。

乾隆 2 年（1737 年）丁巳，董正元重刊《陰騭文》時，補入圖說，為之序，並於此年刊行；嘉慶 6 年（1801 年）辛酉，榮柱因原版摩耗而重刻；同治 4 年（1865 年）乙丑，朱啟燾為侯介休印送此書 300 部寫序。（收入《藏外道書》第 12 冊、頁 297－298）。

乾隆 15 年（1750 年）庚午，陶日升刊行《文昌帝君陰騭文圖解》。❸

光緒 4 年（1878 年）戊寅，項育卿重刊《陰騭文圖證》，末有錢振倫跋文提到：此書版多履易，歸安費曉樓繪圖，而裘子佛書說其後；原本句數圖，重刊時，改為每句一圖，並縮全頁為半頁。（收入《藏外道書》第 12 冊，頁 586－655）

道光 20 年（1840 年）庚子，大興朱珪著《文昌帝君陰騭文

---

❸　其書影收在袁嘯波編：《民間勸善書》（上海：上海古籍出版社，1995年 11 月）內冒頭。

注》，睢陽蔣予浦重訂。每條下引用三教經籍注釋，又援引歷史人物及時人行善獲福，行惡遭凶故事以證之。（收入《道藏輯要》第 23 冊，頁 10174－10199。）

以上數家對《陰騭文》的注解雖比不上《感應篇》多，但是士庶人動輒百部、千部印送流通，此與文昌帝君主宰士子科名信仰有關。

⑶在《關聖帝君覺世真經》方面的支持

有乾隆 35 年（1770 年）庚寅，浙江海昌懷永堂藏版的《關聖帝君覺世寶訓圖說》，日本天理圖書館收有此書。（《酒（下）》頁 186 引）；同治 7 年（1868 年）戊辰，又重刊此書，上半部文字敘述事例，下半部圖解。（書影見袁嘯波：《民間勸善書》）

乾隆 57 年（1792 年）壬子，孫念劬撰：《關聖帝君覺世經釋略》，收入《全人矩矱》（《藏外道書》第 28 冊，頁 320）

咸豐元年（1851 年）辛亥，潘恩浩撰《覺世真經注證》；光緒 25 年（1899 年）己亥，吳氏有福讀書堂重刊。（收入《藏外道書》第 4 冊，頁 120－164）

李承福所編的《同善錄全書》卷末內收有夏澍：《覺世經註解》、胡悔齋：《覺世經鐸》、趙惟善：《覺世寶訓約註》（《酒（下）》，頁 212 引）。李氏此書編於道光 19 年（1839 年），以上三書當在此年之前刊行。此外尚有對《關帝明聖經》〈文昌帝君蕉窗十則〉等註解，文繁不具。

明清儒者在注解道教勸善書時，必佐以經訓、史事，從系統學來看，這是「適應循環」的功能，即針對外在環境的改變，和組織

內部的需要，輸入各種必要的能源或資訊。❶在其輸出時（流通），就帶有彼時輸入神道設教的功能，這是正面支持道教的必然產生合流的的結果──儒學世俗神學化。

2.為其勸善書補述靈驗事例

　　道教勸善書即使經過儒者的註解，還是停留在文字詮釋層次，不太能感動人，唯有以善惡禍福感應的真人真事的補述，才能打動人心從善去惡，故從南宋道教第一本勸善書：《感應篇》出現，理宗敕令刊行時，即於卷前附有六則當代的靈驗事例，以佐其理。❶

　　明代胡文煥也曾撰〈感應紀述靈驗〉，光緒23年（1897年）丁酉，丁丙重刻《太上感應篇圖說》時增入。（收入《藏外道書》第12冊，頁118-119）

　　《壽世慈航》在南宋〈紀述靈驗〉的基礎上，增入明清時代的靈感實事。

　　《暗室燈》作者在編輯此書時，收入〈感應篇靈驗記〉和〈帝君靈驗記〉。

　　還有筆者前面所論述的《感應篇圖說》、《陰騭文圖證》基本上，也是屬於此類的性質。

　　李經在光緒16年（1890年）庚寅，重刊《玉歷》時，也收入一些儒者撰〈玉歷感應事例〉，以佐證地獄罪罰之實有，如嘉慶20年（1815年）乙亥，崔夢麟記〈玉歷報應證〉（《藏外道書》第12

---

❶　見彭文賢：《系統研究法的組織理論之分析》（出版狀況見前），頁142。

❶　《進太上感應篇》表第11-15〈紀述靈驗〉。收入《正統道藏》第45冊，頁36204-36206。

冊，頁 805－806）

徐升庵記〈玉歷地獄各案〉10 則。（同前引，頁 806－808）

求己堂集載〈信傳玉歷福報〉11 則。（同前引，頁 808－810）

柯潤堂續載〈信傳玉歷福報〉3 則。（同前引，頁 810）

此外尚有〈潘仰之不敬信玉歷惡報〉；〈僧道妒滅玉歷惡報〉；〈袁德初玉歷度母活妻奇驗〉；徐暄記〈夏建謨玉歷夢示前程奇驗〉、〈高葛氏玉歷禱救危疾奇驗〉；碧岩居士〈重刊玉歷印傳應驗〉、周匯涼記〈玉歷解釋冤仇事〉；〈歷近事應驗續記〉；道光 24 年（1844 年）甲辰，〈楊國治述夢記〉；〈近時果報〉記咸豐 5 年（1855 年）乙卯、同治 8 年（1869 年）己巳，2 則冤死冥報。（同前引，頁 810－822）。

以上靈驗事例皆有時、有地、有人名可備查考，在說服凡庶信仰因果報應上確有其影響力。

3. 儒者編纂善書收入神訓文章

明代以前，儒者編撰善書，或醒世格言，或童蒙教材，大都謹守孔門聖訓不依傍鬼神的傳統。明清時期，則不再有所忌憚，甚至還編入一些道教依託神意或神訓的文書，像刊行於崇禎 4 年至 14 年間（1631－1641 年）的《日乾初揲》；以及陳智錫刊於崇禎 14 年（1641 年）辛巳的《勸戒全書》，皆是以先儒功過結合道佛二教的功過格——即雲谷禪師授袁了凡的《靈聖真君格》、紫府太微仙君授西山又玄子的《太微仙君功過格》。（見《酒（上）》頁 480－482 引）

乾隆 14 年（1749 年）己巳成書刊行的周鼎臣的《敬信錄》，收入道教 16 篇神訓文章。

孫念劬在乾隆 55 年（1790 年）庚戌完稿，57 年（1792 年）壬子年刊行的《全人矩矱》4 卷，卷首收入道教經訓必讀 6 篇；而後每卷先列「神訓」，後列「先儒語錄」，這種儒道混合方式的編排，可以看出孫氏雖出身儒門，卻以神意宣揚儒教的「勸孝」、「戒淫」、「戒貪」、「戒賭」、等道德觀。（《藏外道書》第 28 冊，頁305）

嘉慶年間成書流通的《暗室燈》，收入 8 篇神訓文章，筆者在前一節已論述過，道教民間宗教結社的善堂樂於為其書重梓流通，《藏外道書》的編纂者也收入其中，都可看出在道徒眼中，其書和鸞堂所彙集的善書是沒有兩樣。

仲瑞五堂主人所編的《幾希錄》，初刊於道光元年（1821 年）辛巳；同治 8 年（1869 年）己巳，有儒林同好重刻，增入 40 則內容，其中不少是採用鸞堂降筆勸世詩文，如：〈呂祖勸世詩〉、〈鐵冠道人對〉、〈青陽祖師積善歌〉、〈文昌帝君勸孝詩〉等。❶⑥

莊跛仙在同治 11 年（1872 年）壬申刊印《宣講拾遺》時增入〈文昌帝君蕉窗十則〉、〈武聖帝君十二戒規〉、〈孚佑帝君家規十則〉、〈灶王府君訓男子六戒〉、〈灶王府君訓女子六戒〉、〈灶王府君新諭十條〉等。（見《酒（下）》，頁 47－48 引）其意以為康熙聖諭十六條廣訓直解皆聖賢經傳文雅之詞，非凡庶愚氓所能知之，故採擷前事，重作俚言；又加入道教神訓文書，強化其宣講的威嚇性，以收化民於俗的目的。

以上數例可看出明清儒者編纂勸善書時，不避神道色彩，此表

---

❶⑥　同註❶③，在頁 305－364。

示彼時有心於世道教化的儒者已承認勸化下愚凡庶須藉他力以導其
善心。

### 4.儒者出貲刊印道教勸善書

　　儒者出貲刊印道教勸善書以廣其流通，究其動機不外乎「祈福
還願」、「勸善化俗」、「作為法佈施的功能以保祿」三種。從
文獻資料來看，最早刊印道教勸善書：《感應篇》是南宋理學家真
德秀；再者為元初的溫懷仁。據馮夢周序文言：「溫懷仁君壽家藏
是篇，恆恐磨滅，於是捐金刊諸梓，不足則募施者以足之，經始於
元順帝至正 7 年，更 9 年秋 8 月刊工告完（1347－1349 年）」（《正
統道藏》第 45 冊，頁 36200），則知此重刻李昌齡傳《感應篇》本在
元順帝至正 9 年己丑刊行。至於其刊刻動機，從溫氏自序透顯出
來：

> 懷仁生長吳下，自先人以來，莫不好善。至於懷仁克守先
> 業，今犬馬之齒且望五十，竄身民籍中，及保父母遺體，要
> 皆不敢為惡之所致也。於是敬以刊此篇，刻諸梓，庶與四方
> 善人因是篇也日加修省，幾不辜太上開示之旨，敘注者誘掖
> 之意云。（同前引）

　　則知溫氏二代行善，刊刻善書以積陰福，確保世間的福祿。彼
以自家無災，親身為證，來誘引四方同道，足證《感應篇》神道設
教的影響力。

　　至於明儒刊刻道教善書，已在前段「作序」部分論及，如高攀
龍之友厲端銘刊行〈救劫〉、《感應篇》；李贄和焦竑合刊此篇，

都是基於勸善化俗的目的。

清儒刊行同道注解道教勸善書多半也是基於勸化凡庶為善去惡的用心。惠棟朋友楊石湖贊助惠氏箋注《感應篇》刊行，就惠氏本身而言是祈母疾而得癒，以感應之速而還願刊行。晚清李經受其乳母遺願刊行 300 部《玉歷》，則是作法佈施功德以資冥福，及修來生。

在重刊道教勸善書中規模最大，財貨雄厚的是晚清江蘇儀徵的吳有福，以有福讀書堂名稱大量重刊儒道兩教的勸善書，可說不遺餘力。由於未有隻字片語序文可了解其動機，然大抵不外乎勸善，作功德兩種。

## ㈢小結

由於儒者對道教勸善書從言語贊揚，到具體地為之作注解、圖證、補證、補述靈驗事例、編入其神訓文書、出資刊印其書等行為。可看出道教入世轉向以來，長期介入世俗的淑世情懷，以及宣揚儒家忠信孝弟的倫理道德，雖是將道德神學化，終獲得明清儒者的正面肯定與支持。也由於儒者的肯定與支持，使儒道兩教菁英在致力於道德世俗化的過程中，破除門戶樊籬，而趨於合流。

基於筆者以上的論述終完成道教入世轉向對儒學世俗神學化有推擴之功的預設成果。

# 結　論

　　通過以上的論述，相信筆者已提供了道教入世轉向對儒學世俗神學化推擴的一個較清晰的歷史圖像，接著便是對本論文作一番回顧的總結。

　　道教成立於漢魏之際，其傳統的宗教意識的終極目的在此世修真，作為彼世成仙的條件。這個基本教義，道教史上發展並沒有多大改變，即使葛洪將外丹轉向內丹理論，提出積善作為成仙必要條件，也不過是主賓比重的問題，絲毫未動搖這個基本觀念。直到南宋時期，北方淪入異族的統治，在特殊的政治氛圍下，一些新道派紛紛崛起，其立教教義以儒家道德為主，苦行自修，不以飛昇符禳接世，以慈善社會救濟作為入世功行，這些新道派的轉變，比傳統道教更世俗化，更貼切此世情懷。

　　自此以降，直到明清，由於政治力的鬆動，社會秩序的解構，一些民間宗教結社的鸞堂利用亂世劫運而起的末世思想，依託神意飛鸞降筆的勸善文書便應運而起，以神意宣揚救世思想，而此救世思想完全建構在儒家的孝悌忠信的倫理道德上，如此便使道德神學化。所謂道德神學化即是以超驗的宗教信仰來體現儒家的道德。這種道德自覺是建構在他力的信仰上，尤其是超自然的力量保攝實踐出道德者的世俗福祿的功利誘因，以及無所不知，無所不在的賞善罰惡的鑒察力。起初最為奉孔孟聖教為圭臬，以程朱學說為哲學典

範的正統儒者所不滿，認為其善非出於自發，只有不指望上天回報的善行才是「真善」。在明末以後，正統儒者這種堅持便鬆動了。其鬆動原因，除了統治君主大力宣揚勸善風氣，鼓動三教合一的思想，使宗教成為穩定政治、社會秩序的工具因素外，最主要的是道教長期傳播神訓勸善書在民間的效力及影響層面，遠超過此輩人所編纂的不依傍鬼神的純道德勸說。因為他們已意識到儒家那一套盡心知性以知天，以德合順天道，參贊化育以完成道德圓滿的世界，只有少數上等根器的君子才做得到，對大多數愚氓、販夫皂隸來說，沒有現世效益的誘因是很難逼出其本性中的善質。基於此點認知，明清儒者才正面去肯定和支持民間鸞堂這種帶有神學色彩的道德教化。因此他們從儒典中去找尋相同觀念的文獻來強化一己思想轉變的合理性，如：「惟上帝不常，作善降之百祥，作不善降之百殃」（《尚書》卷 8〈伊訓〉）；又曰：「惟天陰騭下民。」（〈洪範〉）；《易》曰：「積善之家，必有餘慶；積不善之家，必有餘殃。」（〈乾卦‧文言〉）。如此才導出「道家之書，實不悖於儒家之旨」的共識。❶也由於此共識，儒者才跨越門戶之見，紛紛為道教三聖經作箋註、圖說，贊助刊印，廣為流通。究其用心，大都為導世俗人心，德化於天下的儒家使命。這種用心在明末，以及晚清到民國初期，時局動盪，道德崩解的社會，益形彰顯出來，如民國 17 年（1928 年）戊辰，丁宗嶧為程少堂重刊《太上感應篇圖說》寫序，即云：

---

❶　見俞樾序：《太上感應篇纘義》，收入《藏外道書》第 27 冊，頁 1。

慨自世俗澆薄，人心鬼域，忠孝信義仁讓之道，幾乎掃地以盡。其甚者，或更與古聖先賢之微言正論為敵對，悍行不顧，窮凶極惡，方之洪水猛獸而又過之。迨夫遭天譴而罹極刑也，身受者容亦不禁其悔心。然推其所以致此之由，要非莫之致而致也。《易》曰：「積善之家，必有餘慶；積不善之家，必有餘殃。」《書》曰：「作善降之百祥，作不善降之百殃。」其辭旨深切著明，實括天理循理之真諦。彼讀之而弗解，或解之而弗信者，動謂為荒誕無稽，豈不大可痛哉？蓋人秉天地之氣而有生，天道即不能有生而無殺，……則寧作善以順天，毋作不善以逆天；寧作善順天以召祥，毋作不善而逆天以速殃。語有之：「天道好還，無往不復」此感應之說也。嗚呼！天人相通不違呼吸，善惡禍福，靈應若響，而世之毀德敗道，污風害俗者，猶比比皆是，而毫末不爽之果報，亦即相應而來。……今王、程二君同諸君子集議，重印是書，為世俗人心之導助，亦冀世之向善者日眾相感相應之機緘，愈以不爽云爾。善哉！善哉！（《藏外道書》第27冊，頁117）

彼淑世情懷和道教入世轉向合一契。而道教入世轉向最具體的實踐儒家用世之心的是民間儒宗神教的鸞堂設立，其信仰宗旨為：「藉飛鸞提醒人心，遵五倫，守八德，警奸治邪，匡正世道。」❷

---

❷ 轉引自鄭志明：〈臺灣民間鸞堂儒宗神教的宗教體系〉，收入氏著：《臺灣民間宗教論集》（出版狀況見前），頁103－104。

其成立的時代背景也是應亂世劫運而起：據鄭志明教授所引民國
23 年（1934 年）甲戌雲南從善四壇扶鸞的《蟠桃宴記》云：

> 話說中國自咸同以來，內而朝政日壞，內亂外侮，疊相消
> 長，幾無寧日。光緒變法立憲，送學生出洋，學習政治學
> 術，欲勵精圖治，不知為治本末，倒反種就革命禍根，釀成
> 洪災浩劫，雖氣運之使然，而亦人心之造作也。當時劫運已
> 定，時望人心改悔，復還古初，屢遣聖賢仙佛，下降人間，
> 藉乩沙垂成訓誡。❸

　　儒道兩教在這一點上形成共識，表映在彼此所編的勸善書上是
互為滲透，互為混融，形成互相支持的社會教化功能，楊慶堃便認
為儒家道德思想支配了社會倫理價值，而民俗宗教則對此一倫理價
值給予超自然的支持。❹即以超驗的神意扶植人世綱常，重建社會
秩序，救拔沉淪的人心，則可知道教民間宗教結社的善堂，已非單
純的薩滿（巫術）信仰，乃提昇到倫理宗教的層次。卡西勒（Exnst
Cassirer，1874－1945 年）在《人論》（*An essay on man*）內提到宗教發
展到某一定程度，道德力量會突顯出來，神會把注意力放在善和惡
的問題上。宗教於是走向倫理化。他說：「一切較成熟的宗教必須
完成的最大的奇迹之一，就是要從最原始的概念和粗糙素材中提取

---

❸　鄭志明：《中國社會與宗教》（臺北：臺灣學生書局，民國 78 年 11 月，
　　2 刷），頁 295。

❹　楊慶堃：〈儒家思想與中國宗教之間的功能關係〉，收入段昌國譯：《中
　　國思想與制度論集》（出版狀況見前），頁 334－336。

它們的新品質，提取出它們對生活的倫理解釋和宗教解釋。」❺南宋新道派的教義，以及稍後道教的勸善文書，雖是依託神意，但其倫理功能的色彩也頗重，正足以印證卡西勒的宗教發展是從彼世朝此世入世轉向的理論。而其神學的倫理教化之所以可以深入社會中下階層，是基於凡庶普遍的心理欲求：人間亟需正義原則，縱觀中國一部 25 史裏，可說是亂世多而盛世少；昏君多而明君少。而在盛世「人為法」的制度裏，都無法實現「使大多數人的幸福，成為具有普遍性原則」，更遑論在亂世裏，那些暴虐的貪官污吏、地方豪強惡霸是如何藐視王法，任意草菅人命了。由此可知，造成人世公理正義破產的關鍵是「人性」的問題，不是法本身的問題；人的問題則必須從宗教和道德教化兩個途徑來解決，而後者更需要藉助前者的力量才可實現出來。因為宗教神祕的力量普遍存在於每個人的心靈底層，即古老格言所說的：「我出於恐懼而敬天畏神」（同前引，頁 127）弗雷澤（James George Frazer，1854－1941 年）在其《金枝》（*The Golden Bough*）中採納了這個觀點。他說：「在一開始是作為對於人的力量的些微而部分的承認的宗教，隨著知識的增長而趨向於深入到公開承認：人是整個地絕對地依賴於神的；他從前的那種自由舉止變為這樣一種態度，在不可見的神祕力量面前卑躬屈膝，俯首稱臣。」❻也只有超驗的神意才能保攝善惡必然有報，使人間正義得以伸張。基於這種群眾原始信仰的心理，民間善堂的神

---

❺　德·恩斯特·卡西勒著、甘陽譯：《人論》（臺北：桂冠圖書公司，1994年 10 月，再版 3 刷），頁 146、153。

❻　英·弗雷澤著、汪培基譯：《金枝》（臺北：桂冠圖書公司，1991 年 2月）第 1 卷，頁 78。

道設教才得以被接納。

　　總結以上對本論文回顧的概述，得出道教入世轉向，其積極介入俗世的情懷成了儒學世俗神學化推擴的助力；另一方面則使儒道兩教在世俗化的過程中趨於合流，彼此儒體神用互滲的結果，終使儒家道德教化染上有神色彩。通過六章的論述而得以完成本論文預設成果。

# 徵引文獻

## 一、徵引古籍

### ㈠經部

（漢）漢孔安國傳、（唐）孔穎達疏：《尚書注疏》，阮刻十三經注疏本。臺北縣：藝文印書館，1979 年 3 月，7 版。

（漢）鄭玄注、（唐）孔穎達疏：《禮記注疏》，阮刻十三經注疏本。（出版狀況同前）

（魏）王弼、韓康伯注、（唐）孔穎達疏：《周易注疏》，阮刻十三經注疏本。（出版狀況同前）

（魏）何晏等注、（宋）邢昺疏：《論語注疏》，阮刻十三經注疏本。（出版狀況同前）

### ㈡史部

#### 1.正史類

（漢）班固撰、（唐）顏師古等注：《漢書》。臺北：鼎文書局，1978 年 4 月，3 版。

（劉宋）范曄撰、（清）王先謙注解：《後漢書集解》。北京：中華書局，1991 年 9 月，2 刷。

（北齊）魏收等撰：《魏書》。臺北：鼎文書局，1979 年 2 月，再版。

（唐）房玄齡等撰：《晉書》。臺北：鼎文書局，1983 年 7 月，4
　　　版。

（唐）李百藥等撰：《北齊書》。臺北：鼎文書局，1983 年 4
　　　月，4 版。

（唐）李延壽等撰：《南史》。臺北：鼎文書局，1979 年 3 月，
　　　再版。

（唐）魏徵等撰：《隋書》。臺北：鼎文書局，1984 年 2 月，4
　　　版。

（宋）歐陽脩、宋祁等撰：《新唐書》。臺北：鼎文書局，1979
　　　年 2 月。

（元）脫克脫等撰：《宋史》。臺北：鼎文書局，198 年 7 月。

（明）宋濂等撰：《元史》。臺北：鼎文書局，1979 年 3 月。

（清）張廷玉等撰：《明史》。臺北：鼎文書局，1978 年 10 月，
　　　再版。

（民國）趙爾巽等撰：《清史稿》。臺北：鼎文書局，1983 年 7
　　　月，4 版。

2.編年類

（宋）李燾：《續資治通鑑長篇》，《文淵閣四庫全書》本，第
　　　314 冊。臺北：臺灣商務印書館，1983 年。

（清）夏燮：《明通鑑》，《續修四庫全書》本，第 364 冊。上
　　　海：上海古籍出版社，1995 年 3 月。

3.紀事本末類

（清）谷應泰：《明史紀事本末》，叢書集成初編本。北京：中華
　　　書局，1985 年。

4. 雜錄類

（明）熊鳴歧輯：《昭代王章》，玄覽堂叢書本。臺北：正中書
　　局，1981 年 8 月。

（清）蔣良騏纂、王先謙改修：《十二朝東華錄》。上海：大東書
　　局。（無出版年月）

中央研究院歷史語言研究所：《明清史料丙編》。臺北：臺灣中華
　　書局，1962 年 6 月。

5. 起居注

中央研究所歷史語言研究所：《明實錄》。臺北：中央研究院歷史
　　語言研究所，1967 年 9 月。

《清實錄》。臺北：華文書局，1970 年 6 月。

6. 史評

（清）趙翼：《二十二史劄記》，四部備要本。臺北：中華書局，
　　1966 年 3 月。

7. 政書類

（元）馬端臨：《文獻通考》，《文淵閣四庫全書》本，第 610
　　冊。臺北：臺灣商務印書館，1983 年。

（明）申時行等重修：《明會典》。臺北：臺灣商務印書館，1968
　　年 6 月。

8. 譜系

（明）袁黃編：《袁氏叢書》，明萬曆間嘉興袁氏刊本。臺北：國
　　立中央圖書館。（無出版年月）

## (三)子部

1. 雜家類

（宋）楊億口述、黃鑑筆錄、宋庠整理、張師正撰：《楊文公談苑》，上海：上海古籍出版社，1993 年 8 月。

（宋）釋文瑩：《玉壺清話》，收入《筆記小說大觀》第 29 編，第 3 冊，臺北：新興書局，1979 年 9 月。

（宋）沈括：《夢溪筆談》。北京：中華書局，1985 年。

（宋）吳自牧：《夢梁錄》。北京：中華書局，1985 年。

（宋）袁宷：《袁氏世範》。《百部叢書集成》影印《知不足齋》本，第 13 函。臺北縣：藝文印書館，1966 年。

（宋）李昌齡：《樂善錄》，《百部叢書集成》影印稗海本，第 13 函。臺北縣：藝文印書館，1965 年。

（宋）王楙撰、王文錦點校：《野客叢書》。北京：中華書局，1992 年 2 月，2 刷。

（明）袁表錄、錢曉訂：《庭幃雜錄》，學海類編本。北京：中華書局，1985 年。

（明）洪應明著、（日）今井宇三部郎譯注：《菜根譚》。東京：明德出版社，昭和 61 年（1986 年）6 月，10 版。

（明）謝肇淛：《五雜俎》，《筆記小說大觀》第 8 編，第 7 冊。臺北：新興書局，1975 年 9 月。

（清）孫念劬：《全人矩矱》，收入《藏外道書》第 28 冊。（出版狀況見前）

（清）不詳姓名：《暗室灯》，收入《藏外道書》第 28 冊。（出版狀況見前）

（清）不詳姓名：《壽世慈航》，收入《藏外道書》第 28 冊。（出版狀況見前）

韓錫鐸編：《中華蒙學集成》。遼寧：遼寧教育出版社，1993 年
　　11 月。

袁嘯波輯：《民間勸善書》。上海：上海古籍出版社，1995 年 11
　　月。

2. 類書

（宋）李昉：《太平御覽》。上海：上海古籍出版社，1994 年 8
　　月。

（清）陳夢雷：《古今圖書集成》。臺北：鼎文書局，1977 年 4
　　月。

3. 釋家類

大藏經刊行會編：《大正新脩大藏經》（簡稱《大正藏》）。臺
　　北：新文豐出版社，1985 年 1 月。

（梁）慧皎：《高僧傳》，收入《大正藏》第 50 冊。（出版狀況
　　同前）

（梁）僧祐：《出三藏記集》，收入《大正藏》第 55 冊。（出版
　　狀況同前）。

（唐）智昇：《開元釋教錄》，收入《大正藏》第 55 冊。（出版
　　狀況同前）

（宋）贊寧：《宋高僧傳》，收入《大正藏》第 50 冊。（出版狀
　　況同前）

續藏經編審委員會：《續藏經》。臺北：新文豐出版公司 1977 年
　　1 月。

（宋）藏川述：《佛說地藏菩薩發心因緣十王經》，收入《續藏
　　經》第 150 冊。（出版狀況同前）

（宋）藏川述：《佛說預修十王生七經》，收入《續藏經》第 150
　　冊。（出版狀況同前）

4.道家類

⑴叢書

《正統道藏》。臺北縣：藝文印書館，1977 年 1 月。

彭文勤纂輯、賀龍驤校勘：《道藏輯要》。臺北：新文豐出版公
　　司，1981 年 2 月，再版。

胡道靜主編：《藏外道書》，成都：巴蜀書社，1－20 冊 1992 年 8
　　月，2 版；21－36 冊，1994 年 12 月。

⑵專書

（劉宋）陳修靜：《洞玄靈寶齋說光燭戒罰祝願儀》，收入《正統
　　道藏》第 16 冊。（出版狀況見前）

（劉宋）陸修靜：《太上洞玄靈寶授度儀表》，收入《正統道藏》
　　第 16 冊。（出版狀況見前）

（劉宋）陸修靜：《太上洞玄靈寶三元品戒功德輕重經》，收入
　　《正統道藏》第 11 冊。（出版狀況見前）

（劉宋）陸修靜：《洞玄靈寶五戒文》，收入《正統道藏》第 54
　　冊。（出版狀況見前）

《老君音誦誡經》，收入《正統道藏》第 30 冊。（出版狀況見
　　前）

《太上經戒》，收入《正統道藏》第 30 冊。（出版狀況見前）

（梁）陶弘景：《真靈位業圖》，收入《正統道藏》第 5 冊。（出
　　版狀況見前）

（唐）賈嵩：《華陽陶隱居內傳》，收入《正統道藏》第 2 冊。

（出版狀況見前）

《呂祖志》，收入《正統道藏》第 60 冊。（出版狀況見前）

（唐）張萬福：《洞玄靈寶道士受三洞經誡法籙擇日曆》，收入
　　《正統道藏》第 53 冊。（出版狀況見前）

（唐宋）呂純陽：《警世功過格》，收入《道藏輯要》第 23 冊。
　　（出版狀況見前）

《無上祕要》，收入《正統道藏》第 42 冊。（出版狀況見前）

（宋）張君房：《靈笈七籤》，收入《正統道藏》第 37 冊。（出
　　版狀況見前）

（宋）李昌齡傳、鄭清之贊：《太上感應篇》，收入《正統道藏》
　　第 45 冊。（出版狀況見前）

（宋）白玉蟾：《修真十書玉隆集》，收入《正統道藏》第 7 冊。
　　（出版狀況見前）

（宋）白玉蟾：《道法會元》，收入《正統道藏》第 47 冊。（出
　　版狀況見前）

（宋）何宇證：《靈寶淨明新修九老神印伏魔祕法》，收入《正統
　　道藏》第 17 冊。（出版狀況見前）

（金）王喆《重陽全真集》，收入《正統道藏》第 43 冊。（出版
　　狀況見前）

（金）王喆：《重陽真人金關玉鎖訣》，收入《正統道藏》第 43
　　冊。（出版狀況見前）

（金）王喆：《立教十五論》，收入《正統道藏》第 53 冊，（出
　　版狀況見前）

（金）又玄子述：《太微仙君功過格》，收入《正統道藏》第 5

册。（出版狀況見前）

（元）尹志平撰、段志堅編：《清和真人北遊語錄》：收入《正統道藏》第 55 册。（出版狀況見前）

（元）王志謹：《盤山棲雲王真人語錄》，收入《正統道藏》第 39 册。（出版狀況見前）

（元）李道謙：《甘水仙源錄》，收入《正統道藏》第 33 册（出版狀況見前）

（元）李志常：《長春真人西遊記》，收入《正統道藏》第 57 册。（出版狀況見前）

（元）黃元吉編：《淨明忠孝全書》，收入《正統道藏》第 41 册。（出版狀況見前）

（元）趙道一：《歷世真仙體道通鑑續編》，收入《正統道藏》第 9 册。（出版狀況見前）

（元）李道謙：《終南山祖庭仙真內傳》，收入《正統道藏》第 32 册。（出版狀況見前）

（元）劉體恕輯：《呂祖全集》，收入《藏外道書》第 7 册。（出版狀況見前）

（元）陳君實：《太上感應篇圖說》，收入《藏外道書》第 12 册。（出版狀況見前）

《高上月宮太陰元君孝道仙王靈寶淨明黃素書》，收入《正統道藏》第 17 册。（出版狀況見前）

（明）何道全：《隨機應化錄》，收入《正統道藏》第 40 册。（出版狀況見前）

（明）王道淵：《道玄篇》，收入《正統道藏》第 40 册。（出版

狀況見前）

（明）張宇初：《道門十規》，收入《正統道藏》第 53 冊。（出
　　版狀況見前）

（明）顏正撰、（清）顏生愉校補：《丹桂籍注案》，收入《藏外
　　道書》第 12 冊。（出版狀況見前）

《清河內傳》，收入《正統道藏》第 5 冊。（出版狀況見前）

《梓潼君化書》，收入《正統道藏》第 5 冊。（出版狀況見前）

《關聖帝君忠孝忠義真經》，收入《道藏輯要》第 23 冊。（出版
　　狀況見前）

（清）陳廷敬重刊：《太上感應篇集註》，收入《道藏輯要》第 6
　　冊。（出版狀況見前）

（清）朱珪校、蔣夢因重訂：《陰騭文註》，收入《道藏輯要》第
　　23 冊。（出版狀況見前）

青雲法化仙壇輯：《照心寶鑑》，收入《藏外道書》第 27 冊。
　　（出版狀況見前）

青雲法化仙壇輯：《起生丹》，收入《藏外道書》第 28 冊。（出
　　版狀況見前）

青雲法化仙壇輯：《勸世歸真》，收入《藏外道書》第 28 冊。
　　（出版狀況見前）

《石音夫功過格》，收入《藏外道書》第 12 冊。（出版狀況見
　　前）

《關帝明聖經全集》，收入《藏外道書》第 4 冊。（出版狀況見
　　前）

（清）惠棟：《太上感應篇引經箋注》，收入《藏外道書》第 12

冊。（出版狀況見前）

（清）王硯堂新註：《太上感應篇註》，收入《藏外道書》第 12
　　　冊。（出版狀況見前）

（清）趙如升：《陰騭文像注》，收入《藏外道書》第 12 冊。
　　　（出版狀況見前）

（清）俞樾：《太上感應篇纘義》，收入《藏外道書》第 27 冊。
　　　（出版狀況見前）

《玉歷至寶鈔》，收入《藏外道書》第 12 冊。（出版狀況見前）

（清）費曉樓繪圖、裘子佛書證：《陰騭文圖證》，收入《藏外道
　　　書》第 12 冊。（出版狀況見前）

（清）黃正元：《太上寶筏圖說》，收入《藏外道書》第 27 冊。
　　　（出版狀況見前）

（清）董清奇：《指淫斷色篇》，收入《藏外道書》第 27 冊。
　　　（出版狀況見前）

（清）董清奇：《除欲究本》，收入《藏外道書》第 27 冊。（出
　　　版狀況見前）

（清）金桂馨編：《逍遙山萬壽宮志》，收入《藏外道書》第 20
　　　冊。（出版狀況見前）

(3)其它專書

舊題（漢）于吉撰、王明合校：《太平經合校》。北京：中華書
　　　局，1992 年 3 月。

（晉）葛洪撰、王明注：《抱朴子內篇》。北京：中華書局，1988
　　　年 7 月，3 刷。

（晉）葛洪撰、楊明照校箋：《抱朴子外篇》。北京：中華書局，

1997 年 10 月。

（清）黃伯祿校：《集說詮真》，收入李豐楙等編：《中國民間信
　　仰資料彙編》。臺北：臺灣學生書局，1989 年 11 月。

三芝智成堂輯：《儒門科範》。臺北縣：三芝智成堂，1936 年。

竹山克明宮輯：《茫海指歸》。南投：竹山克明宮，1936 年。

佛光堂學苑重刊：《天律聖典》。高雄：合信印經處，1998 年 1
　　月。

## 四集部

（宋）蘇軾：《蘇東坡全集》。臺北：世界書局，1968 年 8 月，
　　再版。

（宋）王安石：《王臨川集》，四部備要本。臺北：臺灣中華書
　　局，1970 年 6 月。

（宋）白玉蟾：《海瓊白真人文集》，收入《正統道藏》第 55
　　冊。（出版狀況見前）

（宋）陸九淵撰、（明）王宗沐編：《陸象山全集》。臺北：世界
　　書局，1966 年 2 月，再版。

（宋）真德秀：《西山文集》，文淵閣四庫全書本，第 1174 冊。
　　（出版狀況見前）

（宋）朱熹：《朱子全集》。臺北：正中書局，1982 年 6 月。

（金）元好問：《遺山先生文集》，叢書集成三編，38 冊。臺
　　北：新文豐出版公司，1989 年 3 月。

（金）譚處端：《水雲集》，收入《正統道藏》第 43 冊。（出版
　　狀況見前）

（金）劉處玄：《仙樂集》，收入《正統道藏》第 42 冊。（出

狀況見前）

（元）夏宗禹編：《紫陽真人悟真篇講義》，收入《正統道藏》第
　　　4 冊。（出版狀況見前）

（元）袁桷：《清容居士集》。臺北：新文豐出版公司，1984 年 6
　　　月。

（元）王惲：《秋澗集》，《文淵閣四庫全書》本，第 1200 冊。
　　　臺北：臺灣商務印書館，1986 年 3 月。

（元）吳澄：《吳文正集》，《文淵閣四庫全書》本，第 1197
　　　冊。臺北：臺灣商務印書館，1986 年 3 月。

（元）虞集：《道園學古錄》，四部備要本。臺北：臺灣中華書
　　　局，1971 年 2 月，臺 2 版。

（元）黃溍：《金華黃先生文集》，四部叢刊初編，第 77 冊。臺
　　　北：臺灣商務印書館，1976 年 3 月。

（元）趙孟頫：《松雪齋文集》，臺北：臺灣學生書局，1970 年 6
　　　月。

（元）王若虛，《滹南遺老集》。臺北：新文豐出版公司，1984
　　　年 6 月。

（元）張雨：《勾曲外史集》。《文淵閣四庫全書》本，第 1216
　　　冊。（出版狀況見前）

（明）明太祖撰、姚士觀、沈鈇編：《明太祖文集》，《文淵閣四
　　　庫全書》本，第 1223 冊。（出版狀況見前）

（明）宋濂：《宋文憲公全集》，四部備要本。臺北：臺灣中華書
　　　局，1970 年 11 月，臺 2 版。

（明）李賢：《古穰集》，《文淵閣四庫全書珍本》二集。臺北：

臺灣商務印書館，1971 年。

（明）張履祥：《楊園先生文集》。臺北：環球書局，1968 年 3 月。

（明）陳子龍等輯：《皇明經世文編》，《續修四庫全書》本，第 1658 冊。上海：上海古籍出版社，1995 年 3 月。

（明）陳龍正：《几亭全書》。明崇禎間刊本。

（明）陳龍正編，高攀龍撰：《高子遺書》，《文淵閣四庫全書》本，第 1292 冊。（出版狀況見前）。

（明）楊起元：《楊起元文集》，《續修四庫全書》本，第 1129 冊。（出版狀況見前）。

（明）李贄：《續焚書》。臺北：漢京文化事業公司，1984 年 1 月。

（明）屠隆：《鴻苞集》。《四庫全書存目叢書》本。臺南縣：莊嚴文化出版社，1995 年 9 月。

（明）張守初：《峴泉集》，收入《正統道藏》第 55 冊。（出版狀況見前）

（清）董浩：《全唐文》。上海：上海古籍出版社，1993 年 11 月，2 刷。

（清）李西月編：《張三丰先生全集》，收入《藏外道書》第 5 冊。（出版狀況見前）

（清）沈垚：《落帆樓文集》。《續修四庫全書》影印嘉業堂刻《吳興叢書》本。上海：上海古籍出版社，1995 年 3 月。

鄭天挺等撰：《清史》。臺北：昭明出版社，1999 年 9 月。

## 二、徵引近人著作

### ㈠中文著作

孟瑤：《中國小說史》。臺北：傳記文學出版社，1970 年 12 月。

陳國符：《道藏源流考》。臺北：古亭書屋，1975 年 3 月。

陳寅恪：《陳寅恪先生論文集》。臺北：九思出版社，1977 年 6 月，2 版。

陳垣：《南宋河北新道教考》。臺北：新文豐出版公司，1977 年 7 月。

王孝通：《中國商業史》。臺北：臺灣商務印書館，1981 年 3 月，臺 4 版。

聖印法師：《六祖壇經講話》。臺中：慈明文物供應社，1984 年 7 月。

鄭志明：《臺灣民間宗教論集》。臺北：臺灣學生書局，1984 年 9 月。

牟宗三：《中國文化的省察》。臺北：聯經出版事業公司，1984 年 10 月，3 刷。

錢穆：《中國學術思想論文集》。臺北：東大圖書公司，1985 年 5 月，再版

鄭志明：《中國社會與宗教》。臺北：臺灣學生書局，1989 年 11 月，2 刷。

彭文賢：《系統研究法的組織理論之分析》。臺北：聯經事業出版公司，1990 年 4 月，4 刷。

余英時：《中國思想傳統的現代詮釋》。臺北：聯經事業出版公

司，1990 年 4 月。

呂宗力、欒保群編：《中國民間諸神》。臺北：臺灣學生書局，
　　1991 年 10 月。

卿希泰主編：《中國道教史》。四川：四川人民出版社，1993 年
　　10 月。

毛禮說、沈灌群主編：《中國教育通史》。山東：山東教育出版
　　社，1995 年 7 月，2 刷。

陳霞：《道教勸善書》。成都：巴蜀書社，1999 年 9 月。

(二)外文著作

（日）秋月觀暎：《中國近世道教之形成──淨明道之基礎的研
　　究》。東京：創文社，1978 年 2 月。

（日）酒井忠夫：《增補中國善書の研究上冊》。東京：圖書刊行
　　會，1999 年 2 月。

（日）酒井忠夫：《增補中國善書の研究下冊》。東京：圖書刊行
　　會，2000 年 2 月。

(三)外文譯作

段昌國等譯：《中國思想與制度論集》。臺北：聯經出版事業公
　　司，1976 年 9 月。

（英）弗雷澤著、汪培基譯：《金枝》。臺北：桂冠圖書公司，
　　1991 年 2 月。

（德）恩斯特·卡西勒著、甘陽譯：《人論》。臺北：桂冠圖書公
　　司，1994 年 10 月，再版 3 刷。

# 三、徵引論文

## ㈠期刊論文

王爾敏：〈清廷《聖論廣訓》之頒行及民間之宣講拾遺〉，《中央研究所近代史研究所集刊》第 22 期，下冊，1993 年 6 月。

余光弘：〈臺灣地區民間宗教的發展——寺廟調查之分析〉，《中央研究院民族研究所集刊》第 53 期，1982 年。

## ㈡論文集論文

楊慶堃：〈儒家思想與中國宗教之間的功能關係〉，收入段昌國譯：《中國思想與制度論集》。臺北：聯經出版事業公司，1976 年 9 月。

陳寅恪：〈天師道與濱海地域關係〉，《陳寅恪先生論文集》。臺北：九思出版社，1977 年 6 月，2 版。

鄭志明：〈臺灣民間鸞堂儒宗神教的宗教體系〉，《臺灣民間宗教論集》。臺北：聯經事業出版公司，1984 年 9 月。

牟宗三：〈漢宋知識分子之規格與現時代知識分子立身處世之道〉，《中國文化的省察》。臺北：聯經出版事經公司，1984 年 10 月，3 刷。

錢穆：〈金元統治下的新道教〉，《中國學術論文集》。臺北：東大圖書公司，1985 年 5 月，再版。

余英時：〈中國近世宗教倫理與商人精神〉，《中國思想傳統的現代詮釋》。臺北：聯經事業出版公司，1990 年 4 月，4 刷。

# 後 記

此論文作為教授升等論文，從 93 年 5 月至 94 年 2 月底，歷時十個月，終於在教育局送外審的教授慈悲心下，僥倖通過。筆者由衷地雙手合十的感恩，感謝審查教授手下留情，感謝神佛庇佑之恩，感謝吾友黃教授忠天先生的秉持公心的推薦之恩。

此篇再重新出版時，根據審查意見修正如下：（唯教育部不願意轉交三位教授審查意見，此處乃據本校送外審意見修正）

筆者原先欲撰寫的升等論文題目是：《儒學德報的建構及其世俗神學化的課題》，約 45 萬字，由於國家財政惡化，未來將無法支付龐大的退休金，迫使筆者將其中一章有關儒學朝世俗神學化發展的成因中的一節抽出，擴大論述的篇幅成此文——《道教入世轉向對儒學世俗化的推擴》。因此在外審意見中有提到筆者未論述儒學世俗化前，及世俗化後的情況，（案：此部分已發表，收入升等論文近五年參考書目中。）便是此原因造成。故筆者接受其更改題目之意見為：《道教入世轉向與儒學世俗神學化的關係》。

其次，對本文論述中提到的「道德世俗化」、「儒學世俗化」「小傳統社會」「儒教」、「儒學」、「儒家」、「儒林菁英」、「正統儒者」等內涵宜再詳加說明。筆者全然接受而補充之，只怕能力不足而辭不達意，造成更混淆，則恐非吾我願矣！出版前夕，

此心可謂惶恐之至！願海內同道、師友有以教之！

劉滌凡　謹誌於

2005 年 12 月高雄

國家圖書館出版品預行編目資料

道教入世轉向與儒學世俗神學化的關係

劉滌凡著. – 初版. – 臺北市：臺灣學生，
2005[民 94]
面；公分


ISBN 957-15-1294-X(精裝)
ISBN 957-15-1295-8(平裝)


1. 道教 – 歷史


238                                        94026507

---

## 道教入世轉向與儒學世俗神學化的關係

著　作　者：劉　　　　　滌　　　　　凡
出　版　者：臺 灣 學 生 書 局 有 限 公 司
發　行　人：盧　　　　　保　　　　　宏
發　行　所：臺 灣 學 生 書 局 有 限 公 司
　　　　　　臺 北 市 和 平 東 路 一 段 一 九 八 號
　　　　　　郵 政 劃 撥 帳 號：0 0 0 2 4 6 6 8
　　　　　　電　話：( 0 2 ) 2 3 6 3 4 1 5 6
　　　　　　傳　眞：( 0 2 ) 2 3 6 3 6 3 3 4
　　　　　　E-mail：student.book@msa.hinet.net
　　　　　　http：//www.studentbooks.com.tw

本書局登
記證字號：行政院新聞局局版北市業字第玖捌壹號

印　刷　所：長 欣 彩 色 印 刷 公 司
　　　　　　中 和 市 永 和 路 三 六 三 巷 四 二 號
　　　　　　電　話：( 0 2 ) 2 2 2 6 8 8 5 3

定價：精裝新臺幣三六〇元
　　　平裝新臺幣二八〇元

西 元 二 〇 〇 六 年 二 月 初 版